教職課程のための
憲法入門

〔第 3 版〕

西原博史・斎藤一久 編著

弘文堂

『教職課程のための憲法入門〔第3版〕』　目　次

プロローグ　**学校から憲法を考える**

第1章　**1人ひとりを最大限尊重するために**
　　　　——個人の尊厳と基本的人権のスタイル

第4章　心の自由を考える
—— 思想・良心・信教の自由

第5章　悪口を言うのも自由なのか
—— 表現の自由

第6章　学問は生活のためのものなのか
　　──学問の自由と教師の教育の自由

第7章　1人ひとりにふさわしい教育を確保するために
　　──教育を受ける権利

第8章　自由を支える社会権を求めて
　　　──経済的自由権、生存権、労働権、労働基本権

第9章　もし警察に捕まってしまったら
　　　──刑事事件で保障される権利

第10章　政治の主役は誰なのか
――国民主権と参政権

第14章　憲法はどこから来たのか
──憲法の思想と歴史

プロローグ　学校から憲法を考える

① 憲法が教職課程で必修になっている二重の意味

　憲法を説明するにあたってこの本は、先生になりたいあなた、を想定するところから始めた。

　「憲法」と聞いて、何か自分に遠いもの、という印象を持つ人は多い。もしかすると、あなたも、そうかもしれない。読者の皆さんの多くは、とくに憲法に興味があるわけでもなく、ただ単に、教職課程の必修になっているからというだけの理由で憲法の授業を受講し、そこでの勉強のためにこの本を手にしている、と考えてこの本は作られている。

　そう、憲法は教員免許を得るために、必ず習得しなければならない分野となっているのだ（教育職員免許法施行規則 66 条の 6）。それには理由がある。そして、その理由を理解してもらうことも、この本の重要な目的の 1 つになっている。

　実際、小学校のときから何度か、学校で憲法についての話を聞かされたことはあると思う。平和主義、国民主権、基本的人権の尊重の三大原理に基づく日本国憲法がどうした、とか。そうした言葉を聞いて、相手を眠らせる睡眠魔法の呪文にしか聞こえなかった人もいるだろう。でも、こんな堅苦しい呪文なんか知らなくても、別に生きていける。生活していく上で、困ることは何もない。何で、そんな呪文を勉強しなければならないのだろうか。

　さて、憲法のことを考えなくても普通に生活できるから、だから憲法はどうでもよいもの、なのだろうか。人間の生活にとって本当に必要なものは、私たちは、普通は意識しないで使っている。地球上から空気がなくなったら、誰も生きてはいけない。でも、この空気やそのなかの酸素が地球上の生物にとって必要な分量だけ存在し続ける条件は何か、ということに頭を悩まし、心配している人は、ほんの少しだけしかいない。それに似たところがある。

　世のなかに、憲法に基づくきちんとした人権保障がなかったら、どんなひど

いことになってしまうのだろう。そんなこと、空気がなくなってしまうぐらい、あり得ないことに思える。でも、よく考えると、国会が発議すれば、国民投票で憲法改正は決定される。変えることができるなら、廃止することだって、できるはずだろう。今日はちゃんとある憲法が、明日なくなったら、どういう状態になるのか。説明できる人は少ない。

次の世代を育てる役割を担う、学校の先生になる人に、憲法の理解が求められているのは、こうした事情と無関係ではない。憲法に関する基本的な理解とともに、とても大切な何かをあなたがつかみ取ってくれることが、制度のなかで期待されている。

② 主権者を育てるということ

学校で先生になる人に憲法の理解が求められる1つの理由は、学校が次世代の主権者を育てる場だからだ。

1人の国家指導者をたたえて、国民全員がありがたがって国家指導者の命令に服従する、独裁体制の国が世界にはある。最近ではかなり減ってきたが、昔はたくさんあった。それに対して、国民が政治のあり方にさまざまな形で影響を及ぼし、国民が自分たちの力で、納得できる統治のあり方を自分たちで作っている、民主政の国もある。その2つは、どこが違うのだろう。歴史も、文化も、国民性も違うことが多い。しかし、1つの国がそのどちらのモデルに属しているのかを見分けようとした場合、結局、その違いを作っているのは、憲法の違いである。

そう、憲法は、**国家**と**国家権力**のあり方に関わる。もう少し正確に言うと、人を狭い所に閉じ込めたり（拘禁刑）、さらには人を殺したりしてしまう（死刑）ことのできる力を独占する「国家」という権力の集合体を作り上げているのが、憲法なのだ。憲法が法律を作る力を国会に委ねているから、この国に暮らす人々は、国会の作った法律に従わなければならない。それに違反して、人の物を盗んだり、人の命を奪ったりすれば、その罰として、国家の力によって刑罰が与えられる。この刑罰を与えることのできる権力の集合体の動かし方は、すべて

法律で決まっているし、憲法によって立法・行政・司法の権限が今の国家機関に与えられていることに基づいている。憲法は、まず国家権力を作り上げているのである。

ただ、誰がどういうやり方で国家権力を使うのかを紙にまとめておくということは、別の人が同じ国家権力を使っても、それは正当な国家権力の行使ではない、ということを意味する。憲法41条1項に国会が「国の唯一の立法機関」だと書いてあるのは、私が1人で法律を作った気になっても、それは国家の法律ではないし、誰も従わなくてよい、ということを意味する。それと同様に、憲法で基本的人権が保障されているのは、国会が法律を作るときにも基本的人権を侵すようなものを作ってはならず、もし基本的人権を侵害するような内容の法律を作ってしまったら、それは私が独自で作って法律だと言い張っているのと同じように、憲法に基づく正当な法律としての資格を持たない、ということを意味する。

でも、ある子どもが何も知らなくて、私が法律だと言っているものに従わなければならないと思い込んでしまったらどうだろう。そういう子どもが増えていけば、いつの間にか、私は立法権を持って、一定の人々に君臨する独裁者としての資格を手にしていくのではないだろうか。そう、何も知らない子どもたちは、大人になる途中で、正しい法律と偽の法律の見分け方を身につけていかなければならない。そして、それと同じように、自分の基本的人権を侵害するから本来は存在してはいけないはずの法律と、そうではない法律の見分け方も。

憲法を理解するということは、この、正しい国家権力の使い方と、間違った国家権力の使い方を区別して、間違ったものに対しては「間違っている!」と言えるようになることを意味する。そして、そのためには、憲法の使い方を知らなければならない。

その場合、憲法を見ただけで、憲法の使い方がわからないのがやっかいなところなのだ。憲法は、何十年も先に至るまで、安定した形で、国家権力の秩序を確定しようとする。だから、どうしても、抽象的であいまいな言葉を使って、基本方針だけ決めておこうとする。たとえば、日本国憲法が成立したとき、インターネットができるなんて誰も想像していなかった。それでも、いろいろな

通信手段が発達するかもしれない、ぐらいのことは想像していたのだろう。「お手紙の秘密」と書かずに、「通信の秘密」（憲法21条2項）を保障した。それによって、インターネット上のメールを警察が盗み読みする場合にも、特別な条件と裁判所の令状が必要だ、とする今の制度がスムーズにできあがった。ただ、その分、「通信って何？」という議論が必要になることは多くなった。そういう場合に、憲法がこの条文を置いている狙いはどういうことなのだろうか、他の条文と矛盾しないように考えるなら、通信という言葉はどう理解すればよいか、などを考えて、通信の秘密が保障されている範囲を読み取っていかなければならないことになる。この意味の読み取りを「解釈」と言い、憲法は国民がきちんと解釈してはじめて、役に立つ。

図表 1 ｜ 憲法の「解釈」

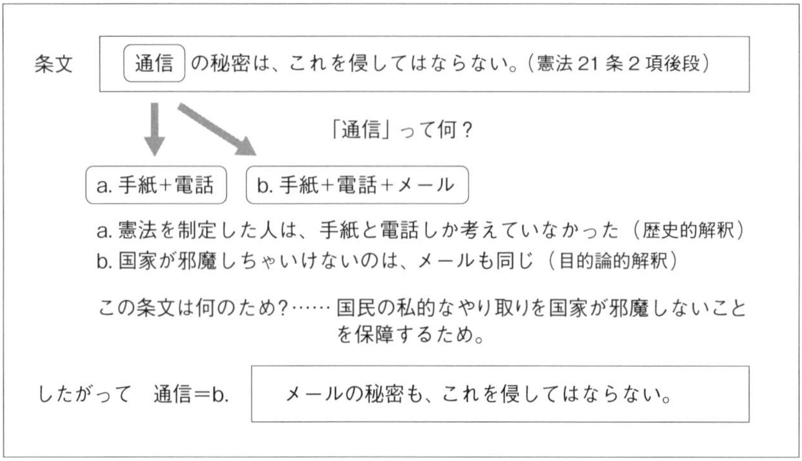

条文 　[通信]の秘密は、これを侵してはならない。（憲法21条2項後段）

「通信」って何？

a. 手紙＋電話　　b. 手紙＋電話＋メール

a. 憲法を制定した人は、手紙と電話しか考えていなかった（歴史的解釈）
b. 国家が邪魔しちゃいけないのは、メールも同じ（目的論的解釈）

この条文は何のため？……国民の私的なやり取りを国家が邪魔しないことを保障するため。

したがって　通信＝b.　　メールの秘密も、これを侵してはならない。

　解釈は、対立することがある。法律の解釈が対立して、実際の紛争が起こったとき（たとえば、買った商品が壊れていたら、お金を返してもらえるだろうか？）、裁判所が関係する法律を解釈して、紛争に決着をつけることになる。憲法も同じだ。憲法を、裁判所が今、実際にどう解釈して、どのように使っているのかは、憲法を解釈する上で、知っておかなければならない。裁判所が、過去にど

ういう判決を書いたのかを「判例」と呼び、この本でも、判例は憲法を解釈する上で重要な参考資料となる。

　でも、昨日の判例は、今日の憲法の正しい解釈だとは限らない。裁判所だって、時代に合わせて憲法解釈を変えることがある。そのため、憲法をどう解釈するべきかに関して、憲法を専門に教える憲法研究者（この本を書いている私たちも、それに属する）の間では、いろいろな議論がある。このように、研究者が唱えている解釈を「学説」と呼ぶ。

　憲法に書いてあることの意味をめぐって、違う理解が成り立つときには、それぞれの解釈が何を理由としているのかをよく考える必要がある。みんなを納得させるために、どういう理由を優先させればよいのかを、あなた自身が、最終的に判断することになるだろう。

③ 基本的人権の保障に責任を負うということ

　学校の先生が憲法を理解していなければならないポイントは、もう1つある。さきほど「国家権力」の話をして、刑罰を与えることのできる権力体について触れたとき、あなたは、それが自分のことだとは思わなかっただろう。でも、あなたが将来、公立学校に勤めて、「先生」と呼ばれる立場になって子どもたちの前に立つとき、あなたは国家権力を行使する**公権力**機関となる。もちろん体罰は法律で禁じられているが、もしあなたが、カッとなって子どもの頭をひっぱたいたら、それは公権力による人権侵害になる。保護者は、学校を設置する都道府県や市町村を相手取って、「国家賠償訴訟」を提起する（私立学校に勤めた場合は、もう少し複雑なので、本文のなかで触れることにしよう）。また、あなたが担任の教師として通知表に書き込んだこと、内申書に書き込んだことも、それが子どもの思想・良心の自由を侵害するような内容だったら、あなた自身が人権侵害を行ったことになる（→**第4章**）。

　とくに、学校であなたが接することになるのは、十分な理解力を持たない子どもであり、あなたの言うことを簡単に信じ込んでしまうことも多い。だからこそ、子どもたちが成長していくための手助けをするという教師の職務はとて

も大事なものであり、崇高であるとさえ言える。ただその反面、安易な気分で子どもの前に立つと、子どもたちを傷つけ、自分も傷つくことになりかねない。実際に、教科教育や生徒指導の役割を担う教師たちの活動はいろいろな方面に及び、子どもの人権保障にとって重大な局面に近づくことも少なくない。

　何も、怖がらせて勉強する気にさせようという戦略なんかじゃない。ただ、子どもと真剣に関わろうとすればするほど、人権侵害ギリギリという世界に踏み込んでいくことになってしまうのが、教師という職務の特徴だろう。そこでこの本では、具体例として学校における問題をさまざまな切り口から取り上げることを通じて、教職へのイメージをふくらませてもらいながら、憲法上の基本的人権に関する理解を深めてもらいたいと考えている。

　うっかりすると、「何をしたらアウトか？」という視点で、憲法上禁止されることを覚えるような発想になってしまうかもしれない。でも、それは、私たちこの本を書いている者が本当に読者の皆さんに期待していることと違う。むしろ、未熟ではあっても、自分とは異なる個性として子どもたちを尊重するとはどういうことなのか、ということを考えてほしい。そこに、人に教えることによって子どもたちから教わることができるという、教職の本当の楽しさと、素晴らしさの根本があるのだから。これが、日常的に学生と接している私たちからあなたにプレゼントできる、最大のものなのだ。

　　2016 年 1 月

　　　　　　　　　　　　　　　　　　　　　　編著者　西原　博史

| コラム | **先生、教師、教員、教育職員、教育公務員** |

　この本では、学校で子どもを教えるプロフェッショナルたちを、基本的には「教師」と呼んでいる。自らの研究と研鑽に基づく専門性を目指し、貴い職責を果たそうとするミッションを引き受ける存在、という特性を表現するのに、この教師という言葉が最も適切だからである。

　本文中でも出てくるが、教育を受ける権利（憲法26条）を実現するために子どもに最適な学習環境を保障するという使命は、国家権力の便利な道具へと子どもを作り変えるような、国民支配の発想とは違う、子どもたちとの接し方を必要とする。もちろん身分上は、公立学校の教師は教育公務員である。しかし、公務員が常に上司の命令への服従を義務づけられ、究極的には内閣総理大臣をトップに置いたピラミッドの末端であることを意識した場合、それとは違う、人権保障上の責任をも委ねられた専門職としての側面も、とくに憲法という観点から見た場合、教師の職責の本質に含まれている。

1人ひとりを最大限尊重するために
―― 個人の尊厳と基本的人権のスタイル

　なぜ個人（1人ひとり）を尊重することが、憲法の大切な目的なのだろうか。また、なぜ憲法での**基本的人権**は、「個人（1人ひとり）」の権利であって、「みんな」の権利ではないのだろうか。その個人の権利は、誰に対し、どう尊重されるのか。1人として同じ人はいない。さあ、あなたはどう考える？

ケース

　あなたは公立中学校2年2組の担任。この学校の校則のなかには、校則2条「まゆ毛はカットも含め整えてはならない」、校則3条「男子の髪型は3 cm以下の短髪とする」、「特にツーブロックと染髪等の禁止」、校則4条「学校に携帯電話・スマートフォンを持ってきてはならない」というものがある。この校則は、校長が作り、教職員会議、PTA、全生徒の選挙で選ばれた生徒会が賛成したものだ。

　ある日、あなたのクラスのマーサは校則2条を、康彦は3条を、久子は4条を、それぞれ破ってしまった。なぜなら、マーサは常に清潔な身だしなみでいたいから、康彦は伸びた髪を切るお金がなかったから、久子は保護者との連絡やリスニング学習にスマートフォンを常に使いたいから、とのことである。

　校則違反の報告を受けた教育委員会は、3週間の出席停止を3人に命じた。それに対して、3人は、校則と出席停止が憲法違反で無効だと主張している。そこで、あなたは担任として悩んでいる。

クエスチョン

1　マーサたち3人の主張は、憲法上、根拠づけられるのか。
2　憲法上、根拠づけられるとして、校則2条、3条、4条が許されるのか。また、校則違反を理由とした、3週間の出席停止が許されるのか。

① みんなで決めてよいことと、いけないこと

　校則も、本来、みんなのルールなのだから、みんなで決めるべきだ。しかし、みんなが決めたからといって、1人ひとりの自由を侵害してもよいのだろうか。

　1人ひとりの自由は、憲法の人権の問題なのだ──。そう言われると、「何を大げさに」と思うかもしれない。「自由が大切だ」、「人権を守れ」と言われても、「実感がない」とか、「お説教くさい」とかいった声が聞こえてきそうである。まして、「学校のなかで、僕たちの自由なんてないじゃないか！」と叫ぶ人もいるかもしれない。

　「みんなで決めること」と「1人ひとりが尊重されること」の関係を、学級会で考えてみよう。あなたのクラスで何か出し物をすることになったとする。先生が決めることもあるかもしれないが、みんなで意見を出し合い、話し合って多数決で決める、つまり民主主義によって決めるのが普通だろう。

　では、民主主義で決められたなら、クラスのみんなは何でも従わないとダメなのか。クラスの出し物が「かちかち山」の劇に決まり、配役についても多数決で決め、タヌキ役は久子に、ウサギ役は康彦に決まったとする。

　しかし、久子に敵対する女子グループが、久子がちょうどタヌキのような顔をしているので、あだ名を「タヌキ」にして、いじめようと考えていた場合はどうだろう。また、久子が、小学校時代に「タヌキ」というあだ名で呼ばれていて嫌な思いをしていたが、中学校ではそれを秘密にしておきたかった場合はどうだろう。果たして、みんなで決めたという理屈で、久子はすべてを我慢しなければならないのだろうか。

　一方、康彦は、殺されたおばあさんの仇打ちとしてウサギがタヌキを殺すことは、たとえ役柄だとしても、自分の生き方や考え方に反しているから演じたくないという場合はどうだろうか。

　久子や康彦の言い分を人権論という考え方で見ていきたい。多数決で久子にタヌキ役を押しつけることによって、彼女の名誉やプライバシーの権利が侵されるおそれはないだろうか。康彦の考え方や気持ちを尊重せずに、多数決でウサギ役と決めることによって、**思想・良心の自由や信教の自由**（→第4章）が

侵されることはないか。

　以上のことを少し難しい言葉で説明してみよう。民主主義からすれば、「みんなで決める」という考え方が基本ではあるが、個人の自由や人権などを踏まえると、「みんなで決めてはいけない」ことがある。

　もっとも、1人ひとりの自由や人権を尊重しすぎては何も決まらず、学級崩壊が起こるかもしれない。自由や人権についても、常に1人ひとりの意見が通るわけではなく、5で説明するように、公共の福祉による調整や制限がありうる。まずは、人権の尊重という原則から考えてみよう。

② 個人の尊厳と人権

（1）個人の尊厳とは

　憲法の最も重要な目的は、**個人の尊厳**を守ることだ。つまり、1人ひとりの存在の尊さ・大切さ・かけがえのなさを大切にするということである。別の言い方をすれば、人を奴隷、また「全体のための道具」として扱ってはならないということであるし、人の命も**国家**の名のもとに軽々しく扱ってはならない。

　また、誰一人として同じ人はいない。すでに登場したマーサ、久子、康彦、「私」、「あなた」は、1人ひとりいろいろな性格をし、異なった考え方や感じ方をしている。人には多様な個性があり、それは個人の尊厳として尊重されなければならない（**図表1−1**）。憲法13条では、このことを「個人として尊重される」と定めている。その個人の尊厳に基づいて人権は尊重される。

図表 1-1　│　個人の尊厳（1人ひとりの大切さ）

個性はいろいろ　自分はこうだよ　私は…

婚姻について定めている憲法24条にも「個人の尊厳」が掲げられている。「家」のために結婚するといった戦前と異なり、今の憲法のもとでは、好きな相手と自由に結婚できるようになった（ちなみに、憲法は同性婚も禁じていない）。

　さらに、教育の憲法という役割の**教育基本法**の前文でも「個人の尊厳」が掲げられていて、1条でも教育は「人格の完成」を目指すとして、1人ひとりの教育が重要であるとしている。

（2）基本的人権とは

　そもそも**基本的人権（人権）**とは、「人が生まれながらに当然持っている権利」と言われる。人権の考えはいつからあるのだろうか。人類の誕生でも、古代からでもなく、時代が積み重なって、とくに近代になって、自然権思想などから生まれた。自然権とは、自然状態（国家ができる前の状態）で、身分によらず「個人」が誰でも持つ権利であり、たとえば、生命・自由・財産への権利などが挙げられる。

　自然権の考えは、高い税金などの圧政に抵抗した革命期のアメリカのヴァージニア権利章典（1776年）やフランス人権宣言（1789年）に取り込まれている。日本でも、明治時代の自由民権運動で紹介され、大正デモクラシー、抑圧・戦争の歴史を経て、憲法97条にも刻み込まれている。「この憲法が日本国民に保障する基本的人権は、人類の多年にわたる自由獲得の努力の成果であつて、これらの権利は、過去幾多の試錬に堪へ、現在及び将来の国民に対し、侵すことのできない永久の権利として信託されたものである」という条文だ。

　人権は、憲法や宣言といった文書に書き込まれて、より確かなものとなる。憲法学では、憲法に書き込まれている権利を**憲法上の権利（基本権）**と言う。もちろん、憲法に書き込まれたものだけが人権ではないのは言うまでもなく、憲法の解釈によって、**新しい人権**が生まれることもある。

　憲法上の権利のなかで、最も典型的なものは自由権である。また、資本主義の矛盾や格差が増し、社会権が主張されてドイツのワイマール憲法（1919年）に定められ、日本へも影響を与えた（→**第8章**）。

　現在、人権の保障は日本だけの問題ではない。人権は国境を越えて保障され

るべきものとして、**人権の国際的保障**が目指されている。1948 年の世界人権宣言、1965 年の人種差別撤廃条約、1966 年の国際人権規約、1979 年の女子差別撤廃条約、1989 年の子どもの権利条約、2006 年の障害者権利条約などがあり、日本も批准している（それぞれの一部には、批准していない箇所もある）。

（3）誰の人権なのか

日本国憲法である以上、「国民」が人権を有しているのは当然であろう。実際、憲法第 3 章のタイトルは「国民の権利及び義務」である。では、日本に住んでいる外国人には、人権はないのだろうか。憲法学では、このように誰が人権を持っているかの問題を、**人権享有主体性**の問題として議論している。

個人の尊厳、そして人権が国境を越えた普遍的なものであることからすれば、日本にいる外国人にも、人権が適用されるだろう。とくに日本は、憲法の前文や 98 条 2 項で、（2）に挙げたさまざまな国際人権に関する条約を守ると宣言しているのだから。

ただし、衆議院議員選挙や参議院議員選挙で立候補や投票ができるのは、国民**主権**からすれば難しいという批判もあるし、外国人が文部科学省の大臣や事務次官（官僚のなかで一番地位が高い人）になるのも難しいであろう。

そのため、外国人に関しては人権の性質を 1 つひとつ考えて、認められるものと認められないものを判断していくしかない。最高裁判所も 1978 年 10 月 4 日のマクリーン事件でそう認めている。

実は、外国人の人権で注意が必要なことがある。あなたは外国人の人権というと、英語の ALT（外国語指導助手）を思い浮かべるかもしれない。しかし、外国人の人権のなかで重要なのは、いわゆるオールドカマーと呼ばれる在日コリアンなどの人々の問題である。彼らは、国籍が日本ではないだけで、日本人と同じように、日本で生まれ、日本で育ち、日本で働き、老後も日本で過ごしている。国民健康保険や国民年金にも加入できるようになり、**差別**は解消してきてはいるが、地方自治体の選挙では外国人は投票できないし（1995 年 2 月 28 日に最高裁判所は、法律を制定すれば可能と判断している）、公立学校では普通の先生、つまり教諭にはなれるが、地位が高く重要な決定を行う校長にはな

れないとされている。ブラジル人やペルー人などのニューカマーの人々の問題
（学校では、日本語がうまく話せない生徒の日本語教育や母語教育の問題などがある）
も含め、今後の社会をどう作っていくのか、グローバル化のなかで考えること
は多い。

　人権は、個人のものであることが前提だが、株式会社、私立学校、宗教団体
など、個人が集まった組織である団体や法人にも認められるかが問題となる。
現代では、法人が社会のなかであたかも人のように活動しているので、株式会
社に営業の自由（憲法22条）を認めたり、宗教団体に信教の自由（憲法20条）
を認めたりした方が便利である。そのため、外国人と同様、**憲法上の権利**の性
質によっては、法人にも人権享有主体性が認められるという考えが一般的にな
っている。しかし、家族、同業組合、宗教団体などの集団から解き放たれて、
個人が自由や権利を得たという歴史からすると、**人権**はあくまで個人のものと
考えるべきであろう。

③ 誰に対する人権なのか

　憲法が個人と国家との関係のものであることからすれば、憲法は、**国家（公
権力）**が国民・個人の人権を侵してはならないことを定めている（→**プロロー
グ**）。憲法99条が、憲法を尊重し擁護する義務を「国民」ではなく、**内閣総理
大臣**を含む国務大臣、国会議員、裁判官、その他の公務員などに課しているの
は、そのことをあらわしている。

　そのため、公立学校の教員が生徒に**体罰**をしたり、生徒同士のいじめに加担
したりしているとすれば、憲法の人権問題になる。しかし、生徒同士のけんか
やトラブルは、あくまで私人同士の問題であり、損害賠償などで民法が登場す
ることはあったとしても、直接的には憲法の人権問題ではない。以上は、**図表
Ⅰ-2**のようにイメージできる。

図表 1-2 ｜ 憲法上の権利

国家（公）の権力

VS.

個人

私人 VS. 私人

直接には憲法の問題ではなく…

　しかしながら、あなたの感覚では、私人同士の方が、自由を認めなかったり差別したりすることがあるのに、憲法が何も口を出せないのはおかしいのではないかと思うかもしれない。民間企業では男女差別がまだ存在するし、私立学校でも生徒の自由を制限する校則は多くある。このような人権侵害に対して、最高法規である憲法が全く無関係であるとは考えられないだろう。これについては、憲法学では「憲法の私人間効力」として議論している（→第2章）。

④ 人権の内容とその根拠は何か

（１）憲法の人権の体系

　憲法が言う人権とは、**図表１－３**のようなものである。

　とくに重要なのは、①自由権である。これは、国家に対し、個人の自由に踏み込まないよう“消極的”な国家であることを求める権利である。逆に、③社会権は、実質的な公平の観点から、個人の自由のために、国家に対し“積極的”な行為を求める権利である。他に、④参政権は、市民が“能動的”に国家などの政治へ参加できる権利である。そして、これらの権利を確実なものにするために、裁判を受ける権利などの⑥その他の国務請求権がある。

　なお、小学校の教科書では、憲法の三大原則とともに、国民の三大義務が重要なものとして扱われているが、**立憲主義**を踏まえれば、国民の義務は例外的なものである。また、義務といっても、憲法30条の納税の義務は、所得税法

図表 1-3 | 憲法上の人権の体系

種　類		例（本書で扱う章）
①自由権	ⓐ精神的自由 （精神の自由）	思想・良心・信教の自由（第4章）、表現の 自由（第5章）、学問の自由（第6章）など
	ⓑ経済的自由 （経済の自由）	職業選択の自由、居住・移転の自由、 財産権など（第8章）
	ⓒ人身の自由 （身体の自由）	奴隷的拘束・苦役からの自由、刑事手続に おける権利など（第9章）
②平等権		（第3章）
③社会権		教育を受ける権利（第7章）、生存権（第8章）、 労働基本権（第8章）など
④参政権（市民の権利）		選挙権・被選挙権（第10章）、住民投票権 （第13章）、国民投票権（第14章）など
⑤新しい人権（新しい種類の人権、 または憲法に書かれていない人権 で解釈によって主張されるもの）		人格権（たとえば、身体を害されない権利、 名誉権・肖像権・プライバシー権・自己決定権） （第1章、第5章）、平和的生存権（第11章）、 環境権、知る権利（第5章）など
⑥その他の国務請求権 （①～⑤を確保するための権利）		裁判を受ける権利（第12章に関連）、 請願権（④も関連）、 国家賠償請求権・刑事補償請求権など

など具体的な法律で罰則を伴う義務として定められているが（税金を滞納した
り脱税したりする場合の金利は、消費者金融より高い）、憲法27条の勤労の義務
は単なる道徳的なものにすぎず、違反しても刑務所に入れられることはない（→
第8章）。さらに、憲法26条の教育を受けさせる義務も、学校教育法16条に
よって、通常は保護者が義務を負い、従わない場合は罰則を受けることになっ
ているが、実際に適用されたというケースはあまり聞かない（→**第7章**）。

（2）幸福追求権

　ケースで問題になった、まゆ毛を整える自由、髪型の自由、携帯電話を使う

自由は、憲法には直接書いていない。となると、マーサも、康彦も、久子も、単なるわがままとして、あきらめざるを得ないのだろうか。

しかし、希望がないとは言えない。憲法に書いてあることが人権のすべてではないからだ。憲法では、条文に書いていない自由でも、重要な自由については、憲法13条の「生命、自由及び幸福追求に対する……権利」、つまり幸福追求権を根拠に認められるとされている。

幸福追求権から認められるものに、名誉権、肖像権や**プライバシー権**がある。また、自分のことを自分で決める自己決定権もありうる。髪型・服装などのライフスタイル、医療拒否、安楽死、生殖（出産）または中絶なども議論されてきた。最高裁判所は、2000年2月29日判決で、生命を危険にさらす輸血拒否について「意思決定をする権利は、人格権の一内容として尊重されなければならない」と、**人格権**という言葉で自己決定権とほぼ同じことを認めた。さらに、2023年10月25日、性別変更のために生殖能力をなくす手術を必要とする性同一性障害特例法の規定を違憲とした決定は、13条に基づき「身体への侵襲を受けない自由」を「人格的生存に関わる重要な権利」として認めた。

ところで、幸福追求権から、無制限に自由が出てくるわけではない。ある憲法学者がたとえたように、ドラえもんの四次元ポケットではないのだ。この点、憲法学では、人格的な生存に不可欠な重要な権利に限るという考え方（人格的利益説）と、個人の行為の自由を広く保障するという考え方（一般的自由説）が対立している。人格的利益説は、人が生きていく上で欠かせない自由に限るという意味だが、何が人格的な生存に不可欠なのかは、人によって捉え方が違うため、多くの人にとってどうでもよかったり非常識だったりする自由は、最初から自由の枠に入れないのではないか、と批判されている。これに対して、一般的自由説は、権利を広く認めすぎると権利がたくさん生まれるため、権利全般の価値を下げる、と批判されている。

さて、まゆ毛を整える自由、髪型の自由、携帯電話を使う自由は、どうなるだろうか。一般的自由説では、これらの自由が認められるであろう。しかし、人格的利益説では、「人格的生存に不可欠」と言えれば、自由として認められるが、そうでなければ自由として認められない可能性が高い。

⑤ 人権の制限は許されるのか

（１）人権の保障という原則と、制限という例外

　権利や自由があっても、公共の福祉により制限されるから、自由はそれほど多くないと思っている人は、多いかもしれない。

　憲法学では、権利・自由が原則として保障されるということを出発点とする。しかし、他人の権利やみんなの利益を害するときには、**公共の福祉**（憲法13条）から、例外的に権利が制限されるとする。公共の福祉による制限は、あくまで例外である以上、例外を認める場合は、しっかりした理由がなければならない。

　「自由だ！」と主張する生徒に対し、「そんなの権利じゃない」、「校則で決まっているから」と教師が反論することも多いだろうが、それだけでは理由にはなっていない。教師のあなたは、「何で？」、「ちゃんと理由を説明してよ」という生徒が納得できるように、答えられなければならない。もしできない場合は、権利・自由を主張する生徒が正しい、ということになる。

（２）目的と手段という視点

　権利の制限が合憲かどうかを考える場合、制限する目的（ねらい）と、制限する手段（やり方）をチェックすることが重要である。たとえば大学の授業中、私語でうるさい教室があったとして、教室の静かさを維持するという教員の目的は、他の学生の学ぶ権利を確保する意味もあり、理由としてはちゃんしているだろう。しかし、手段として、うるさい学生を殴るというのはどうだろうか。また1回の私語で退学とするのはどうだろうか。この場合、目的に対して手段はやりすぎだと考えるだろう。まずは、うるさい学生に口頭で注意するという対応が考えられる。このように、目的に対して手段は、最小限であるべきだと考えることが多い。

　しかし、たとえば、授業のシラバスに、「1回でも私語をした学生は単位を不可とする」と書いてあった場合、どうだろうか。1回の私語で単位が不可というのは、最小限ではないが、教室の静かさを維持するという目的に対して、

手段は無関係ではなく、完全に不合理であるとまでは言えない。

　ただし、その学生も学ぶ権利がある。学ぶ権利は、人が生きるためだけでなく、政治に参加していく上でも重要な人権であることからすれば、1回の私語で単位不可というルールは、やはり厳しすぎ、口頭注意といった最小限の制限でなければならないであろう。

　以上のような考え方を、憲法学では、より詳細な目的と手段の関係として、**図表1−4**のように示している。このようなパスすべき目安を、**違憲審査基準**と呼ぶ。これは、公共の福祉による制限について、より議論を深めるための道具であり、制限を制限するためのものである。

図表 1-4 ｜ 違憲審査の基準

基　準	目　的	手　段
①厳格な基準 厳しいチェック ＜違憲になりやすい＞	やむにやまれない	●目的のために必要不可欠 ●必要最小限度
②厳格な合理性の基準	重　要	●目的との実質的な関連性あり ●より制限的でない他の選びうる手段がない　など
③緩やかな基準 緩いチェック a：合理性の基準 b：明白性の基準 ＜合憲になりやすい＞	正　当	●目的との合理的な関連性あり a：著しく不合理ではない b：著しく不合理であることが明白ではない

⑥ 違憲審査基準をどう使うのか

（1）丸刈訴訟の例

　熊本県の公立中学校の男子生徒が、丸刈・長髪禁止を強制する**校則**の無効を求めて訴えたことがある。この判例を通じて、違憲審査基準の使い方を考えてみたい。

　まず、丸刈を強制することが人権侵害と言えるためには、髪型の自由が認め

られなければならない。ここでは、一般的自由説の考えで、自由として認められるものとして話を進める。その上で、髪型は人が自分の個性を表現する上で大切なものであり、**図表Ⅰ－3**のさまざまな人権（自由）のなかでも重要なものだと考えれば、厳格な合理性の基準によって審査しなければならない（**図表Ⅰ－4②**）。

これに対して、1985年11月13日に熊本地方裁判所は、校長が校則を決める広い権限を持っていることを前提に、校則が著しく不合理であることが明らかでない限り、違憲とはならないとして、かなり緩やかな基準（**図表Ⅰ－4③b**）で判断した。このような基準では、男女の区別なく生徒全員を丸刈にするといった校則以外は違憲にはならなくなろう（髪黒染め校則について大阪地方裁判所2021年2月16日判決、最高裁判所2022年6月15日決定も参照）。

なお、**図表Ⅰ－4①**の厳格な基準は、憲法上、最高ランクの自由や平等を侵害する場合に用いられ、ほぼ違憲になるという厳しい基準である。たとえば人種差別を行う法律（→**第3章**）や政治的な言論を封じる法律（→**第5章**）に対して用いられるものであるが、このような**法律**は誰が見ても明らかに違憲とわかるだろう。

ここからは、**図表Ⅰ－4②**の厳格な合理性の基準を一部参考に、目的と手段をチェック（審査）してみたい。

（2）目的はまっとうなのか

まず、制限の目的がまっとう（正当・重要）か。先ほどの熊本地方裁判所での中学校側の主張によれば、丸刈校則の目的は、生徒全員に中学生らしい丸刈を保たせることにより、非行化を早期に発見できるということである。また、清潔さが保て、スポーツにも都合がよいともいう。さらに、長髪を認めれば髪の手入れに時間がかかり遅刻したり、授業中に櫛を使い授業に集中しなくなったりするともいう。

こうした非行防止・清潔さ・スポーツ・授業のためという目的それ自体は、一応まっとうなのかもしれない。目的が集団の画一的管理だとすれば、個人の尊重に反する。次に、手段はどうなのか。

（３）手段は役に立つのか、必要最小限なのか

　以上の目的と、髪型の制限という手段との関係を考えてみる。大事なのは、目的を達成するために、手段が関連して役に立っているか、そして手段が必要最小限であるか、という２点である。

　手段は役に立つのかという１点目について、長髪だと不良になるということを証明したデータはない。丸刈だと、人によってはフケが目立つこともあり、清潔とも言えない場合もある。また、スポーツに便利といっても、さまざまなスポーツがあり、長髪のプロ選手もいる。さらに、準備のために遅刻することを防ぐためならば、学校は、メガネよりも装着に時間のかかるコンタクトレンズの使用も禁止しなければならなくなるだろう。勉強に集中しないことを防ぐためならば、携帯電話や男女交際も禁止できてしまう危険もある。

　この点は、（１）の熊本地方裁判所の判決でさえ、髪型を制限したとしても、非行が防止されるとも断定できないし、髪型を自由にしたとしても、中学校側が指摘したさまざまな弊害が生じるとも言えないとした。そのため、そもそも目的に対して丸刈の強制は関連性がなく役に立たないということになる。

　そして、手段が必要最小限であるのかという２点目について、男子全員一律に丸刈という手段の他に中学校側の目的を達成するやり方を考えてみよう。たとえば、非行を早期に発見するには、生徒と教師とのコミュニケーションや学校と保護者との密な連絡が大切である。これらをどう具体的に実行するかにかかっている。

　そもそもこうした考え方は、個人の自由（権利）の制限が原則として許されず、公共の福祉による制限が例外だというものの見方から出発している。公共の福祉による制限に制限を設ける発想は、違憲審査基準の他に、**三段階審査**（とくに**比例原則**）の発想とも重なる。

　もっとも、違憲審査基準を使っても、数学の公式のように答えが決まっているわけではない。具体的な事件ごとに、それぞれの個人の自由や人権ごとに、具体的に考えることが重要である。

1 については、幸福追求権によって保障されるかどうかが問題となる。とくに4(2)を読みながら考えてほしい。

2 については、それぞれ校則の目的は何か、仮にその目的はまっとうだとしても、（他の）手段はどうか、ということを考える。

ときに、ゴミのポイ捨てなどの軽犯罪を取り締まることで、凶悪な犯罪を含めて犯罪全般を予防できるとするという考え方があり、学校などでもこのような考え方が採用されることがある（→**第2章**）。しかし、軽微な校則違反をすべて取り締まったからといって、学校がよくなるかどうかはわからないというのは、あなたの学校生活を振り返ると具体例があるかもしれない。

同様に、「ブラック校則」とも 2017 年頃から言われる問題とその裁判についても考えてみよう（荻上チキや内田良らの著作やウェブサイトのプロジェクト、映画などもある）。

おすすめの本・ウェブサイト

①樋口陽一『個人と国家——今なぜ立憲主義か』（集英社、2000 年）

憲法学者の重鎮が古今東西から個人の尊厳を考える知的刺激へと誘う。同じ著者の「一語の辞典シリーズ」の『人権』（三省堂、1996 年）も調べてみよう。

②宿谷晃弘編『学校と人権』（成文堂、2011 年）

校則・懲戒・体罰・非行・多様性など、学校にまつわる人権の問題が、若手の法学研究者たちによって手軽なサイズにまとめられている。

③志田陽子編『映画で学ぶ憲法』（法律文化社、2014 年）

映画の登場人物を通し、個人の尊厳や人権のイメージが具体的に見えてくる。40 本のテーマが憲法研究者たちによって映し出される。続編（2021 年）もある。

参考文献

①樋口陽一『国法学——人権原論［補訂］』（有斐閣、2007 年）

②西原博史編『岩波講座 憲法 2 人権の新展開』（岩波書店、2007 年）

③『講座 人権論の再定位』（全 5 巻）（法律文化社、2010〜2011 年）

④西原博史「憲法を解釈する主体となるために」法学セミナー 723 号（2015 年）10〜19 ページ

⑤連載「学校をホウガクする」法学教室 511 号（2023 年）〜

⑥日本教育法学会編『教育政策と教育裁判の軌跡と新動向』（有斐閣、2023 年）

学校にいる人の権利を考える
―― 子どもの権利・教師の権利・私人間効力

　学校は、子どもの成長を支える場である。そして、教師は、子どもを支援する立場にある。**子どもの権利**はどのようにして保障されるべきか、そのために教師はどのような権利や権限を持っているのか。子どもの権利、教師の権利・権限について、第2章では考える。

ケース

　あなたは公立中学校2年2組の担任。ある文房具会社が、憲法改正の議論が高まる社会事情を背景に、改正賛成バッジと改正反対バッジの販売を始めた。賛成バッジは青地に黒で「YES」、反対バッジは赤地に黒で「NO」と記されているもので、シンプルなデザインが好評を得て、大ヒット商品となった。学校でも人気で、カバンに賛成バッジ・反対バッジをオシャレでつけている生徒が多くいる。あなたのクラスの康彦も賛成バッジをカバンにつけているが、憲法改正を政治的信念から望んでいる点で、他の生徒とは違った気持ちでいる。

　ある日、同僚の社会科教師が反対バッジを胸ポケットにつけて2年2組の授業を行い、「やっぱり憲法改正はよくないよね」と話したところ、康彦が「先生の立場で、そんなこと言っていいのかよ」と指摘した。それに対してその教師は、「お前だってカバンに賛成バッジをつけているじゃないか」と言い返した。

　この件を問題視した校長は、校内でのバッジの着用を禁止した。しかし、康彦は、表現の自由からこの禁止は間違っていると、あなたや校長に不満をぶつけ、同僚の教師も表現の自由の侵害だと怒っている。あなたはこの件をどう考えればよいか悩んでいる。

クエスチョン

1　この禁止を、校長はどのように根拠づけることができるのか。
2　この禁止に対して、生徒や教師は自由を主張することができるのか。

① 子どもの権利

人権とは、人が生まれながらに当然持っている権利である。そのため、あらゆる人に、**人権享有主体性**が認められると考えるのが自然であろう。子どももまた、1人の人間である。そのため、大人と同じように権利が保障されるべきであり、大人と同じように保障されればそれで十分であると考えることもできなくはない。しかし、子どもだからこそ、権利がしっかりと保障されるような仕組みが整えられていたり、子どもであるがゆえに、大人とは異なる権利の制限があったりもする。以下では、子どもの権利について考えてみよう。

（1）子どもという特性に着目した権利保障

憲法が保障する権利のなかには、とくに子どもという特性に着目して定められているものがある。憲法26条の教育を受ける権利がその代表と言える。たとえば、1976年5月21日の**旭川学力テスト事件**で最高裁判所は、この権利の背後には、子どもは大人に対して教育をするよう要求する権利を持っているという考え方があるとしている。ただ、憲法や各種**法律**の条文は、主体が子どもに限定されているわけではない。憲法26条の規定も、とくに子どもを意識していることは明らかであるが、「すべて国民は」から始まっている。これに対して、子どもの権利条約は、「児童は、表現の自由についての権利を有する。」など、子どもを主体として記述している。以下では、子どもを主体として条文を組み立てている子どもの権利条約を手がかりに、子どもの権利について見ていこう。

子どもの権利条約は、1989年に国連で採択された。この条約は、生きる権利、守られる権利、育つ権利、参加する権利の4つの柱を軸に、子どもの自由や権利を保障している。とくに、子どもの最善の利益の確保（3条）、生存及び発達の可能性の確保（6条）、乳幼児の権利（7条）など、子どもだからこそ認められる権利が定められている。なかには、休息、余暇及び文化的生活に関する権利（31条）といったものもあり、遊びやレクリエーションの機会を確保することを目的とした権利も存在している。

以上のような権利に加えて、子どもの権利条約34条で定めるように、性的搾取・性的虐待から子どもを保護する規定もある。貧困や不十分な教育、あるいは性**差別**などが原因で、子ども、とくに女児が売春をさせられたりして、性的な被害を受けることがある。さらに、インターネットの発達で児童ポルノが簡単に手に入る状況になっており、一度インターネット上に出回ると対応がとても難しくなっている。児童買春・売春や児童ポルノを国際的に撲滅する動きが進められている。

　また、38条の武力紛争における子どもの保護規定も確認しておく必要があろう。世界の各地域で起きている紛争に子どもたちが兵士として直接参加し、大きなけがをしたり、命を落とすといったことも少なくない。このような事態に対して、子どもが、軍隊に強制的に徴集されたり、敵対行為に直接参加しないようにするなど、対応を進めている。

　日本も1994年に子どもの権利条約を批准しており、司法、地方自治体、教育現場などにおいてさまざまな形で反映されている。司法では、日本人の父と外国人の母が結婚していることが国籍を取得するための条件とする国籍法の規定が争われた事件で、2008年6月4日の最高裁判所判決は、国際人権規約や子どもの権利条約などを考慮しながら、問題とされる国籍法の規定を違憲としている。また、結婚した親の間から生まれた子どもとそうでない子どもが受け取る遺産の割合が平等ではないと争われた事例でも、子どもが出生によっていかなる差別も受けないという条約の規定や、国連からの勧告などを根拠としながら、最高裁判所は2013年9月4日に、民法の規定を違憲と判断した（**図表2−1**）。さらに、2015年7月15日から、児童ポルノの単純所持が処罰の対象となっている。この動きも、子どもの権利条約や選択議定書などで目指される児童ポルノ根絶の国際的な取組みに影響を受けた例として挙げられる。今後ますます、子どもの権利条約を根拠に、国際化が進んでいくだろう。

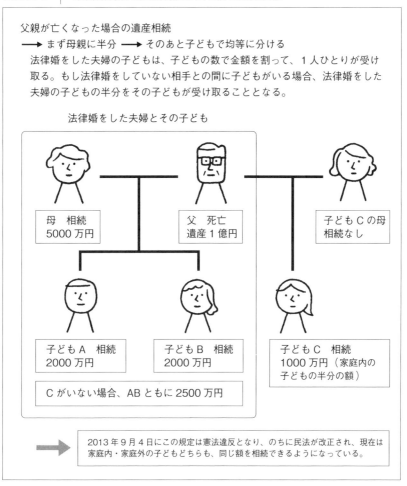

父親が亡くなった場合の遺産相続
→ まず母親に半分 → そのあと子どもで均等に分ける
　法律婚をした夫婦の子どもは、子どもの数で金額を割って、1人ひとりが受け取る。もし法律婚をしていない相手との間に子どもがいる場合、法律婚をした夫婦の子どもの半分をその子どもが受け取ることとなる。

法律婚をした夫婦とその子ども

母　相続
5000万円

父　死亡
遺産1億円

子どもCの母
相続なし

子どもA　相続
2000万円

子どもB　相続
2000万円

子どもC　相続
1000万円（家庭内の
子どもの半分の額）

Cがいない場合、ABともに2500万円

2013年9月4日にこの規定は憲法違反となり、のちに民法が改正され、現在は家庭内・家庭外の子どもどちらも、同じ額を相続できるようになっている。

　地方自治体での取組みとしては、子ども**条例**の作成を挙げることができる。子ども条例のタイプには、子どもを保護の対象として有害図書の規制などを進める健全育成型、子どもを権利の主体として把握し支援する子どもの権利型、などがある。とくに子どもの権利型の条例については、神奈川県川崎市や兵庫

県川西市で先進的な取組みがなされており、学校外から子どもの成長を支援するものとして実績を挙げている。

　学校内においても、子どもの権利条約をいかに実現していくかが課題として意識されている。とくに議論になるのは、12条の意見表明権である。この権利の特徴は、子どもが自由に意見を表明できるという視点だけでなく、大人がそれをきちんと聞かなければならないという視点も有していることである。そして、この権利は、学校などの具体的な文脈においては、出席停止などの処分に際して弁解の機会が保障される権利などとして理解される。たとえば、出席停止の措置に際しては、子どもの意見を聴く機会を設けるように文部科学省は通知しているが、これは弁解の機会が保障される権利の実現に向けた対応と言えるだろう。また、自治体のなかには、意見表明や参加などを制度的に保障するものとして、学校内に子どもをメンバーとする会議を設置するなどの動きもある。

　ただ、このような取組みがあるものの、学校においても、また家庭、医療、福祉などの各領域においても、子どもの意見表明が十分に実現されているわけではなく、今後いかに可能にしていくかという課題が残されている。また、意見表明や参加をためらったり、何らかの事情でそれが叶わなかったりする、いわゆるサイレントチルドレンもおり、意見表明の機会をいかに保障していくかとは異なる問題も指摘されている点にも、目を向ける必要があろう。

　国内的あるいは国際的な権利の保障に加えて、子どもの権利を考える上で、周りの人との関係に着目する考えもある（→参考文献①）。子どもが成長発達する過程では、親をはじめ、学校や教師、その他子どもを取り巻くさまざまな人々との関係が途絶えないことが必要とされる。赤ちゃんや幼児にとって、ミルクを飲ませてもらったり、オムツを替えてもらったり、生きていく上で必要なことに加えて、親とつながっていること、親が見ていてくれることも大切である。学校でも、教師が授業をし、生徒がそれを聞き、さまざまな知識を獲得していくだけではなく、教師や友達とつながっていることもまた大切である。まさに、権利を関係という網の目のなかで考えることが必要なのである。

（2）子どもに対する特別な制限

　子どもだからこそ守られ、意識される権利がある一方で、子どもには大人とは異なる特別な権利制限がある。大人には認められているが、子どもには認められないことがある。身近なもので言えば、飲酒や喫煙が思い浮かぶだろう。大人は、どれだけお酒を飲んでも、タバコを吸っても、またそのことによって体調を壊したとしても、法律で禁止されたり、何かペナルティを科されたりすることはない。しかし、子どもは、家でタバコを吸ったりお酒を飲んだりといったように、人に迷惑をかけない範囲であっても、自分で楽しむことすら許されていない。このように子どもの権利に対しては、大人とは異なる特別な制限がある。これは、パターナリスティックな制約と呼ばれるもので、**国家**が、親代わりとなって子どもを保護し、本人の利益を守るためになされるものと説明される。

図表 2-2　　大人と子どもの権利制限の違い

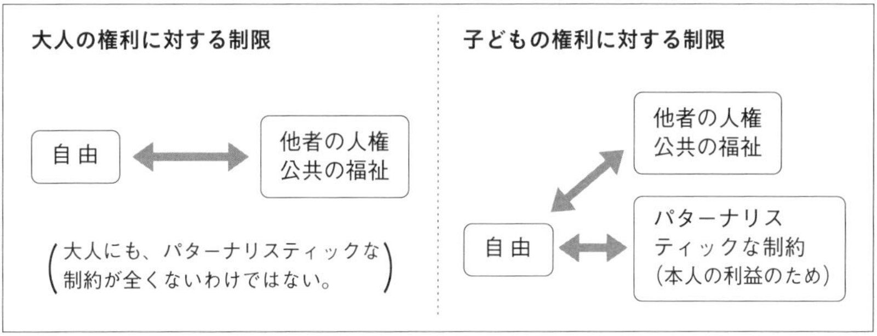

　パターナリスティックな制約を受けている例は、さまざまである。**職業選択の自由**との関係では、労働基準法で定められている児童労働の原則禁止（→**第8章**）、両性の合意のみで成立する婚姻の自由については年齢制限の規定などがある。また、子どもの**知る権利**に関わる問題としては、各都道府県の青少年保護育成条例を挙げることができる。暴力的なあるいは性的な表現が含まれる図書を有害図書として指定し、18歳未満の子どもに販売を禁止しているが、

1989 年 9 月 19 日の最高裁判所の判決では、合憲と判断されている。

　以上のような権利が、子どもであることを理由に制限される背景には、子どもは未熟ゆえに保護しなければならないという発想がある。先に挙げた最高裁判所の判決は、「一般に思慮分別の未熟な青少年」と述べており、このことをわかりやすくあらわしていると言えよう。子どもを未熟な存在とする考え方に対しては、子どもを一人前に扱っていないという批判もある。ここには、子どものことを大人の側で利益を守るべき保護の対象と見るか、自分のことは自分で決める一人前の自律した人として見るか、といった考え方の対立がある。しかし、将来に向かって成長する可能性、保護者に対する精神的・経済的依存性などを考えると、どちらか一方だけの考え方を選ぶこともできない。

（3）校則と子どもの権利

　大人との比較で子どもの権利が特別に制限される場合に加えて、学校の校則による子どもの権利の制限も問題となる。特定の髪型が禁止されていたり、地毛を証明する書類の提出を求められたり、規定の制服を決められたとおりに着ることが求められたり、バイクや車の免許を取得できる年齢になっているにもかかわらず学校から許可をもらわないと免許が取れなかったりといったことを、多くの人が経験しているだろう。また、学校ごとにルールはさまざまではあるが、スマホの持ち込みや使用に関するルールも身近なものとしてイメージしやすいだろう。

　憲法では、個人は尊重され、自分のことは自分で決めることが定められているはずなのに、学校では校則で決められたことが優先される。こういったことに疑問を抱いた子どもやその親が、裁判を起こして、校則を無効にしたり、校則違反の処分を取り消そうと試みたりしたこともある。しかし、裁判所の判断は、校長に校則制定に関する広範な権限を認め、教育目的というかなり漠然とした理由から子どもの権利の制約を認めるというものである（→**第Ⅰ章**）。しかも校則の規定が、憲法に違反すると判断されたケースは 1 件もない。たしかに、学校は教育を受ける権利を保障する場であり、一般の社会とは異なるルールを作る必要もあるだろう。また、校則を通じて、ルールを守るということを

学べるかもしれない。ただ、裁判で違憲とされることがないほど、校長が包括的に校則を定められる状況にあっては、子どもの権利の保障という考え方を超えて、子どもを管理しやすいことなどの大人側の都合が紛れ込んでいないか、常に意識する必要はある。

　以上のような課題があるなかで、近年、校則が過度な制約となっていないか、あるいは自己決定を尊重する内容となっているかなどの観点から、一部の学校では生徒も参加しながらブラック校則の見直しが進められつつある。

（4）学校の環境と子どもの個性

　校則によって権利が制限されていることとは別に、学校や教師の誤った働きかけや、環境が適切に整えられていないことによって、子どもにとって大切な教育を受ける権利が十分に保障されないケースが存在する。たとえば、**体罰**やハラスメントは、子どもの心や体を傷つけることに加え、教育を受ける権利の保障を妨げるものでもある。体罰は学校教育法 11 条の但書で禁止されているが、現在でも学校や部活動で行われている場合がある。なかには、体罰を苦にして子どもが自ら命を絶ってしまうこともある。体罰に教育上効果があるとするのは、完全な誤解である。関連して、不当な指導により子どもが自ら命を絶つ「指導死」という考え方も新しく登場しており、体罰や不当な指導の問題が今まで以上に可視化されるようになってきている。指導や教育と称して暴力をふるうことは、子どもの権利侵害になるということは認識されなければならない。

　また、セクシュアルハラスメントやパワーハラスメントも近年問題となっている。成績評価や部活動の指導での子どもに対する優越的地位を利用し、性的にあるいは権力的にいやがらせをすることである。**教育委員会**や学校では相談窓口を設置して対応しているが、学校という閉鎖的な人間関係のなかで加害者の責任を問いづらい雰囲気があったり、被害者の側から相談しづらかったりするなど、克服すべき課題は多い。

　子どもの持つさまざまな個性に対応できる環境が整えられていないため、権利保障が不十分になってしまうこともある。たとえば、外国籍の子どもは、望めば日本の公立学校への入学を認められるため、その点では日本の子どもと差

がないように思える。しかし、言葉や生活習慣の違いから学校生活で苦労することがあったり、民族学校を設立しようとした場合に支援が受けづらかったりするなど、問題は山積している（→参考文献②）。

　また、セクシュアル・マイノリティの子どもの権利についてはどうか。生物学上の性とは異なる性別であると自身が認識している性同一性障害や、LGBTQ など、セクシュアル・マイノリティにはそれぞれの個性がある。そのため、学校生活では、トイレや体育の着替え、修学旅行などの入浴時や就寝時の配慮が必要であり、子どもたちが自分らしく生活できるような工夫が求められる。

② 教師の権利・権限

　学校での主人公は子どもたちであるが、主人公を支える重要な役割を担う教師の権利・権限も考えなければならない。1 人の市民として主張できる市民的自由、そして教師になることで担う職務上の権限について考えてみよう。

（１）教師と人権

　教師も 1 人の市民であるため、人権に基づいて自由を主張できる。しかし同時に、子どもの教育を受ける権利を保障するという仕事を担い、また公務員として国や地方公共団体と特別な関係にあるため、他の市民と全く同じように自由を主張できるわけではない。

　このような関係は、戦前には**特別権力関係**と理解された。この関係のもとでは、国家は法律の根拠なく大幅に人権を制限でき、個人はこの制限について裁判所に訴え出て改善することができなかった。戦後は、法の支配や**基本的人権**の尊重という理念に反するため、この考えは支持されていない。ただ、公的な仕事を担う公務員は、一般市民にはない特別な権利制限が及ぶと考えられている。

　公立学校に勤める教師も、公務員であるため、地方公務員法や教育公務員特例法などの公務員法が適用される。公務員法では、全体の奉仕者として公共の

利益のために働くことが求められている。一部の人が不利になったり、有利になったりするように働くことは許されない。仮にそのような働き方をしていないとしても、一部の人のために働いているように見えるようなことがあってはならないとする考えも存在する。そのため、たとえば、中立性や公平性の確保のために、公務員の政治的行為は規制されている。教師の場合は、公務員法に加えて、子どもや親への影響をとくに考慮して、**義務教育諸学校における教育の政治的中立の確保に関する臨時措置法、国民投票法**などでも、規制されている。

　その他の規制としては、**労働基本権**の制限がある。団結権や団体交渉権については認められている職種もあるが、争議行為については、教師を含むすべての公務員に禁止されている。民間の給与の仕組みとは異なることなどを根拠に、最高裁判所は規制を合憲としている。

　教師に関しては、もちろん、子どもの前で政治的メッセージを発することや、子どもが学校に来ているにもかかわらずストライキをすることなどが、認められるかどうかは慎重に考えなければならない。しかし、勤務時間の内外、あるいは担っている仕事内容などを問題とせず、公務員に対して一律に政治的行為や争議行為を禁止している現在の法制度に対しては、学説からの批判も多い。

　市民的自由とは別に、教育内容などについて国家から指示や命令を受けないという意味で、憲法上保障されている権利を使って自身の教育活動を守ろうとする考えがある。**教師の教育の自由**という考え方で、個人あるいは教師集団に認められると考えられている。教師は、公務員の地位にあるものの、その職務内容から、他の一般の公務員とは異なるという考え方に基づいている。学説上は、肯定する立場と否定する立場で分かれている。ただ、どちらの立場に立つにせよ、他の公務員が上司や法令に従い行政の統一性を維持しながら住民にサービスを提供するのに対して、教師は子どもと直接に関わるという職務ゆえに、教育内容や方法について一定程度自由に判断できるということは、最高裁判所も含めて多くの論者の考えが一致している（→**第6章**）。

（2）教師と職務上の権限

　教師になると、授業や学級運営、放課後の部活動、進路指導などに携わるこ

とになる。さらに、これらの業務だけではなく、校務分掌という、学校の運営を適切に進めるための仕事も任される。よく知られているものとしては、生徒指導や進路指導などがあるが、年間のスケジュールを調整する総務や、時間割や授業に関して調整をする教務などの役割もある。その他には、職員会議に参加したり、保護者と連絡を取ったりするなどして、子どもに関する情報の共有などが行われる。

　ここでは、教師の仕事のなかでも、授業、成績評価、懲戒といった日常的な教育活動について見てみよう。授業は、指導計画を作り、**教科書**や教材の研究に取り組み、日々行っている。授業の内容や進度については、**学習指導要領**や教科書を参考にしながら組み立てていくことになるが、学習指導要領や教科書にどの程度まで従わなければならないのかについては議論がある（→**第6章**）。

　教師は、授業を通じて、子どもの授業内容に対する理解度や到達度についての成績評価を行う。また、日常生活の態度についても通知表に記載するなどして、本人や保護者と共有する。成績評価を通じて、子ども本人は、授業の理解度や到達度などを知り、また学校での生活を振り返り、自分の成長に活かすことができる。保護者は、子どもの学力や自宅以外の場所での子どもの生活を把握し、子どもの進路や家庭における教育の参考とすることができる。受験先の学校にとっては、筆記試験が中心となる入試において、試験以外の判断材料を得ることとなる。このように、教師は、成績評価権という子どもの成長や進路に関わる、とても大きな権限を持っている。もし、この権限が、恣意的に使われたり、無制限に行使されたりするならば、子どもの権利侵害を引き起こすことになりかねない。子どもの成長や人生設計に資するように、教育評価権が公正に行使されることが重要である。

　授業や成績評価に加えて、教師は、問題を起こした子どもに懲戒を加えることができる。学校教育法11条「校長及び教員は、教育上必要があると認めるときは、文部科学大臣の定めるところにより、児童、生徒及び学生に懲戒を加えることができる。ただし、体罰を加えることはできない」が、その根拠となる。懲戒というと、法的な処分がイメージされやすいが、口頭で注意をしたり、課題や当番を多く課したりすることも含まれる。この規定の解釈として、体罰

と懲戒の区別が問題となる。生徒を殴ったり蹴ったりすることは、当然体罰だが、トイレに行きたがっている子どもを教室から出さないことなども体罰に該当するとされている。他方、授業中に教室内で起立させたり、練習に遅刻した子どもを試合に出場させないで見学させたりするなどであれば、懲戒として許される場合がある。これについては、文部科学省がガイドラインを示しているので1つの参考となるだろう（文部科学省「学校教育法第11条に規定する児童生徒の懲戒・体罰等に関する参考事例」）。

懲戒に関連して、悪いことには厳しく対応しようという厳罰主義、いわゆるゼロトレランスという、アメリカ由来の考え方がある。ゼロトレランスとは、寛容さ（トレランス）をなくして（ゼロ）、問題行動を起こす子どもに厳しい態度で対応するという教育方針である。1990年代にアメリカ各州で、学校での銃や麻薬の使用、いじめ問題、学級崩壊などを克服するために用いられた。機械的な適用が特徴で、食事のためにナイフを学校に持ち込んだことが武器の持ち込みと見なされて逮捕された事例や、彼女が自殺しそうになったのでナイフを取り上げて車のなかに隠していたら、そのことが問題視されてペナルティを科せられた事例などがある。

日本でも、各地方自治体や学校で、このゼロトレランスを導入する動きが見られる。また、2013年に成立したいじめ防止対策推進法でも、この考え方を見て取れる。もちろん、他の子どもを傷つけたり授業を妨害したりすることが、許されるわけではない。とくにいじめは卑劣な行為である。しかし、学校や教師は、刑務所や警察官ではない。また、アメリカのミネソタ州では、ゼロトレランスが導入された2年間で、退学者数が3倍になったというデータもある。教育上の必要のために、つまり子どもが成長するために、校長や教師に懲戒権が与えられていることは、繰り返し確認するべきである。

③ 私人間適用

（１）私人間適用についての考え方

　ここまで、公立学校の子どもや教師に主に注目してきたが、私立学校の子どもや教師についてはどうだろうか。私立学校を考えるにあたって、まず**公法**と**私法**の関係について確認しておこう。法は大きく公法と私法とに分けられる。私法は、対等な私人同士の関係を前提として、自分たちのことは自分たちで決めるという**私的自治**を原則とするのに対して、公法は、国家と私人の関係を定めたルールである。私人同士の関係には民法をはじめ私法に分類される法律が適用され、私人が公的な機関と何らかの関係を結ぶ場合は公法に分類される法律が適用される。このことを学校にあてはめると、私立学校における子どもや教師は私法の対象に、公立学校における子どもや教師は公法の対象となる。

　憲法は、国家と個人の関係を対象とするので、公法に含まれる。そのため、私人同士の関係は憲法の守備範囲としない。しかし、社会的に強い立場にある私人が、弱い立場にある私人を差別したり、その人の自由を妨げたりすることがある。その場合、憲法を使って権利を守るべきではないかという考え方が出てくる。これが**私人間効力**（第三者効）の問題である（→参考文献③）。私立学校における子どもや教師の人権などは、この問題のなかで論じられることとなる。

　まず、憲法の歴史を踏まえて、あくまで憲法は国家の権力を制限するために作られたものだという点にこだわり、私人間では憲法は適用できないという考え方を挙げることができる。これは無適用説と呼ばれるもので、あくまで私人同士のトラブルは、私法におけるさまざまな法律を通じて解決すべきだというものである。

　これに対して、私人間であっても憲法を使って問題を解決しようという考え方もある。これを、直接適用説と呼ぶ。ただこの考え方をつきつめると、私立の宗教系学校、女子校・男子校などが、**政教分離**や平等から憲法違反になる可能性が出てくる。**私学の自由**などを踏まえると、別の考え方が必要になってく

る。

　最高裁判所や学説の多くは、無適用説と直接適用説の中間にある間接適用説という考え方を取っている。1973年12月12日の最高裁判所の判決は、人権を私人間相互の関係について直接適用することは妥当ではないとし、私的自治の原則を尊重しながらも、社会的に許されない限度を超える権利や自由の侵害がある場合は、民法90条の公序良俗の規定を憲法に沿うように解釈して対応するものとしている。この考えはそのあとの最高裁判所の判断にも引き継がれている。たとえば、会社の就業規則で、定年を男性55歳、女性50歳と定めていることが、憲法14条の男女平等に反しているのではないかと争われた事件で、民法90条の公序良俗の解釈に平等という考え方を読み込んで、男女別定年制はこの規定に違反しており、無効であると判断している。

　ただ、この考えは、私人間においてどのようなルートで憲法の考え方を使うかということには答えているが、どのような問題にどの程度使うかということには答えていない。そのため、この問題をクリアするために、**基本権保護義務論**という考え方が最近示されている。この考えは、憲法上保障されている個人の利益（これを基本権法益と言う）が、他の私人によって脅かされるときに、国家はその個人を保護するというものである。国家が私人の問題に介入することになるので、活動の制約が度を越すことは許されないが、同時に保護する程度が弱い場合でも問題があるとされる。たとえば、テロ行為や環境を悪化させる行為を取り締まる法律が、必要以上に強い規制を含む場合が問題となるのはもちろん、こういった法律がない場合や、不十分である場合にも、基本権保護義務論からは、憲法違反ではないかと問題にされるのである。

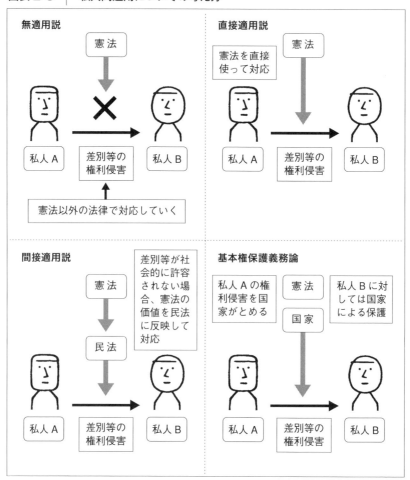

（2）私立学校の場合

　私立学校にもさまざまな校則があり、子どもたちの自由や権利を制約する場合がある。この場合、憲法を使って自分の自由や権利を主張することができる

だろうか。

　私立学校の校則をめぐる裁判で最高裁判所は、私人同士に憲法は直接使うことはできないとした上で、各学校独自の校風や建学の精神などに力点を置き、退学などの重い処分も許容されるとしている。たとえば、過去に問題を起こした生徒が、さらに校則で禁止されているパーマをかけたことで退学勧告を受けた事案や、大学での事例ではあるが、日頃の政治活動を問題視され退学処分になった事案などで、最高裁判所は処分の取消を求める学生の訴えを受け入れていない。

　憲法を直接適用することができないという点では、公立学校と私立学校には大きな差がある。しかし、すでに見たように、公立学校でも校則は生徒の人権を広く制約している。私立学校も状況は大きく変わらないだろう。裁判所も、多くの人から見て明らかにおかしいと思われるようなものでない限り、公立・私立問わず各学校が作る校則は問題がないと判断している。憲法が直接適用されるかどうかにかかわらず、公立でも私立でも校則によって人権が制約されやすいことには注意が必要である。

ケースのクエスチョンに対する解答作成のヒント

　1について、まず生徒に対しては、未熟であるといった理由や、パターナリスティックな観点から、安易に根拠づけるのではなく、学校が教育を受ける権利のための場所であることや他の子どもの権利との関係を踏まえて、考えることとなる。

　教師については、公務員であることから上司である校長の指示には従うべきと理由を挙げることもあり得るが、教育を受ける権利を保障する仕事を担っていることや教師もまた一市民であることなどを考慮しながら、自由の制約に対する理由づけを慎重に考えることとなる。

　2について、生徒も教師も学校内において人権を使って自由を主張できる。ただし、自由が無制約に認められるわけではない。校長の判断と、生徒や教師の自由に関する主張のどちらが優先されるか、個別具体的に慎重に判断することとなろう。

おすすめの本・ウェブサイト

①喜多明人・森田明美・広沢明・荒牧重人編『逐条解説 子どもの権利条約』（日本評論社、2009 年）

　子どもの権利条約に関する第一線の研究者たちが、条約の各条文について丁寧に解説を行っている。読み解くための視点、活かすための視点で解説されているため、理論的にも実践的にも有益な 1 冊。

②丹羽徹編『子どもと法』（法律文化社、2016 年）

　子どもを主体に、法的地位や権利を考える 1 冊。子どもを取り巻く環境ごとに章構成されており、また扱うテーマも幅広く、学校関係にとどまらず子どもと法の関係を学ぶことができる。

③大津尚志『校則を考える―歴史・現状・国際比較―』（晃洋書房、2021 年）

　本書では、歴史や国際比較から校則を考察している。校則の問題点を考えるさまざまな視点を提供してくれる 1 冊である。

参考文献

①大江洋『関係的権利論――子どもの権利から権利の再構成へ』（勁草書房、2004 年）
②宮島喬『外国人の子どもの教育――就学の現状と教育を受ける権利』（東京大学出版会、2014 年）
③木下智史『人権総論の再検討――私人間における人権保障と裁判所』（日本評論社、2007 年）

第3章 平等を保障するとはどういうことなのか
—— 個性を持つあなたにとっての平等

「不平等はいけない」。「差別はダメ」。こういう言葉をよく耳にしてきたはず。でも、顔や性格、能力、生まれた場所、育った環境は、みんな違う。友達はもちろん、兄弟姉妹ですら、全く同じ人はいない。このように多様な人が生活する社会で、平等とは何を意味するのかについて、第3章では考える。

ケース

あなたは公立中学校の就学相談の担当教師。中学校の校区に住んでいる保護者から、特別支援学校小学部に通っている娘のあり子を、新中学1年生になる来年度からあなたの中学校に入学させたいという相談を受けた。

話によると、あり子は交通事故で歩けなくなり、車椅子を使っているそうだ。現在、1年生の教室は2階にあるが、中学校にはエレベーターがないので、あり子は1年生の教室に行くことができない。エレベーターについては、予算の都合ですぐには設置できない、と教育委員会から連絡を受けている。

そこであなたは、職員会議で、1年生の教室を1階にある3年生の教室と入れ替えることを提案した。新3年生は全員歩くことには問題なく、教室を入れ替えて直接困る人はいないが、新3年生の担当教師は、「今の教室配置はいろいろな理由があって決まった。あり子さんにはかわいそうだけど、他の子どもたちに迷惑をかける必要はない」と言う。それに対して、新1年生の担当教師は、あり子の教育を受ける権利を平等に保障するためには、教室の入れ替えを行うことが現実的だと主張している。

クエスチョン

1 身体障害を理由にして公立中学校への入学を認めないことは、憲法14条の平等に反するか。
2 中学校があり子を差別するつもりはなく、ただ支援体制がないので仕方がないと主張したとき、あり子は裁判でどのようなことを主張できるか。

(I) 何のために平等は保障されるのか

　憲法 14 条には、すべての国民が「法の下に平等」で、「差別されない」と書いてあるが、残念ながら、世のなかにはさまざまな差別が存在する。多くの会社では女性は男性よりも昇進が遅い。イクメンという言葉もあるが、子育ては女性の仕事といった風潮もまだまだある。日本の歴代の首相に女性はいないし、女性の国会議員も少ない。「外国人入店お断り」という看板も見たことがある人もいるかもしれない。バリアフリーをはじめとして、障害者にやさしいまちづくりもまだまだ進んでいるとはいえないだろう。

　しかし、平等な社会を実現することは大切なことである。そこで、憲法 14 条の「平等」とは一体、どういう意味なのかを明らかにしたい。

（１）形式的平等と実質的平等

　あなたは、平等という言葉を耳にしたら、何を考えるだろう。たとえば、あなたには、10 歳の妹がいるとする。お母さんが、あなたと妹のために、ケーキをワンホール買ってきてくれた。お母さんは、あなたに「妹と、平等に分けなさい」と言った。あなたは、そのケーキをどう切り分けるか。半分に切り分ける、それとも…。

　妹は、あなたより体重が軽いので、体重の比率を考えて、妹に 4 分の 1、あなたに 4 分の 3 というように、ケーキを切り分けた方が平等かもしれない。

　もしくは、あなたはアルバイトをしているとしよう。自分のアルバイト代でケーキを買うことができる。一方、妹は、お小遣いが少なく、自分でケーキを買うことができない。そごで、このような経済力の差を考えて、その差を埋めるために、ケーキを妹に 4 分の 3、あなたに 4 分の 1 というように切り分けた方が平等かもしれない。

　このように「平等に分けなさい」といっても、機械的に人数で分ける方法（半分づつ）、体重を基準に分ける方法（妹に 4 分の 1、あなたに 4 分の 3）、現実的な格差を考慮して、その格差を是正するように分ける方法（妹に 4 分の 3、あなたに 4 分の 1）などがある。

このような考え方は憲法が考える2つの「平等」に反映されている。1つは**形式的平等**、もう1つは**実質的平等**である。

形式的平等とは、等しい者を形式的に一律に同じように扱うことである。先の例で言うと、妹とあなたでケーキを半分ずつに分ける方法がまさにそれにあたる。人数（1人）を基準に、「等しい者は等しく」扱っているのである。そして「等しい者は等しく」だけでなく、「等しくない者は等しくなく」扱うことも形式的平等に含まれる。そのため、ケーキを妹に4分の1、あなたに4分の3に分ける方法も形式的平等となる。

別の例でも考えてみよう。たとえば、高校入試の受験資格である。あなたと友達は、経済状況、性別、家族構成など、あらゆる面で全く同じということはないはずだ。勉強方法も、塾に通ったり、通信教育をやったり、1人で教科書や問題集を使って自宅学習したり、と違うだろう。しかし、「高校入試を受ける」という意味では、あなたと友達は「等しい者」となる。そこで、1人ひとりの事情から生じる不平等を考慮せずに、受験を希望するすべての生徒に対して同じように高校受験の資格を保障する。これも形式的平等にあたる。

これに対して、高校の入学試験に合格できても、保護者の失業や災害のために家庭の経済状況が悪化し、学費などを納めることができないと、入学できないかもしれない。そこで、経済的に困っていない生徒と同じ授業を受けることができるように、奨学金制度の充実が求められる。これは**実質的平等**である。したがって、実質的平等には、人々の間にある性別、年齢、身体的能力、環境などの現実的差異があることを考慮して、その差が憲法上許されない場合には、是正することを意味する。

（2）機会の平等と結果の平等

私たちは、お金のある家に生まれるか、男性・女性に生まれるかなどを選ぶことはできない。だからこそ、生まれたあとの努力が評価されなければならず、その努力の前提である機会（チャンス）は平等に保障されなければならない。たとえば、もし義務教育がなければ、戦前の日本のように、貧しい家の子どもは学校に通えず、そのあとの就職先も安い給料の仕事に限られ、結果として将

来も貧しい可能性が高い。そこで、国は義務教育を通じて、すべての人々に平等に教育を受ける機会を保障しなければならないのである。

　機会の平等の他には、結果の平等というものがある。憲法学では、**積極的差別是正措置**（アファーマティブ・アクション、または、ポジティブ・アクション）が有名である。これは、女性と男性、黒人と白人、障害者と健常者などの間に存在する格差を積極的に解消するための対応を行うことである。アメリカでは歴史的に黒人が差別されてきて、現在も黒人の多くが貧困に苦しんでいることから、その格差を少なくするために、積極的差別是正措置として医学部の入試で黒人を優先的に入学させる制度などがある。もっとも、白人に対する逆差別ではないかなどの批判も多い。

　日本では、男女共同参画社会の実現に向けて、積極的差別是正措置が模索されている。たとえば、大学に女性教員が少ないことから、大学の教員採用において応募者の能力が同等の場合、女性を優先的に採用するといった募集規定も見られる。リケジョに対する積極的な支援も、理系コースを選択する女子高校生の割合の少なさといった、長い時間をかけて作り上げられてきた社会の構造を改善し、多様性を確保することを目指すものと言えよう。

　なお、結果の平等はその理念として実質的平等と重なり合うが、機会の平等も、チャンスや条件をすべての人に対して平等に生み出すという意味で、実質的平等に含まれると捉えることもできる。

② 憲法が保障する差別の禁止と平等の範囲とは

　ここまで、憲法が言う平等とは何かを考えてきた。次に、憲法14条1項には、「すべて国民は、法の下に平等であつて、人種、信条、性別、社会的身分又は門地により、政治的、経済的又は社会的関係において、差別されない」とあるが、これが何を意味するのかについて考えていきたい。

（１）法律の適用の平等か、内容の平等か

　憲法14条の「法の下」は何を意味するのだろうか。少々ややこしいが、「法

律の下」として、国民に対して法律を平等に適用すべきという意味なのか、それとも、「憲法の下」として、国会が作る法律の内容も平等でなければならないという意味なのか、という点が争われている。

　もしあなたに尋ねたら、どう答えるだろう。おそらく、法律の内容も適用も平等でなければならない、と考えるのではないだろうか。通説もそうなっている。たとえば、法律に男性を差別する規定があるとしよう。この法律を、国民全員にいかに平等に適用しても、法律に男性への差別が書いてある以上、差別はなくならない。

　憲法学では、常識的に当たり前のことであっても、憲法の条文にはっきりと書いていない場合は、議論しなければならないのである。

（2）相対的平等

　憲法は、すべての人を全く同じように（絶対的・機械的に）扱うことを求めているわけではない。たとえば、大学入試センター試験はペーパー試験で行われるが、視覚障害者には問題文を点字にしたり試験時間を延長したりするなどの配慮が求められる。憲法は合理的な理由がある場合は、区別することを認めており、たとえば、学力が足りない生徒の公立高校への入学を認めないことは不平等とは見なされない（合理的区別）。しかし、学力はあるのに、外国人であることを理由に高校入学を認めないことは、不平等となる（**差別**）。

（3）違憲審査基準

　合理的区別が認められる以上、どのような区別が合理的で合憲とされ、また合理的ではなく違憲とされるのか。

　第1章で見たように、平等の問題においても、目的と手段が問題になる。つまり、目的が正当か、目的を達成する手段（区別）が合理的か、という2点を検討することになる。

　たとえば、クラスで視力が悪い生徒を前の方の座席にする場合を考えてみよう。目的は視力が悪い生徒の学習権（→**第7章**）を保障するためであり、目的は正当であろう。また手段として、前の方の座席にするのは、一般的にはよく

行われていることであり、合理的だと言える。しかし、手段について、視力が
よくないと 10％は授業内容を見逃しているだろうと考えて、テストの点数に
毎回 10％加点することは、合理的だとは言えない。

　また、公立の保育園入園について、優遇条件を定める条例の規定のなかで、
ひとり親世帯をふたり親世帯よりも優遇するという基準を作った場合、どうだ
ろうか。この優遇条件の規定の目的を、ひとり親世帯はふたり親世帯よりも保
育の必要性が高く、それに応えることだとすると、目的自体は不当とは言えな
い。また優遇基準も不合理とは言えないだろう。

　平等に関する違憲審査基準の代表的な最高裁判所判決として、1973 年 4 月
4 日の尊属殺重罰規定違憲判決がある。尊属とは、自分よりも上の世代の血縁
関係のある親族のことである。この事件では、実の父親に性的虐待を受けてい
た娘が父親を殺して、刑法 200 条（現在は削除されている）の尊属殺人罪に問
われた。刑の重さについて、3 年以上の懲役刑も選択できる通常の殺人罪（当時
の刑法 199 条）と異なり、尊属殺の場合は死刑か無期懲役しか選択できない点が、
憲法 14 条 1 項に反するのではないかと問題となった。

　判決では、まず、立法目的について、尊属殺は高度に社会的、そして道徳的
に非難されるべきであるので、通常の殺人罪より罰を重くした刑法 200 条が不
合理であるとは言えないとされた。しかし、死刑または無期懲役に限られてい
る尊属殺の刑罰では、執行猶予がつけられないなど、立法目的を達成するため
の必要な限度をはるかに超えているので、憲法 14 条 1 項に違反した不合理で
差別的な取り扱いと判断された。

（4）後段列挙事由とは

　憲法 14 条 1 項後段に示されている具体的な差別、つまり人種、信条、性別、
社会的身分、門地を後段列挙事由と言う。学説や判例は、これらはあくまで具
体例だと説明しており、禁止される差別はこれだけにとどまらない。障害者や
LGBT（レズビアン、ゲイ、バイセクシュアル、トランスジェンダー）などのセク
シュアル・マイノリティへの差別についても考えられているが、彼らに対する
差別も、憲法に書いていないからといって許されるわけではない。

また後段列挙事由は、憲法に具体例として書かれているのだから、特別の意味があると捉えるのが学説の主流である。つまり、後段列挙事由を理由とする区別は厳格に判断することが求められ、よほどの理由がなければ合憲とはならないと考えられる。歴史が示すように、人種差別、宗教差別、性差別は、どの時代も、どの地域でも存在しており、後段列挙事由は普遍的に禁止される差別事例が示されている。

（5）後段列挙事由に書かれたものへの差別とは

　「人種」とは、白人、黒人、黄色人種のような皮膚、髪の毛、体型などの身体的特徴によって区別される人類学上の分類とともに、人種差別撤廃条約1条にあるように、世系または民族的もしくは種族的出身を意味する。とくに日本では、アイヌ民族、琉球民族、在日韓国・朝鮮人などに対する差別が問題視されている。たとえば、在日韓国人である生徒に対して、韓国籍であることを理由に部活動への参加を拒否したような場合は差別となる。

　「信条」とは、宗教的信仰に限らず、広く思想上・政治上の信念を含む考え方や思いを意味する。

　「性別」とは、通常、男女の生物的・身体的な性差を意味する。性別に基づく区別の例として、民法では、結婚できる年齢は、男性は18歳で、女性は16歳となっていたが、これは18歳に統一された。また女性だけに6か月の再婚禁止期間があったが（2015年12月16日に最高裁判所は100日を超える部分について違憲と判断した）、廃止予定である。他方、夫婦は妻か夫のどちらか一方の苗字を選ばなければならないが、夫の苗字が選ばれることが多く、夫婦別姓が認められていない（2015年12月16日に最高裁判所は合憲と判断した）。

　とくに教育の問題で考えると、お茶の水女子大学や奈良女子大学などの国公立女子大学の合憲性が問題とされている。これらの大学は、女子の大学進学率が著しく低かった時代には合憲であったと考えられるが、現在では男女とも大学進学率はほぼ変わらないので、性差別の観点から違憲の可能性が高い。ただし、I（2）の積極的差別是正措置で説明したように、大学教員、会社の部長や課長などの管理職に女性が少ない現状を踏まえると、女性リーダーの養成と

して、国公立女子大学の合憲性を認める余地がある。

　また、公立高校での男女別学も問題となる。たとえば、宮城県、福島県では共学化したが、埼玉県、群馬県などでは別学が残っている。学校選択や多様性の確保という目的もあろうが、性差別の観点からはやはり違憲の疑いが強い。

　さらに今日では、生物学的な「女」・「男」だけでなく、「女らしさ」・「男らしさ」といったような社会や文化によって作り出された性差（ジェンダー）、そしてLGBTをめぐって、性自認に基づく性別変更・同性婚も問題になっている。

　「社会的身分」の定義については、学説が分かれている。狭い意味として、出生によって決定される社会的な地位という考え、広い意味として、社会において占める継続的な地位という考えである。社会において後天的に占める地位という２つの中間の学説もある。

　たとえば、教師は自らの意思でその地位を離れることができるので、「社会的身分」にはあたらないだろう。憲法学では、とくに、婚外子（非嫡出子）がこれにあたるかどうか問題となった。最高裁判所は、婚外子（非嫡出子）の相続財産が嫡出子の２分の１とした民法の条文を違憲とした2013年９月４日の決定のなかで、「社会的身分」には具体的に触れなかったが、「子にとって自ら選択ないし修正する余地のない事柄を理由としてその子に不利益を及ぼすことは許され」ないと判断している。

③ 差別類型

　差別は、誰が見ても明らかに差別であると見分けがつくものだけではない。とくに多数派の視点から見ると、すぐには発見できない差別が社会には数多く存在する。ここからは、差別を発見する視点として、直接差別、間接差別、合理的配慮について見ていきたい。

（１）直接差別と間接差別

　直接差別は、ここまででも取り上げたように、人種、性別、障害などを理由として差別することである。したがって、一般的に差別というと、直接差別を

指すことが多い。直接差別と認めた判決として、1997年9月16日の東京都青年の家事件がある。同性愛者の団体が同性愛を理由に、東京都青年の家への宿泊を拒否された事件であるが、東京高等裁判所はこれを差別であるとした。

　これに対して、間接差別とは、一見差別には見えないが、よく考えると差別が潜んでいる場合である。たとえば、居酒屋のアルバイトの募集で、身長170cm以上という条件があったとする。一見、男女問わず募集しているように見えるが、女性の平均身長が158cmであることからすれば、ほぼ女性は排除されていることになる。このように、一見すると中立的に見える基準、規則、慣行などを設け、それを適用することで、ある人を合理的な理由なく不利に取扱うことを間接差別と言う。男女雇用機会均等法でも禁止されている。

（2）障害者に対する合理的配慮

　障害者の雇用や教育の場面では、とくに配慮が求められる。たとえば、急に目が見えなくなった受験生にとって、ペーパーの試験しか用意されなかったとしたら、それは配慮が十分ではないと言える。このような配慮を「合理的配慮」と言う。もう少し詳しく説明すると、学校をはじめとする事業者や行政機関などに対して障害者からの要請があった場合に、それを行うことが過重な負担ではない限り、合理的な配慮を行うことを指す。

　ところで、なぜこのような合理的配慮が必要とされているのであろうか。車椅子の人は、エレベーターがなければ、別の階には行きにくい。障害者用のトイレがなければ、トイレに行くのも難しい。障害者が抱える問題を十分に考慮に入れず、障害がない状態を基準にしてしまったために、障害者が生きにくい社会を作り上げてしまっている。このような社会の現状があるからこそ、配慮が必要なのである。

　ただ、配慮といっても、実現が難しいことや、能力を上乗せするようなことを求めることはできない。たとえば、車椅子を使う生徒のために学校に何台もエレベーターを設置することや、入学試験で障害を理由として受験生に点数を上乗せすることはできないだろう。配慮はあくまで「合理的」な範囲内で行われる。この合理的配慮義務は、障害者差別解消法と障害者雇用促進法に定めら

れている。

　合理的配慮の考えを積極的に取り入れた判決として、奈良地方裁判所による2009年6月26日の奈良肢体不自由児中学校入学事件がある。脳性麻痺によって手足に障害を持つ子どもが、地元の公立中学校への就学を希望したが、希望する中学校の施設・設備では、その子どもの安全な教育環境を十分に確保できないとして、就学が拒否されたのである。

　奈良地方裁判所は、中学校の施設・設備などが不十分であることは認めたが、介助員を雇う予算があり、また、授業を受ける教室を変更したり、国に補助金を申請してバリアフリー化のための設備整備を行ったりすることは可能であるとして、地元の公立中学校への就学を認める判決を出した。

　他に、教育の場面で求められる合理的配慮として、どのようなものがあるだろうか。ここで求められる配慮というのは、授業や課外活動などに障害を持つ子どもが参加する際、教育方法や内容を変更したり、調整したりすることである。典型的なものとして、たとえば、学校や教師が授業のときに、視覚障害を持つ子どものために点字や拡大文字でプリントを準備したり、聴覚障害を持つ子どものために手話通訳者や要約筆記者（ノートテイカー）を手配したりするといったことである。さらには、試験のときに、パソコンの使用を認めたり、試験時間を延長したり、回答欄を大きくしたりすることも、合理的配慮として求められる。

　さらに、国立特別支援教育総合研究所が運営しているインクルーシブ教育システム構築支援データベースによると、集団活動への不安や意思伝達の困難さを抱える自閉症の傾向のある生徒に対して、入学試験において別室受験の用意、教室移動の際に入室を促す言葉掛け、板書の負担を減らす工夫、自己理解や意思伝達のスキルを高めるトレーニングを行い、安定した学校生活が送れるように配慮を講じることが想定できる。また、補聴器を装用する感音性難聴を抱える生徒に対して、聴力を十分に活用できるようにするため、教室内の雑音軽減などの学習環境を整えたり、ゆっくり話すように教員や生徒に対して共通理解を促したり、マイクで拾った声をクリアにする対話支援機器を活用したりするという配慮方法が紹介されている。

④ 差別と教育

　差別については、国や地方自治体によるものよりも、私人間の方が身近な問題であり、深刻であろう。身体的特徴などにより区別し、仲間外れや無視をするいじめも差別だと言える。また、同和地区（被差別部落）出身であることを理由とした、結婚や就職差別もいまだに存在する。さらに、在日韓国・朝鮮人に対する差別は、昨今のヘイトスピーチ問題により、より大きな問題を投げかけている。

　国や地方自治体が、法律や条例を制定することにより、私人間における差別を禁止することも重要であるが、憲法上はなかなか難しい問題が生ずる。たとえば、差別的な内容を含むヘイトスピーチを法律で規制する場合、差別されている人たちの人格権を守る側面もあるが、差別発言をしている側の表現の自由の内容規制という問題もある（→**第5章**）。

　こういった問題については、やはり教育というのが重要になってくる。歴史的には、同和教育（解放教育）により差別を解消しようという試みがなされてきており、現在ではさまざまなマイノリティに対する差別解消を目指す意味で、人権教育が提唱されている。ただし、単に「人権を守ろう」と叫ぶ人権教育は、憲法の自由や人権がまずは国家に対するものであることを歪める可能性もある。立憲主義を踏まえた人権教育が重要である。

Ｉについて、障害を理由に入学を認めないこと（直接差別）は本来、認められないが、合理的な理由があれば、憲法 14 条 1 項には反しない。

たとえば、中学校にエレベーターがないという理由で、あり子を受け入れる体制がないというのは、一見、合理的な理由のように思える。ただ、1 階に新 1 年生の教室を移動させることができる以上、合理的な理由とは言いにくい。インクルーシブ教育の流れのなか、障害を持つ子どものニーズにあった適切な教育的支援を普通学級で行うことも求められている。中学校へ入学を希望しているあり子のニーズを最大限尊重することが、憲法 14 条の平等の考え方に合っているだろう。

2 について、新 1 年生の教室を 2 階にすることは、従来からの慣行でもあり、一見中立的な基準・条件ではあるが、それを適用することで、あり子を不利に扱ってしまう。これを、間接差別として主張することができる。同時に障害を持つあり子には、中学校では合理的配慮が必要であるにもかかわらず、適切な配慮がなされていないとも主張することができる。とくに、教室の入れ替えが、一般的に見て、「合理的」の範囲を超えるとは言えないだろう。

①辻村みよ子『ポジティヴ・アクション』（岩波書店、2011 年）

　　積極的差別是正措置の理論と実践について、各国の実情を踏まえて、憲法学の観点から考察し、平等実現のあり方を検討している。また、積極的差別是正措置の具体例も豊富に紹介されている。

②森戸英幸・水町勇一郎編『差別禁止法の新展開』（日本評論社、2008 年）

　　差別禁止法をキーワードにして、日米の立法状況を幅広く取り扱っている。各論として、年齢差別や障害者差別なども説明している。

参考文献

①内野正幸『人権の精神と差別・貧困』（明石書店、2012 年）
②杉山有沙『日本国憲法と合理的配慮法理』（成文堂、2020 年）
③辻村みよ子『ジェンダーと人権』（日本評論社、2008 年）

第4章 心の自由を考える
── 思想・良心・信教の自由

　心は目に見えない。しかし、自分らしく生きるためになくてはならないものである。心の自由を守るとはどういうことかを、第4章では考える。

ケース

　あなたの勤める公立中学校では、これまで各自が持参するお弁当を昼食としていた。しかし、各家庭の負担を減らすこと、心身ともに健康な成長を促すこと、地産地消を促進することなどの理由から、この4月に給食が導入された。学校のある地域は黒豚の産地として有名であり、安値で健康によいことなどから積極的に給食に取り入れられている。保護者や地域住民にも比較的好評である。しかし、あなたのクラスにはベジタリアンの康彦と宗教上の理由から豚肉を食べられないマーサが在籍しており、2人が給食の一部を残していることをあなたは把握している。

　ある日の職員会議で、「どうも給食を残している生徒が一定数いるようです。健康な体を作ること、また生産者や給食調理員への感謝の気持ちを忘れないためにも、残さず食べるよう各クラスでしっかり指導してください」と校長は話した。職員会議後、「どうも2年2組の生徒が残しているようです。適切に指導してくださいね」と担任のあなたにも直接話があった。

　またクラスでは、給食を残す康彦とマーサに対して、からかう様子も時折見られるようになっている。2人とも少しつらそうに見えて、あなたはとても心配している。

クエスチョン

1　康彦やマーサの思想・良心の自由あるいは信教の自由から、給食が導入されたことを憲法違反と言うことはできるのか。
2　康彦やマーサ、その保護者、そしてクラスの子どもたちに、あなたは何をすることができるのか。

① 思想・良心の自由を考える

（1）教育と思想・良心の自由

　思想・良心の自由は、自分自身で考え、物事の善悪を判断するために必要不可欠なものである。また、他の精神的自由の前提であり、自分の考えに基づいて生きるための基盤でもある。しかし、生まれたときから確固とした思想・良心を持って生まれてくる人はいない。保護者、家族、地域社会との関係、そして学校での学びや人間関係を通じて、子どもは自分自身の内面を作り上げていく。成長期の多くの時間を費やす学校の役割と責任は大きい。

　憲法19条は、「思想及び良心の自由は、これを侵してはならない」と定めている。この条文は、明治憲法下の1925年に成立した**治安維持法**により、特定の思想が弾圧を受けた歴史的反省に由来している。

　また、戦前の学校では、**教育勅語**が重要な役割を果し、親孝行や勉学に励むことに加え、「天壌無窮ノ皇運ヲ扶翼スヘシ」といった天皇の**国家**を支えるための考え方が教え込まれ、「正しい生き方」が子どもたちに促された経緯がある。そのため、教育においても、思想・良心の自由の持つ意義は小さくない。

　この条文を理解する上で、まず思想と良心の関係が問題となる。思想と良心を区別して考える説もあるが、最高裁判所と通説は1つのものとして把握している。その上で、心のなかを広く保障する内心説と、人生観や信条に限定して保障する信条説とが対立しているが、最高裁判所は立場を明確にしていない。

　「思想及び良心」をすでにできあがったものとして把握するだけではなく、その過程をも含めて理解することが欠かせない。なぜなら、成長のまっただなかにいる子どもにとっては、内面を作り上げるプロセスこそ重要であるからだ。

（2）特定の考えの強制や禁止

　思想及び良心が内面にとどまる限り、その保障は絶対である。「宿題を出してほしくないな」、「大人になるのに、学校の勉強は必要ないよ」、「早く給食を食べたいな」と考えることを、心のなかに立ち入って禁止することはできない。

そうであれば、19条はあまり意味を持たないことになるが、しかし、そのようなことはない。他の精神的自由にはない重要な意味がある。それを考えるために、学校での教育活動で思想・良心の自由がどのように制約を受けるかという視点から見てみよう。

図表 4 -1 ｜ 思想・良心の制約のパターン

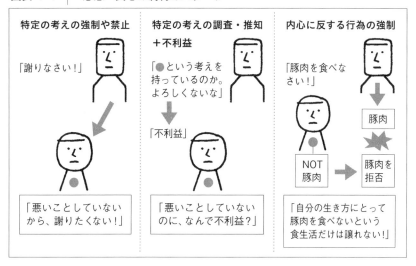

学校では教科教育などで知識を伝えることに加え、生徒指導などを通じて子どもの行動にアドバイスをすることがある。これは学校や教師の役割であり、子どもの成長にとっても意味のあるものである。しかし、特定の価値観や考えを唯一正しいものとして教え込んだり、誤ったものとして排除したりするなら、思想・良心の自由に対する侵害となる。

これに対して、民主主義や平和主義などの憲法で大切にされている価値ならば、強制してもよいのだろうか。この点については、憲法的価値だからこそ身につけさせるべきだという立場と、憲法的価値であったとしても教え込むことには慎重であるべきだという立場で争いがある。評価が分かれている以上、価値の教え込みが持つ問題の意味に注意が必要である。

また、子ども間のトラブル解決のために謝罪を勧める場合もこの問題に関わる。ヒントとなる考え方として、選挙時に他人の名誉を毀損した人に謝罪広告を命じた事例がある。1956年7月4日の最高裁判所判決は、単に事実を説明し、謝るにすぎないならば、思想・良心の自由に違反しないと判断している。謝罪を強制することは、場合によっては許されるのだと考えることもできるが、謝罪という倫理的な意思表明の強制は違憲であるという反対意見もあることには注意しておこう。

（3）沈黙の自由、信条に基づく不利益

学校では子どもの内面に働きかけることばかりではない。子どもがよりよい教育を受けられるように、日常の生活態度から家庭環境に至るまでさまざまな情報を集め、それを教育実践に役立てることがある。また、その情報を家庭や進学予定の学校と共有することもある。そのなかには、子どもがどのような信条を有しているかがわかってしまうものもあるだろう。

もちろん、積極的に特定の思想を持っているかどうかを調査したり、推測したりすることは、思想・良心の侵害となる場合がある。この問題は、プライバシーの問題とも考えられる。しかし、とくに憲法19条の問題として、沈黙の自由が意味を持つのは、調査の結果、不利益が生じるときである。例として、ある中学生の学校内外での政治活動が内申書に記載されて、受験したすべての高校に不合格になったとして、損害賠償が求められた事件を挙げることができる。

この事件で、1988年7月15日の最高裁判所判決は、「いずれの記載も、上告人の思想、信条そのものを了知しうるものではないし、また、上告人の思想、信条自体を高等学校の入学者選抜の資料に供したものとは到底解することができない」としている。これは、内申書に行為を記載するだけでは、どのような信条を持っているかを知ることはできないし、どういう信条を持っているかわからない以上、不利益も生じないという理解である。しかし、どのような政治的信条を持っているか比較的わかりやすい情報、たとえば校内において「麹町中全共闘」（全共闘とは、1960年代後半の学生運動の中心となった学生組織のこと）

を名乗ったことなどを内申書に記載することが、その人の信条を推測させないという理解に対しては、批判も根強い。

なお、本人が知ることのできない受験校に提出される内申書に、思想信条に関わる記載をすることの是非についても議論がある。

（4）内心に反する行為の強制

ここまで、思想・良心という内面とその制約について考えてきた。しかし、特定の行為が強制されることで、心に負荷がかかるといった場合にも心の問題は生じる。内心に反する行為の強制という問題である。この問題について考えてみよう。

たとえば、税金を支払いたくないという気持ちから、納税を拒否することができ、それを一切取り締まることができないとなれば、**法律**や命令は意味のないものになる。そうなると、多くの人がともに生活していくことはとても難しい。他方、自分が支持していない政治団体に、税金としてお金を納めることが強制されるとするならば、自分の信念からどうしてもできないことまで強制されてしまうこととなり、心の自由を守ることができない。単なるわがままと、自分らしく生きるための主張をどのように分けるか。一連の**国旗国歌**訴訟は、この問題を考えるきっかけを提供してくれる。

まず、国旗国歌訴訟の背景を簡単に整理してみよう。学校での儀式における国旗や国歌の扱いについて、1958 年の**学習指導要領**は、「国民の祝日などにおいて儀式を行う場合には、国旗を掲揚し君が代を斉唱させることが望ましい」としていたが、1989 年の学習指導要領では、「入学式や卒業式などにおいては、その意義を踏まえ、国旗を掲揚するとともに、国歌斉唱するよう指導するものとする」とし、「望ましい」から「指導するものとする」という強い要請へと変化した。この改訂以降も、国旗掲揚・国歌斉唱の実施を行わない学校が一定数あった。しかし 1999 年に、国旗は日の丸、国歌は君が代と定義する国旗国歌法が制定されたり、東京都で 2003 年 10 月 23 日に、**教育委員会**より、入学式や卒業式で国旗掲揚と国歌斉唱を適正に実施するよう**通達**（10・23 通達）が出されたりする動きのなかで、国旗掲揚・国歌斉唱の実施率は 100% に近くな

っていった。

このような動きのなか、たとえば東京都では、教育委員会より通達を受けた校長が、教職員にピアノ伴奏や起立斉唱の**職務命令**を出し、それに違反するものは懲戒処分を受けるという事態が多数生じている。処分を受けた教師が裁判を提起し、処分の取消や損害賠償を求めるなどしている。東京都での事例が多いが、福岡県北九州市や広島県広島市などでも起こっている。

図表 4-2 ┃ 学習指導要領（特別活動）の具体化

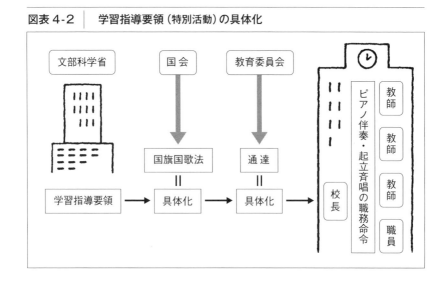

これらの件に関して、2007 年 2 月 27 日のピアノ伴奏命令拒否事件判決、また 2011 年 5 月以降の起立斉唱命令拒否事件判決（とくに、2011 年 5 月 30 日判決）で、最高裁判所は判断を示している。一連の判決では、君が代の歴史的役割に関する個人の信念を出発点として認めるものの、ピアノ伴奏や起立斉唱を拒否することはその信念に基づく 1 つの選択肢にすぎず、信念と行為は必ず結びつくものではないと判断し、職務命令の内心に対する直接的制約を否定している。ただ、このような判断のなかで、起立斉唱に関しては、一般的・客観的に見て、慣例上の儀礼的な所作であるものの、敬意を拒否したい対象に対して敬意を表明する行為が求められるため、間接的な制約となる面があることを、最高裁判

所は認めている。最高裁判所の判断は、心と行為がつながるか、ピアノ伴奏や起立斉唱を求めることで痛みを感じるかについて、多数派の視点から考えるものである。

　しかし、多数派の人にとってどう感じられるかという一般的・客観的な視点ではなく、その人自身の生き方にとってどのような影響があるかという個人的・主観的な視点から、この問題を検討する考えもある。たとえばピアノ伴奏拒否事件で、藤田宙靖裁判官は、「入学式においてピアノ伴奏をすることは、自らの信条に照らして上告人にとって極めて苦痛なことであり、それにもかかわらずこれを強制することが許されるかどうかという点」に問題の本質を見て反対意見を述べた。また、学説においても、良心を「自らが統一的人格として生きる上で頼りにしてきた」ものと理解し、それに基づく行為の自由を保障する見解が唱えられている（→参考文献①）。

　以上のように、内心に反する行為を強制することが許されるかどうかについて、多数派の人がどう思うかということを出発点に考えるか、その人個人にとって行為の強制が持つ意味は何かということを基礎に据えるか、似ているようで大きな違いがある。

　また、思想・良心の問題とは別に、教育に強制はなじまないということなどから、通達や職務命令を**教師の教育の自由**に反するものとして捉える見解もある。この考えでは、学習指導要領自体を拘束力のない指針と理解するため、教育委員会による内容の具体化、さらには校長の職務命令による強制は許されないとするものである（→**第6章**）。通達とそれに端を発する国旗掲揚・国歌斉唱の強制の違憲性・違法性を、教育の自由論から争った裁判もある（→参考文献②）。

　一連の訴訟は、校長の職務命令と教師の思想・良心の自由という対立で、子どもへの直接的な強制は存在しない。ただ、子どもの思想・良心が問題にならないわけではない。自分の生き方がある程度わかりつつある子どもにとっては、「空気を読め」と言われていると感じる可能性があるし、そうでない子どもにとっても、行為を通して内面が形成されることも否定できない。とりわけ民主主義国家において国家との関係をどう考えるか、価値観をどのように形成する

か、自分の生き方をどう組み立てるかについて、子ども本人に最大限委ねられるような工夫が求められる。

（5）子どもの思想・良心を大切にすること

　以上、複数の制約のパターンを見ると、学校や教師の活動は、さまざまな場面で子どもの思想・良心の自由とぶつかることがわかる。そのため、あらゆる信条に対して中立的であることが求められそうだが、授業などで扱う内容は客観的に正しいと判断できる知識だけにとどまらず、価値を含むものも多い。そのため、中立を貫くことは難しい。バランスの取れた食生活や早寝早起きの推奨、字をきれいに書くように指導すること、あるいは結婚や出産を前提としたライフモデルを提示することは、一定の価値判断を前提としており、これらを取り上げることができないとなれば、教育自体が成立不可能となりかねない。

　そのため、学校で扱う素材のなかには価値を伴うものがあることを認識し、子どもの内面形成を阻害しないよう注意しながら、教育活動を行うことが重要となる。特別の教科「道徳」が2018年度からスタートしていることを踏まえると、このことはとくに重要である。内容や教授方法の選択によっては、子どもの思想・良心を制約する危険性もあるが、子どもの内面形成を支援できるのもまた教師である。こういった矛盾を抱えたなかで、子どもが自由かつ独立の人格として成長するために教師に求められていることは少なくない。

② 信教の自由を考える

　信教の自由もまた、心の自由を守る。この自由は、世界史的に見ても日本史的に見ても、意義深い。16〜17世紀のヨーロッパでは異なる宗派同士の争いが絶えなかったが、信教の自由を認めることでこの問題を解決していった。日本では、戦前、**国家神道**が国の根幹としてすべての国民に強制され、憲法上信教の自由が認められながらも、他の宗教は国家神道と両立する範囲で認められるにすぎなかった。たとえば、教育分野では、キリスト教系の大学に通う学生であろうと誰であろうと、靖国神社への参拝は臣民の義務とされた。戦後は、

憲法上個人の信教の自由を保障すると同時に、国家と宗教が結びつかないように**政教分離原則**が規定されている。

（1）信教の自由が認められる範囲

　個人の自由としての**信教の自由**の内容は、特定の宗教を信仰する・しない自由、教義に基づく宗教活動の自由、同じ信仰を持つ者同士が自由に宗教団体などを形成する宗教的結社の自由などを挙げることができる。

　宗教が人の生き方やアイデンティティに深く関わることを考えれば、可能な限り自由が認められるべきであるが、その認められる範囲はどこまでなのか。たとえば、宗教団体がパワーストーンのようなグッズを販売することも、宗教活動として保護される。しかし、悪質な霊感商法も信教の自由によって守られるのだろうか。悩みを抱える人に「あなたの家には悪霊が憑いている」などと言って不安に陥れ、何百万円もするような高額な壺や絵画を買わせることが、詐欺罪や恐喝罪にあたらないとは言えないだろう。また、親の宗教教育の自由は尊重されるべきだが、宗教上の理由があるとしても、子どもを虐待することは許されない。

　僧侶が病気の少女から「狸を追い出す」と言って火にあたらせ、背中を殴るなどして死亡させた事件で、1963年5月15日の最高裁判所判決は、他人の生命や身体に危害を及ぼすことは信教の自由の保障の限界を逸脱すると判断して、この僧侶を有罪とした。宗教が最大限尊重されるとしても、他人の生命を不当に奪うようなことまで、信教の自由によって守られることはないのである。

　他方、真摯な宗教的信念に由来する活動の場合には、刑法に反していたとしても、許容されるものがある。たとえば、警察の捜査対象となっている高校生を牧師が教会にかくまい、落ち着きを取り戻した段階で警察に出頭させたことが犯人蔵匿罪に問われた事件がある。1975年2月20日の神戸簡易裁判所は、牧師が高校生をかくまって説得したことは「憲法20条の信教の自由のうち礼拝の自由にいう礼拝の一内容」をなすものであり、牧師としての正当な職務をまっとうしているとして、この牧師を無罪としている。

　以上のような判例はあるが、刑法によって処罰される行為か、信教の自由に

よって保護される行為か否かの線引きは、意外に難しい。

（2）政教分離に関する基本的な考え方

　日本国憲法は、個人の信教の自由を保障するとともに、国家と宗教を分離するという、政教分離の原則を定めている。「政教分離」という言葉そのものは憲法には登場しないが、憲法20条1項で宗教団体に特権を与えることの禁止、憲法20条3項で宗教教育その他の宗教的活動を行うことの禁止、憲法89条で宗教組織に対して公金を支出することの禁止が定められている。

　国家（政治）と宗教の関係を憲法でどのように決めるかについては、それぞれの国の歴史的・社会的・文化的背景によって異なっている。中東諸国には、イランなど、政治と宗教の関係性が深い国もある。イギリスやノルウェーは、国家が主体となって運営する国教会を持ちながら、他の宗教に対しても寛容で広く自由を認めている。ドイツやイタリアは、国家と宗教の分離を前提としながらも、キリスト教会に**公法**上の地位を認める取り決めを行っていて、公立学校でもキリスト教に基づく宗教教育を行うことができる。

　アメリカやフランスは、国家と宗教を厳格に分離しており、日本もここに属する。日本で厳格な分離が求められるのは、とくに戦前、国家と神道が密接に結びつくことによって、神社参拝の強制や一部の宗教団体に対する迫害が起こったという歴史的経験からである。

　教育の場面に目を向けると、たとえば公立学校においては、もちろん政教分離は意識されており、**教育基本法（2006年）**15条2項では「国及び地方公共団体が設置する学校は、特定の宗教のため宗教教育その他宗教的活動をしてはならない」と定められている。ただ、私立学校については、**私学の自由**から、道徳の代わりに宗教を教科として選択できる。

　とはいえ、国家と宗教を厳格に分離するといっても、簡単にはいかない。私たちの日常生活のなかには、宗教に由来する習慣や行事も少なくない。たとえば、学校の給食で、食べる前に「いただきます」とあいさつをするが、これは誰に対して言っているのだろうか。命を捧げてくれた動物や野菜に言っているのかもしれないし、給食を作ってくれた人にお礼を言っているのかもしれない。

あるいは、食事を与えてくれた神に感謝する意味合いで言う人もいるだろう。となると、給食の前の「いただきます」は宗教的儀式であって、公立学校ではやってはいけないことなのだろうか。クリスマスは、もともとイエス・キリストの誕生を祝う祭だが、市役所などにクリスマスツリーを飾ることは政教分離違反になるのか。中学校の先生が高校受験前の3年生の教室に、生徒たちの合格を願って、大宰府天満宮の合格のお札を貼るのはどうだろうか。こうして考えてみると、国家と宗教が関わる場面は決して少なくないように思われる。それでは、何が政教分離違反にあたるのか。どのように判断したらよいのだろうか。

（3）政教分離の判断基準の展開

　最高裁判所は、政教分離を判断する基準として、**目的効果基準**を用いてきた。この基準は、宗教と関わるような政府の行為について、その目的が宗教的意義を持つかどうか、効果が宗教に対する援助・助長・促進、他の宗教への圧迫・干渉となるかどうか、という点から審査を行うものである。

　この基準がはじめて使われたのが、1977年7月13日の津地鎮祭事件である。市の体育館建設の際に行われた地鎮祭（建物を建てる前に、土地の神様を祀って工事の安全を祈る儀式）に公金を支出したことが政教分離に反するのではないか、と問題となった。最高裁判所は、地鎮祭の目的を工事の無事安全を願うなど「社会の一般的慣習に従った儀礼を行うという専ら世俗的なもの」とし、効果も「神道を援助、助長、促進し又は他の宗教に圧迫、干渉を加えるものとは認められない」ため、政教分離には違反しないと判断している。

　これに対して、愛媛県知事が靖国神社や護国神社に玉串料（神社に祈祷を依頼するためのお金）を公金から支出したことが問題とされた愛媛玉串料事件では、最高裁判所は1997年4月2日の判決で、津地鎮祭事件と同じ目的効果基準を用いたが、違憲と判断した。この事件で最高裁判所は、玉串料を奉納するという行為は宗教的意義を持つものであって、県が靖国神社や護国神社を特別なものであるという印象を与え、特定の宗教への関心を呼び起こす効果があるとして、政教分離に違反すると判断している。

　学校関係の事件でも、公立学校の武道場に神棚を設置するために公金を支出

図表 4-3　靖国神社と政教分離

　靖国神社（写真左）は英霊（戦没者）を祀る神社で、東條英機などのＡ級戦犯も合祀されている。毎年、終戦の日の８月15日前後には、内閣総理大臣や閣僚のうち、誰が参拝したかどうかが新聞などで報道される。また政教分離に違反するかということも裁判で争われている。なお、愛媛玉串料訴訟では、毎年７月に靖国神社で行われている「みたままつり」（写真右）に際して、県知事が４回にわたり計31000円の献灯料を奉納したことが政教分離違反とされた。
　出典：左は著者撮影、右は小池洋平氏撮影。

したことが争われた事件があるが、裁判所は、目的効果基準に基づき、その公金支出の目的は「柔道場及び剣道場に棚を設ける」という世俗的なものであって、効果も神道の援助や他の宗教の干渉にはあたらないと判断している。

　しかし、神棚の設置に本当に宗教的な目的がないと言い切れるのかは疑問が残る。少数派の宗教を信じる生徒が武道場の神棚を見たらどう思うだろうか。津地鎮祭事件もそうであるが、裁判所は政教分離を「一般人」の観点から判断するとしている。日本で「一般人」と言えば、正月には初詣に行き、結婚式はキリスト教式で、葬式は仏式で行うような多数派を指すと考えられるが、そのような多数派の視点で判断するだけで果たしてよいのだろうか。それに、神棚ではなくキリスト教や仏教など他の宗教の祭壇が設置されていた場合も、同じように政教分離に違反しないと言えるのだろうか。ここに、目的効果基準を実際に適用することの難しさがある。

　近年の判決は、すべての事件に目的効果基準を適用するのではなく、それぞれの事件の性質を考慮して判断するようになってきている。市が町内会に市有

地を無償で提供し、これを神社の敷地として利用させていたことが問題とされた空知太神社事件で、2010 年 1 月 20 日に最高裁判所は目的効果基準に言及することなく判断を行った。最高裁判所は、問題となった神社の宗教施設としての性格、市有地を無償提供するようになった経緯、それらに対する一般人の評価などを考慮して「総合的に判断すべき」として、市の行為は政教分離に違反するという判決を下した。

　それでは、どのような場合に目的効果基準を適用すべきで、どのような場合に「総合的な判断」をすべきなのか。残念ながら、まだ裁判所は明確な答えを提示していない。この点について考える上で重要なのは、そもそも日本の政教分離原則が何のために存在していて、国家と宗教のどのような関わり合いを防ごうとしているのか、ということである。ただ機械的に、一般人の視点から目的効果基準を適用すれば「正解」が導き出されるというのではなく、社会が多元化している状況なども踏まえて、個々の事件について慎重に判断することが求められている。

（4）学校での信教の自由と政教分離のぶつかり合い

　津地鎮祭事件の最高裁判所判決は、政教分離原則について、「国家と宗教との分離を制度として保障することにより、間接的に信教の自由の保障を確保しようとするもの」と説明している。しかし、政教分離は、ときとして信教の自由とぶつかる可能性があることに注意しなければならない。

　学校には、さまざまな設備や施設があり、また地域にも開かれている。季節ごとにさまざまな行事が行われることもあるだろう。そのため、学校は宗教的なものとの接点を持ちやすく、関わり合いをすべて否定することは難しい。そして、学校で行われる教育活動のなかには、多くの子どもたちにとっては何も問題ないが、特定の信仰を持つ少数派の子どもにとっては取り組めないものがある。学校が少数派の子どもたちを支援しようとすると、特定の宗教を特別扱いすることになりかねず、政教分離に違反するかもしれない。反対に政教分離を貫こうとすれば、少数派の子どもたちの信教の自由は守られないことになるのである。

たとえば、日曜授業参観事件がある。この事件では、教会の礼拝に出席するために日曜日の授業参観を欠席した牧師の子どもたちが、指導要録の欠席記載の取り消しを認められるかどうかが争われた。日曜日に教会に行くことは、信教の自由によって当然保障されている。しかし、キリスト教徒の子どもだけを欠席しても出席扱いするとなると、特別扱いになり、政教分離に反するとも考えられる。1986年3月20日の東京地方裁判所判決は、欠席記載は法律上意味のあるものではなく事実的なものであること、出席免除は「宗教上の理由によって個々の児童の授業日に差異を生じることを容認することになって、公教育の中立性を保つ上で好ましいことではない」ことなどを理由として、欠席記載を取り消さなかった。

　また1996年3月8日のエホバの証人剣道実技拒否事件最高裁判所判決がある。この事件では、公立高専の学生が信仰する宗教の教えに従って剣道実技を拒否し続けたところ、留年を経て退学処分を受けたことが問題となった。最高裁判所は、他の体育実技の履修、レポート提出などの代替措置について検討せずに退学処分にしたことは、校長の裁量を逸脱するとして、退学処分は違法と判断した。仮に代替措置を取っても、政教分離原則には反しないとしている。

　この2つの事件から、学校の教育活動が特定の宗教を信じている子どもに重大な不利益をもたらすような場合には、適切な配慮を行うべきであることがわかるであろう。同時に、そのような配慮を行う際には、その宗教を信じていない他の子どもたちにとって不公平なものになっていないか、十分に注意する必要がある。

　宗教上の信仰から、君が代を歌えない子、運動会の踊りや徒競走に参加できない子、修学旅行で神社などに参拝できない子、給食で豚肉を食べられない子など、学校にはさまざまな信仰を持った子どもたちが集っている。少数派であろうと多数派であろうと、それぞれの信仰が最大限に尊重される公平な空間を守るために、学校には誠実な対応が求められている。

　1について、給食を導入するかどうかは教育政策上の問題であって、人権を使って自分の生き方を守る問題だと主張することは難しい。給食を導入することの目的が不合理でないこと、強制が伴っていないことなどからも康彦やマーサの思想・良心の自由や信教の自由から、給食導入を憲法違反ということは難しい。

　2について、校長先生の言うように残さず食べるよう指導することは、康彦やマーサの生き方を否定することになりかねない。もし強制や不利益が伴うのであれば人権問題として考えられる。教師の立場からの対応としては、給食制度は前提としながらも、場合によっては残しても問題ないこと、あるいは豚肉が提供される日には代わりにお弁当を持ってくるように助言するなどの配慮が考えられる。

　クラスの生徒たちに対しては、豚肉を食べることと食べないことは同じ価値であることを前提に、日常の教育活動で対応していくこととなる。

おすすめの本・ウェブサイト

①田中伸尚『ルポ　良心と義務』（岩波書店、2012 年）

　　教育現場における国旗国歌の強制に悩み、抗う人々のリアルを描く。

②斉加尚代・毎日放送映像取材班『教育と愛国──誰が教育を窒息させるのか』（岩波書店、2019 年）

　　教育への政治的介入を、教科書（→第5章）、君が代斉唱、ゼロ・トレランスなどのさまざまな文脈から描き出す1冊。教育と政治の関係に加えて、子どもを取り巻く環境や内心の保障などを考える上でも重要な視点を提供する。

③中川明編『宗教と子どもたち』（明石書店、2001 年）

　　カルト、子どもの発達、学校教育などにおける子どもと宗教の関係を実証的に論じている。日頃見落とされがちな疑問に丁寧に向き合っている。

参考文献

①西原博史『良心の自由と子どもたち』（岩波書店、2006 年）
②堀尾輝久『教育に強制はなじまない』（大月書店、2006 年）
③中川明『寛容と人権』（岩波書店、2013 年）

悪口を言うのも自由なのか
—— 表現の自由

　表現の自由は、憲法によって手厚く保護されている。それでは、なぜ「表現の自由」はそんなに大事になるのだろうか。私たちは表現の自由があるからといって何を言っても許されるのだろうか。表現の自由の限界はどこにあるのかについて、第5章では考える。

ケース

　あなたは公立中学校2年2組の担任。あなたのクラスの康彦は、クラスの男子の中心にいる滋と対立し、クラス内で意地悪をされるようになった。滋は康彦に対して、学校内で悪口を言うだけでなく、SNS（ソーシャル・ネットワーキング・サービス）を使ってさまざまな悪口を書くようになった。あなたは滋に対し、康彦の悪口をネットに書くのをやめるように求めたが、一向にやめる気配がなかった。そこであなたは校長と相談の上、滋の保護者に対して報告した。

　滋とその両親は、SNSに書き込んだのは悪口ではなく、あくまでも意見であるため表現の一種であり、学校の対応は表現の自由の侵害であると反論し、学校側に謝罪を求めてきた。

クエスチョン

1　悪口を書き込むことまで、表現の自由は保障しているのか。
2　滋の保護者に対して、どのように対応すればよいのだろうか。

① 何のために表現の自由はあるのか

憲法21条1項では表現の自由が保障され、2項では**検閲**が禁止されている。たった1条の条文であるが、表現の自由はさまざまな展開を見せており、私たちの社会に欠かせない権利である。

たとえば、大学で友達や先生と話をするのも表現の自由である。学園祭でバンドの演奏をしたり、新歓のときにサークルで立て看板を立てたりすることも表現の自由の問題なのだ。駅で戦争反対のチラシを配ることだって、表現の自由によって保障されている。

また私たちが日々接している、テレビ、新聞、インターネットなどのニュースも、取材されたものが報道として発信され、私たちに届けられている。これらの情報の流通プロセスは、表現の自由から派生する取材の自由、報道の自由、そして**知る権利**によって保障されているのである。

憲法学では、表現の自由は憲法第3章のさまざまな自由のなかでも、最も重要な権利とされている。なぜ重要かと言えば、主として2つの重要な価値が表現の自由には含まれているからだとされる。それは、自己実現の価値と自己統治の価値である。ここから具体的に説明しよう。

（1）自己実現の価値と自己統治の価値

子どもは日々、学校の授業、保護者や兄弟姉妹、友人たちとのやり取りのなかから、さまざまな意見、知識、情報を受け取り、自分なりの考え方や将来像を決めていく。大人、この本を書いている学者たちだってそうだ。そして、そのようにして形成された自己の人格を言論活動や表現活動などを通じて発展させていく。たとえば、芸術家は創作・発表活動を通じて、ユーチューバーは動画を配信することによって、右翼の人は「軍艦マーチ」を大音量で流しながら車を走らせることによって、自らを発見し、なりたい自分へとなっていく。これを「自己実現」と言うのだ。

これに対して、自己統治の価値であるが、これは端的に言えば、私たちが政治に参加するためには、表現の自由が重要であるということである。日本は民

主主義国であるが、その民主主義は、国民1人ひとりが自由に意見交換ができてはじめて実現される。自由な意見交換、そして自由な政治活動ができないところでは、選挙は民主的なものとは言えない。表現の自由は、このような民主主義のプロセスを支えるためにも不可欠の権利である。

（2）精神的自由の優越的地位と二重の基準

　表現の自由を含む精神的自由は、他の自由と比較して、手厚く保護されなければならないと考えられている。これは言い換えると、表現の自由を制限する法律が原則として違憲になるとされ（違憲の推定）、裁判所は違憲のつもりで厳格に審査しなければならないとされる。逆に経済的自由を制限する場合は、裁判所は原則として合憲と判断（合憲の推定）してよいとされる。

　以上の考えを一言で表現すると、二重の基準と言う。なぜこのような基準が認められるかの理由については、2つあるとされている。

　1つは、民主制のプロセスの確保である。たとえば、経済的自由の規制については不当に自由を制限する法律ができたとしても、それを世間に訴えたり、マスコミに呼びかけたり、国会議員や他の有権者に伝えたり、といったさまざまな形で改正を訴えることができる。しかし、表現の自由を含む精神的自由は壊れやすく傷つきやすい権利であり、政府や与党に対する一切の批判を刑事罰で禁止した場合、経済的自由の規制で働いたようなメカニズムは作用しない。つまり、表現の自由を国会の法律で規制してしまうと、人々が自由に意見交換ができるというプロセスが傷つけられるだけでなく、民主主義の実現において重要な選挙にも国民の意見が十分に反映されないことになってしまう。そして一旦、このような民主主義のプロセスが傷つけられてしまうと、国会の自助努力で元に戻すのはなかなか難しいのである。

　もう1つは、裁判所の審査能力である。つまり裁判官は法律のプロではあるが、経済政策については素人であり、むしろ官僚や国会議員の方が精通している以上、経済的自由に関係する法律についてはよほどのことがない限り、違憲と判断してはならないということである。

図表 5-1 ｜ 二重の基準論

制約される自由	精神的自由	経済的自由
推定	違憲	合憲
審査基準	厳格な審査	緩やかな審査
裁判所の審査する能力	高い	低い

② 表現の自由の限界はどこにあるのか

　表現の自由は優越的地位にある重要な権利であるので、原則として制約されてはならない。しかし、他人にも権利や法的利益がある以上、その人たちを傷つけるような自由までは認められない。つまり表現の自由も、公共の福祉のもと、他者との関係で「例外的に」制約を受けることがある。

　では、どのような場合に表現の自由の制約は許されるのだろうか。

(1) 検閲

　表現の自由にとって最も重大な脅威は、世の中に表現が出る前に抑制されることと言われている。憲法は 21 条 2 項に「**検閲は、これをしてはならない**」と定めて禁止している。ただし、誰が検閲してはいけないのかは、条文からは明らかでない。裁判所を含めた公権力と考えるのか、それとも行政権に限定するのか。学説は行政権に限定している。最高裁判所も 1984 年 12 月 12 日の税関検査事件判決で同様に考えており、「行政権が主体となって、思想内容等の表現物を対象とし、その全部又は一部の発表の禁止を目的として、対象とされる一定の表現物につき網羅的一般的に、発表前にその内容を審査した上、不適当と認めるものの発表を禁止すること」が検閲であると述べた。つまり行政権の検閲は、絶対的に禁止されるのである。

　しかし、この定義に問題はないだろうか。対象とされる表現物は「思想内容」に限定されている。また、規制のされ方も「網羅的一般的」という条件がつけ

られている。このような定義は極めて狭いのである。

　たとえば、ある映画監督が映画を制作したのだが、その作品には暴力的な描写が含まれていたとする。それに対し、経済産業省（行政権）が、年齢制限をつけないと上映できないよう指導したとしよう。このような場合、行政権が映画という表現物の内容を事前に審査して制限を与えるわけだから、作った側からすれば検閲を受けたと思うかもしれない。しかし、問題の暴力シーンが「思想内容」に関わるものでなければ、検閲の定義を満たさない。また、年齢制限をすれば上映自体はできる以上、一部について制限しているだけで、「網羅的」でもなく、「一般的」でもないので、やはり検閲には該当しないことになる。このように最高裁判所の定義が狭すぎると、結果として、表現物を制限できる場面が広がってしまう可能性が出てくる。

　教育の場面では、どうだろうか。とくに問題となっているのが**教科書検定**である。教科書検定とは、出版社が教科書を発行する際に、それが教育上適切なものか否かを、文部科学大臣が学校教育法に基づいて検定する制度である。生徒が実際にその教科書を手に取る前に、内容を国家が審査するのだ。検定で不合格となると、その本は学校で教科書として使用できない。そのため、これは憲法21条2項が禁止する検閲ではないかと議論になった。実際、高校の日本史の教科書が検定で不合格になったことで、裁判が起こった。いわゆる**家永教科書第1次訴訟**で、最高裁判所は、教科書検定で不合格になっても、それは教科書として出版できないだけであり、一般の出版物として流通させることは可能だから、教科書検定は検閲ではない、という判決を1993年3月16日に下した。

　たしかに、教科書として使えなくても他の本と同じように書店で売られ、人々が読める状況に問題はないという最高裁判所の理屈には、一応筋が通っている。たとえば、山川出版社から『新もういちど読む山川日本史』などが発売されて、学生以外の読者にも読まれている。しかし、教科書として使用することを目的として作成したのにその使用を認めないとすることは、作者の表現の自由の観点からすると問題がないだろうか。また紙の教科書をそのままデジタル化したものは教科書検定の必要はないが、今後、デジタル教科書の進化に伴い、検定の動向が注目されよう。

行政権による検閲は憲法21条2項で絶対的に禁止されるが、検閲以外にも、検閲と同じように、表現を事前に抑制することはあり得る。たとえば、司法権を担う裁判所が、他人の名誉やプライバシーを傷つけるような本の出版を差し止めるケースである。表現の自由の保障を考えるのであれば、表現が世の中に出回る前よりも、一旦出回ったあとに、何らかの刑事罰を科すなどして抑制する方がよいのかもしれない。しかし、公にされたら取り返しがつかなくなる場合がある。そこで、第三者の立場から公正中立に判断できる裁判所だけが、例外的に表現を事前に差し止めることができるとされている。

（2）表現内容に基づく規制

　表現を規制する方法には、「内容に基づく規制」と、（3）以下に述べる「内容に基づかない規制」の2つがある。

　表現によって示されるメッセージ内容そのものを理由とする規制方法を、**表現内容規制**という。たとえば、相手の名誉やプライバシーをひどく傷つける表現、わいせつな表現、犯罪をあおる表現などに対する規制である。多くの人は、これらの表現は当然規制されるべきだと考えるだろうが、そう簡単ではない。

　たとえば、「お前、辞めろ！」という発言があったら、辞めろと言われた側からすれば、気分が悪く、悪口に聞こえる。しかし、もしこれが問題を起こした大臣に対してであれば、正当な批判とも言える。悪口と批判は紙一重であり、悪口だからと取り締まっていると、正当な批判も封じ込められるおそれがある。また、性器を映した動画も、題名やパッケージから商用目的のものだとしても、実は芸術作品かもしれない。もしかすると医学的な研究のための資料映像かもしれない。このように、一見ひどい表現であっても、それは表現の自由の保障の範囲内であり、原則として規制されるべきではない。本当に規制するべきかどうかは慎重に判断する必要があるのだ。

　ここでは、もう少し詳しく、名誉とわいせつ表現の問題を取り上げてみたい。

　まず、名誉を侵害する表現であっても、先ほど述べたように、原則として表現の自由によって保障される。ただし、例外的に制限される場合がある。たとえば、刑法の230条には名誉棄損罪という罪があり、他人の名誉を傷つけた場

合に罰せられる。しかし、このとき、表現の自由の重要性を踏まえて考える必要がある。表現の内容が（個人の興味関心を引くだけのものではなく）、公共の利害に関する事実に関わることで、表現の目的が（個人的な恨みなどではなく）もっぱら公益を図ることにあり、表現内容が（嘘やでたらめではなく）真実であるという証明がある場合には、名誉毀損罪は成立しないとされている（刑法230条の2）。したがって、世の中の悪口が名誉毀損罪として成立することは極めてまれであり、これは表現の自由が尊重されている裏づけである。

　近年では、人種や国籍、性的指向などが社会の多数派と異なるようなマイノリティに対して、暴力的な言葉を発したり、偏見や憎悪をあおるような表現をしたりすることが問題となっている。**ヘイトスピーチ**の問題である。問題があるなら、そんなものは単純に規制してしまえばよい、と思うかもしれない。実際にヘイトスピーチの規制を主張する人もいる。しかし、そう単純な話ではない。ヘイトスピーチ規制が難しいのは、その表現がマイノリティ集団という不特定多数の人々に向けられている点である。先ほど述べた刑法の名誉毀損罪は、特定の個人の名誉を傷つけた場合に罰することとしている。現状では、集団に向けられた誹謗中傷表現を現行の刑法の規定で直接処罰することは、難しい。

　2016年にはヘイトスピーチ解消法が定められたが、この法律では、ヘイトスピーチのない社会の実現を目指してさまざまな施策を考えるように、国や地方公共団体に努力を求めているにとどまる。一方、2019年に神奈川県川崎市は、ヘイトスピーチに刑事罰を科す**条例**を全国ではじめて成立させた。ただし罰せられるのは、条例に違反する表現を3回行ったときであり、表現の自由への配慮を示している。

　次に、わいせつ表現について見てみよう。刑法175条は、「わいせつな文書、図画、電磁的記録に係る記録媒体その他の物を頒布し、又は公然と陳列した者は、2年以下の懲役若しくは250万円以下の罰金若しくは科料に処し、又は懲役及び罰金を併科する」と定めている。しかし、この「わいせつ」とは何かが、実は問題なのである。

　最高裁判所は、イギリスの作家 D.H. ローレンスの小説『チャタレイ夫人の恋人』が問題となった1957年3月13日の判決で、刑法175条を合憲とした。

そのなかで、「わいせつ」とは、いたずらに性欲を興奮または刺激し、普通の人の正常な性的羞恥心を害し、善良な性的道義心に反するものと定義した。その上で、この小説を「わいせつ」なものと認めたのである。

　今どき、小説の描写がわいせつだからといって取り締まられることは考えにくい。もしそのようなことがあれば、数々のベストセラー小説も問題になるかもしれない。有名な文学賞を受賞した作品のなかには、性的な描写が出てくるものもある。『チャタレイ夫人の恋人』も、「わいせつ」とされた部分を含めた完全版が現在では出版されているのだ。また、写真集などでは、ヘアヌードまで解禁されていることからすると、現在では「わいせつ」の範囲はかなり狭くなってきている。

（3）時・場所・方法に関する規制

　表現の自由は、内容だけでなく、表現の仕方も自由である。表現の内容とは関係ない、つまり内容に基づかない時・場所・方法に関する規制を**表現内容中立規制**という。この規制は表現内容そのものに対する規制ではないので、規制は比較的緩やかと考えられる。

　とはいえ表現活動には、今この瞬間、この場所、この方法で行うことにこそ意味がある場合も多い。たとえば、解雇された会社に対して抗議行動をするのであれば、その会社の社員が出社している時間に、会社の前で、拡声器を使って行うことが、最も効果的であろう。あるいは、国会で重要な法律が審議されていて、それに反対の声を国会に届けるためには、国会議事堂や議員会館の周辺でこそ、集会やデモを行われなければ意味がない。

　内容規制よりも内容中立規制の方が緩いとはいえ、その規制は必要最小限度にとどめられなければならない。とくに規制を行う国家権力は、時・場所・方法について、詳細な条件をつけることで、結果的に表現活動をさせないように仕向けることがある。表現内容を禁止すると露骨すぎるから、内容中立規制を使って制限しようという、いわばカモフラージュのような規制があり得るのだ。だから、表現に対する安易な規制が許されないよう、権力の動きに注意しなくてはならない。この点では、内容規制も内容中立規制も同じと考えられる。

（4）インターネットやスマートフォンと子どもの権利

　スマートフォンの普及はインターネットの世界をより身近なものにした。インターネットの掲示板には誰でも書き込めるし、ユーチューブのような動画共有サイトに自ら動画をアップロードすることもできる。そして SNS など、インターネット空間を通じて、世界の人たちと出会える時代になった。と同時に、こうしたインターネット空間は、過激な表現にあふれているし、危険な出会いも潜んでおり、子どもたちがトラブルに巻き込まれることもある。

　インターネット上の表現について、中国などのように、国が調査して、アクセスを遮断するようなことがあれば、これは明らかに表現の自由に反する。一方、子どもが無制限にわいせつな画像などにアクセスできることも問題がないとは言えない。

　そこで、携帯電話各社は、子どもにとって有害なウェブサイトの閲覧を制限するフィルタリング・サービスを提供するようになっている。中学生や高校生の頃、スマートフォンを購入した際に、保護者と一緒に初期設定をしたのではないだろうか。子どもたちの閲覧の制限をしているのは、国ではなく、あくまで保護者という建前になっているのだ。

　もちろん、子どもにしてみれば興味のわくウェブサイトもあるだろう。しかし、保護者には、どのように子どもを育てるかを決める権利がある（→**第7章**）。その過程で、子どもにどのような情報を見せてよいかも判断できるのである。

　先ほど述べたわいせつ表現について、子どもとの関係で考えると、子ども自身が被写体となる児童ポルノの問題がある。児童ポルノは単に風紀を乱すという害悪にとどまらない。それは、子どもの性的虐待の一種であり、被写体となった**子どもの権利**を侵害するものである。被写体になって不特定多数の人に見られることで、心に傷が残るかもしれない。また、画像や映像がインターネット上に出回ってしまうと、消去するのは困難である。仮に子ども本人が被写体になることに同意していたとしても、これらの問題について十分に理解しているとは言いがたい。よって、児童ポルノについては、わいせつ表現規制とは区別して考える必要がある。これを踏まえて、児童ポルノを禁止する法律が制定

されている。児童ポルノを提供した者は 3 年以下の懲役または 300 万円以下の罰金を科されることになっている。そして児童ポルノをただ持っているだけ（単純所持）でも、 1 年以下の懲役または 100 万円以下の罰金を科されると定めているのだ。

図表 5-2　｜　フィルタリング・サービスによる閲覧制限

（5） 漠然または不明確な規制

　すべての法律は、明確なものでなくてはならない。どのような行為が規制されるのか、誰が読んでもわかりやすくはっきりと書かれていることが原則である。表現の自由を規制する場合は、なおさらその明確さが要求される。どのような表現が規制の対象なのか、規制方法はどのようなやり方によるのか。法律の条文の言葉が漠然としていたり不明確だったりすると、どんな表現行為が許されないのか見分けがつかない。そうすると、人々は萎縮してしまい、表現することをためらうようになる。これを萎縮効果という。

　ある学校で「相手が嫌がることを言ってはいけません」という校則が作られたとしよう。その意味について、先生は「普通に考えればわかるでしょう」と言ったとする。だが、「相手が嫌がること」って何だろうか。具体的に考えてみると、それほどはっきりしていないかもしれない。このように、校則の意味があいまいだと、私たちはこわくて何も言えなくなってしまう。同時に、私た

ちの行動があまりに広く規制を受けることにもなってしまい、行動の予測が立てられなくなる。まして、これに罰則が伴うと、私たちは違反しないように萎縮してしまうのである。こうした萎縮効果は、表現の自由にとって脅威である。

③ マス・メディアと国民の関係はどのようなものか

（1）知る権利

　表現の自由の保障は、情報の自由な流通も可能にする。そこでは情報の送り手側の自由だけでなく、受け手側の自由も保障されなければ十分とは言えない。そもそも、人は何もないところからアイデアを生み出せるわけではない（もちろん、誰に教わることもなく頭のなかでアイデアが急に浮かんでくることもあるだろう）。だから、知りたいことを学んで情報を仕入れられるようにする必要がある。しかし現在では、とくにマス・メディアが独占的な情報の送り手としての立場を確立し、一般人は情報の受け手側に固定化されている。そこで、受け手側からの表現の自由を再構成する必要がある。それが**知る権利**である。

　知る権利は、自由に情報を収集する権利にとどまらない。とくに、政府の持っている情報の公開を請求する権利としての側面に注目すべきである。ただし、知る権利に基づいて、直接国や地方自治体に情報の公開を請求できるわけではない。近年では、知る権利の理念を盛り込んで制定された情報公開法や地方自治体の情報公開条例が存在し、それに基づいて請求を行うことになる。教育の分野では、入試問題や解答例の公開、学校の職員会議や教育委員会の議事録の公開が行われている。

　ちなみに、内申書や指導要録といった自分自身に関連する情報の開示を請求する個人情報開示請求とは異なる。こちらは憲法 13 条の**プライバシー権**に基づくものである。

（2）マス・メディアの自由とアクセス権

　テレビ局や新聞社などのマス・メディアは、国民の知る権利に奉仕する存在

であり、独自の自由（**マス・メディアの自由**）を持っている。その1つが報道の自由であり、最高裁判所も認めている。1969年11月26日の判決で、マス・メディアの報道は国民の知る権利に奉仕するものであり、報道の自由は憲法21条によって保障されていると述べた。

　報道するには、そのための情報を入手する取材活動が欠かせない。だから当然、取材の自由が認められなくてはならない。マス・メディアの記者は、報道のための"ネタ"を提供してくれる懇意の情報提供者を抱えることがある。その人たちは、自らの素性などが明かされないことを前提に、マス・メディアに情報を提供することが多い。この信頼関係の確保は取材では極めて重要である。よって、マス・メディアには取材源の秘匿も認められなくてはならない。

　表現の自由に基づき、テレビ局やラジオ局には放送の自由があると考えられる。ただし、新聞などの活字メディアとは異なり、放送を行う電波メディアは、電波が有限であることなどもあって、放送法による規制を受けている。たとえば、番組の編集にあたって、意見の対立している問題についてはさまざまな視点から多角的に扱うこと、教養・教育・報道・娯楽番組を設け、放送番組の相互間の調和を保つようにすること、などの規制がある。しかし、これらの規制は、放送の自由の観点から強制力を持つものではないとされている。また放送法では、テレビ等を購入したらNHKとの受信契約を結ばなくてはならないと定める。これについて最高裁判所は、2017年12月6日の判決で、放送を広く普及させて国民の知る権利を十分なものとするためには、強制的な受信契約で受信料を徴収しても憲法違反にはならないとした。

　ところで、情報の発信力をマス・メディアが独占しているなかで、そのマス・メディアに対して自らの意見を発表する場を求める権利が主張されることがある。これがアクセス権である。しかし、アクセス権を認めるためには、法律などによってマス・メディアの表現の自由を制限する必要が生じる。また、報道機関の編集の自由を侵害し、批判的な記事を差し控えるという萎縮効果を及ぼすおそれもある。アクセス権を認めることは、マス・メディアに対して権力が介入するリスクを高めることから、一般的には認められていない。

　1については、悪口も表現である以上、表現の自由に含まれると言える。しかし、正当な批判ならまだしも、明らかに康彦の名誉を侵害したり、プライバシーを暴くような表現、たとえば裸の写真を掲載したり、住所や電話番号を書き込んだりすることは認められない。

　2については、滋にも表現の自由があることを踏まえ、滋の主張には誠実に向き合う必要がある。しかし、康彦の名誉を侵害したり、プライバシーを暴くような表現をしたりしている場合には、保護者にも責任があることを説明し、書き込みをやめるように求めることが必要である。難しいのは、明らかにそのような表現とは言えない場合であるが、滋の保護者と学校で話し合うしかない。なお、保護者による理不尽な要求、度を超えた抗議などがある場合には、第三者（弁護士など）の立ち合いのもとで、話し合う必要があるだろう。

おすすめの本・ウェブサイト

①山田隆司『名誉毀損』（岩波書店、2009 年）

　表現内容規制の1つとして取り上げた、名誉を侵害する表現について扱っている。表現の自由と名誉権の対立及びその調整方法について、具体的な事件を参考にしつつ解決策を探る。インターネット上の誹謗中傷という新しい問題に関しても扱っている。

②鈴木秀美・山田健太編『よくわかるメディア法［第2版］』（ミネルヴァ書房、2019 年）

　テレビ、新聞社、出版社だけではなく、インターネットも含めた、広い意味でのメディア全般に関する法について、最新の具体的事例や判例を踏まえて解説されており、さまざまな問題について知ることができる。

参考文献

①芦部信喜『憲法学Ⅲ——人権各論⑴［増補版］』（有斐閣、2000 年）

②奥平康弘『なぜ「表現の自由」か』（東京大学出版会、1988 年）

③阪口正二郎・毛利透・愛敬浩二編『なぜ表現の自由か——理論的視座と現況への問い』（法律文化社、2017 年）

④毛利透『表現の自由——その公共性ともろさについて』（岩波書店、2008 年）

第6章 学問は生活のためのものなのか
── 学問の自由と教師の教育の自由

学ぶことは、私たちが人間として成長・発達する上でとても大切だ。

とくに子どもが学ぶ上では、保護者や教師によって支えられる必要がある。一方で、教育水準の向上を日本の発展につなげるために、国はさまざまな教育政策を打ち出している。

学問、そして学びを支援する権利・権限の関係を、憲法上、どのように整理し、教育への国の介入をいかに抑制するかについて、第6章では考える。

ケース

あなたは、公立小学校の2年生の生活科の授業のときに、水には心があると教えられた。教師によれば、「ありがとう」と感謝の意を示せば、水は美しい結晶になるが、「バカ野郎」と罵ると、醜い結晶になるという。

そのあと、公立中学校を経て、公立高校に入学したあなたは、2年生のときに、教科書を使わず、1年間、日清戦争から太平洋戦争までの歴史のみを重点的に扱う日本史の授業を受けた。

高校卒業後、キリスト教系の私立大学に進学したあなたは、一般教養科目として、生物学概論の授業を受講した。担当教員は、人間はサルから進化したわけではないと話し、知性ある何かによるデザインが介入している余地があると結論づけた。あなたは学期末試験の「人間の起源について論ぜよ」という問題に対して、高校で学んだ進化論を前提として、人間はサルから進化したものだという結論を書いて提出したが、単位は取れなかった。

クエスチョン

1　小中高校の教師は、自分の意見に基づき、自由に教えることができるのか。また教師が教える際、教科書や学習指導要領に縛られるのか。
2　大学の教員の教授の自由には、限界がないのか。

① 学問の自由

　学問とは、真理を発見・探究する精神活動である。憲法は私たち１人ひとりが学問をする自由を23条で保障しているが、学問の中心が大学であることから、大学における学問の自由が重要であり、とくに高度な保障が与えられなければならない。

　これにはさまざまな理由がある。１つには、学問が目指す真理の探究は既存の枠組みや秩序を超越するという性格があり、ときとしてその時代の「常識」、国家の方針や政策と衝突することがあるからである。古くは地動説を唱えたガリレオが、ローマ教皇庁によって迫害を受けたことが有名であろう。日本でも、明治憲法の時代、**滝川事件**や**天皇機関説事件**のように国家権力によって学問が危機にさらされた歴史がある。

　ここまで大きな事件を挙げなくとも、大学の教員が私たちの社会の常識や高校までに学んできたこと、そしてテレビのワイドショー的なコメントを批判している風景は、大学ではよく見られる。たとえば、集団的自衛権の問題（→**第11章**）で、閣議決定によって憲法解釈を変えられるというのが政府の立場であるが、多くの大学の教員（とくに憲法学者）は、立憲主義に反すると主張している。

　このように一般社会とのせめぎ合いが存在するのが学問の本質であり、根本的な観点から社会に疑問を投げかけ、新しい考え方や見方を提示することが、学問の役割である。

（1）学問の自由の内容

　大学の教員は、毎日何をしているのだろうか。多くの学生が目にするのは、授業をする姿であろう。これは**教授の自由**に支えられており、高校までの教員と異なり、パワーポイントやZoomを使って教えるかどうか、どのような構成で授業を行うか、どのような本を教科書で指定するかなど、あらゆる面での教授の自由を有する。

　大学の教員の仕事はそれだけではない。学生が見えないところで、日々、研

究に明け暮れ、世界中のライバルと凌ぎを削っている（もっとも、研究をしない教員もいる。また入学式に挨拶をするような学長や学部長になると、会議の時間が多くなり、研究をしたくてもできないことも多い）。

憲法学のような理論系の学問分野では、専門の出版社が刊行している学術書、「ジュリスト」や「法律時報」といった法律専門雑誌、そして判例を読み込んだ上で、論文を書いたり、学会で発表したりすることが研究活動になる。これは**研究の自由**、研究発表の自由に基づいている。研究の自由については、文字どおり、教員・研究者が自由に研究テーマを決め、研究をしてよいということである。たとえば文部科学省は、次世代に向けて、AIの研究に重点的に予算を配分し、研究を推進することはできるが、特定の大学の教員に「AIと人権」について研究せよなどと命じることはできない。

ところで研究と言えば、東野圭吾の小説『容疑者Xの献身』に出てくるガリレオこと、帝都大学理工学部物理学科准教授の湯川学のようなイメージが、頭のなかには思い浮かぶかもしれない。彼のように実験が必須とされる分野では、実験設備・施設が必要となる。ノーベル物理学賞を受賞したニュートリノの研究には、カミオカンデのような大規模な研究施設が必要となり、多額の研究資金がなければ研究自体ができない（現在のハイパーカミオカンデは建設費用だけで約800億円と言われており、東京大学への国からの補助金に匹敵する）。そこで、国の財政によって研究が支えらなければならず、その意味において、研究の自由には社会権的な側面も存在すると言ってよい。

また文学の研究であれば、研究室、図書館、自宅などで、1人で研究するということもあるかもしれないが、通常、研究の成果がまとまればそれを発表することになる。もし国家秩序を乱すおそれがあるなどという理由で、国家によって発表を禁止されるようなことがあれば、研究自体が無意味なものとなってしまう。そのため、研究を発表する自由も保障されなければならない（憲法21条の表現の自由の一部としても位置づけられる）。

（2）学問の自由と先端科学技術

青色発光ダイオード（LED）をはじめとして、先端科学技術の発展を支える

のは大学や研究機関の研究活動である。この活動は、研究の自由として精神的自由に基づくものであり、それは高度に保障されなければならない。たしかに科学技術のおかげで生活は便利で豊かになったが、原子力、ダイオキシン、アスベストなど、人間の生存そのものを脅かす危険を伴うものも生み出した。最近では先端科学技術として、遺伝子技術、体外受精、臓器移植、さらに人のクローンを作る研究が登場し、倫理や環境という問題だけでなく、人間の尊厳といった憲法の基本原理との整合性も問われるようになっている。

　実際上、クローン人間を作る研究は、ヒトに関するクローン技術等の規制に関する法律により日本では禁止されており、違反者には罰則も科される。これに対して、人の受精卵を材料とする ES 細胞の研究については、文部科学省の指針により規制されており、違反者への罰則は氏名などが公表されるにとどまる。これは研究の自由の高度な保障という観点から、規制は法律による強制的なものではない方が望ましいという考えに基づくものである。

② 大学の自治

　憲法 23 条には「学問の自由は、これを保障する」としか定めていないが、解釈上、**制度的保障**として、**大学の自治**も保障されているとされている。大学における学問の自由をより確実に保障するためには、大学が文部科学省を含めた外部の権力に干渉されることなく、独立して自由に教育・研究を行う空間を確保する必要がある。

　1963 年 5 月 22 日のポポロ事件最高裁判所判決でも、「大学における学問の自由を保障するために、伝統的に大学の自治が認められている」と示されている。

（1）大学の自治の内容

　アカデミックで自由な空間を確保するためには、その空間がその構成員のみにより自律的に運営される必要がある。たとえば大学では、誰を教員として採用するかについては、大学の教員の会議である教授会（教授だけではなく、准教

授なども参加するのが一般的である）が決定権を有し、文部科学省は教授会に口を挟むことはできない。よく誤解されるが、大学の教員は公立小中高校の教師のように、教育委員会の辞令によって転勤するという制度はなく、別の大学に移ることも教員本人の意思であり、採用も大学が独自に決定できる。誰を准教授から教授に昇格させるか、セクハラやアカハラを行った教員の懲戒をどうするかなどについても、大学の教授会で決定することになる。

　また、大学はどのような授業を設置するか、学生の成績評価について何点を単位取得の最低点とするかなどについても、原則として大学の自治に任せられている。ただし、大学として一定以上の教育水準を保つために、文部科学省は大学設置基準を定めている。たとえば、大学の卒業には4年間以上在学し、124単位以上修得しなければならないといった基準を作ったとしても、それは大学の自治の侵害とはならない。教員免許を取得するためには、日本国憲法2単位が必修であるだけでなく、免許に対応した科目を履修した上で、介護等体験、教育実習を経て、教職実践演習を履修しなければならないが、このような最低基準の設定も大学の自治に反するわけではない。

　予算についても、大学内でどのように配分するかについては、大学の自治に委ねられる。さらに、学生が試験でカンニングをした場合の停学処分、学費未納による除籍処分なども、自治の範囲内である。

　2014年の学校教育法の改正により、教授会は学長の補助機関とされた。つまり学長のリーダーシップを前提に、教授会は国会のような最高意思決定機関ではなく、学長に対して意見を述べる機関にすぎないと位置づけられたのである。しかし、憲法上の大学の自治から考えれば、教授会による決定こそ重要である。学長は教授会の意見を引き続き尊重すべきであり、一方的に決定をしてはならない。

（2）学生と大学の自治

　大学の自治は従来から教員を中心とする教授会に認められてきたが、大学では学生も中心的な存在である以上、学生または学生自治会が大学の自治の担い手になりうるのかについては議論がある。学生も大学に不可欠な構成員である

以上、大学の運営について要望や批判、そして反対する権利がある。たとえば、学長の選挙において、学生の意見が反映されるような仕組みがあってもよいであろうし、学園祭の期間、サークル棟の利用時間など、学生生活の身近な要望についても、大学に対して聴いてもらう権利はあると考えられる。

　もっとも最近では、学生運動の衰退とともに、学生の意見を集約して大学側に伝える学生自治会のない大学も多い。大学側のきめ細やかな学生サービスの充実は進みつつあるが、学生も自らが大学の主体であることをやはり忘れてはいけないのではないか。

（3）警察と大学の自治

　大学のキャンパス、施設についても同様に大学の自治のもとにある。したがって、大学の許可がなければ、警察であっても、原則として大学内に立ち入ることはできない。実際に問題になるのは、大学にスパイとして潜り込みながら極秘裏に捜査を行う警察（いわゆる公安警察）の存在である。これはヘルメットを被った学生が東京大学の安田講堂を占拠した事件が起こった1969年前後の話ではない。2014年にも、公安警察が京都大学に事前通告なく侵入し、学生に拘束されるという事件があった。暴力主義的学生団体に対する監視は必要だという意見もあるが、いつ公安警察の矛先が政府の見解に反する立場の教員や学生サークルに向くかはわからない。

　この点については、先ほどのポポロ事件が先例である。この事件では、東京大学の学生団体「ポポロ劇団」の演劇発表会が大学の教室で行われている最中、私服の警察官がいることを発見した学生が警察手帳の呈示を求めたところ、暴行があったとして、学生が逮捕・起訴された。最高裁判所は、大学外で行われている集会と同じような学生の集会は、大学構内であっても大学の自治の範囲とは言えないとし、警察官が立ち入ったとしても大学の自治を侵すものではないと示した。しかし、先に述べたように、大学構内における公安警察の活動は、自由な教育研究及び大学の自治を脅かす危険性が極めて高く、最高裁判所の判断には批判が多い。

（4）国立大学の独立行政法人化と私立大学の経営

　2004年4月から、国立大学法人法によって、すべての国立大学は国立大学法人（独立行政法人の一種）として国から独立した。たとえば、東京大学は、国立大学法人東京大学という形である。これは大きな流れから見れば、国の業務をスリム化する行政改革の一環であり、とくに国立大学の場合、大学に民間の経営手法を導入することにより、大学間の競争を促し、大学の特色づけや活性化、大学経営の効率化を目指すものとされている（地方公共団体が設置する公立大学でも、公立大学法人になっていることが多い）。

　各国立大学法人は文部科学省が示す6年間の中期目標に基づき、独自の計画を作成した上で大学運営を行い、結果についても評価を受ける。独立したといっても、国立大学は授業料だけで成り立っているわけではなく、国は引き続き運営費交付金という予算を出して支援している（たとえば、東京学芸大学の場合、予算の27％が授業料で、62％が運営費交付金である）。

　国立大学の教職員は国家公務員ではなくなり、完全な労働基本権を有することになった。給与についても大学と教職員という労使間の交渉で決定されることになったが、公務員時代と同様に、人事院の勧告に準拠して決められているのが実態である。

　現在、「世界トップの大学と肩を並べて卓越した教育や研究を推進する大学」、「分野ごとの優れた教育や研究の拠点となる大学」、「地域のニーズに応える人材育成や研究を推進する大学」といったように、各国立大学にそれぞれの役割を持たせようとする政策が推し進められている。そして2024年度からは国際卓越研究大学制度が始まり、認定された東北大学には、10兆円のファンドから年間100億円ほどの支援が行われるとされている。たしかに世界レベルでの大学間の競争を促し、教育研究を活性化させることも必要だが、競争のなかで効率性が重視されすぎ、たとえばすぐに世のなかの役に立つような研究のみが奨励され、研究成果が出るまで何年もかかる基礎研究がないがしろにされるおそれがないとは言えない。

　これに対して、私立大学では理事長など大学のトップによる大学の私物化が

問題となった。日本大学では、理事長のトップダウンの下、理事による大学資金の還流などにより、8億円もの損害を大学が被ったと発表されている。大学の自治のあり方としては、トップダウン型よりも、ボトムアップ型の民主的な運営が求められるであろう。そして半数近くの私立大学において少子化による定員割れが生じており、大都市圏への学生流出も加わり、とりわけ地方の小規模私立大学は厳しい経営状況にある。文部科学省では、大学同士の連携や統合を進めているところである。

③ 教師の教育の自由

その昔、日本国憲法の授業で、憲法9条についてのみ、1年間の講義を行った大学の教員もいたそうだが、これも大学だからこそできる話である（最近では、シラバスや学生による授業評価の導入により、そのようなこともできにくくなった）。つまり、大学の教員は教授の自由に基づき、原則として自由に講義を行うことができるのである。

これは、大学では学生がすでに小中高校の教育を受けてきている以上、教員が授業で教えた内容を無批判に受け入れることはない（はずだ）からである。加えて、全国どこで学んでも同じ内容の教育が受けられるという義務教育における平等性が、大学には求められていないからでもある。

（1）小中高校の教師の教育の自由

小中高校の教師も、大学の教員のように自由に教えることができるのだろうか。ここで、大学の教員が有する教授の自由が、**教師の教育の自由**として小中高校の教師にも認められるかが問題となる。もし小中高校の教師にも教育の自由が認められるとするなら、教科書や授業のもとになっている学習指導要領に、教師は必ずしも従わなくてよく、大学の教員と同じように自由に授業を展開することができる。

この点について、最高裁判所は**旭川学力テスト事件**において、小中高校でも教える具体的内容と方法について、一定程度、教授の自由が保障されると認め

ている。ただし、教育の機会均等と全国的に一律の教育水準を保つため、「完全な教授の自由を認めることは、到底許されない」と示している。

（2）国民の教育権対国家の教育権

　教師の教育の自由の前提となる議論として、そもそも教育の内容については誰が決めるのかという問題がある。これまで、国民（実際には教員）が決めるとする国民の教育権と、国が決めるとする国家の教育権が歴史的に対立してきた。この対立は、3つの事件からなる**家永教科書訴訟**で争われ、東京地方裁判所で異なる立場の象徴的な判決が出されている。

　その1つである1970年7月17日の杉本判決（杉本良吉裁判長の苗字を取っている）では、国民の教育権が採用された。国民の教育権は、教育の本質に基礎を置く説である。そもそも教育とは子どもと親の間で行われた営みであったが、近代になってから親の要求に基づいて国家によって公教育が組織された。そのため、まずは親の教育の自由があくまで尊重されなければならない。しかし、子どもを東京大学に入学させたい親、プロサッカー選手にさせたい親、のびのびとした教育をしてほしいという親といったように、考え方はさまざまなので、すべての親の要求に従っていたら、学校の教育は維持できなくなる。したがって、親、そして国民全体から信託されたという仮定のもと、教育の専門家（プロ）である教師が、具体的な教育内容・方法を決め、子どもに教育を行うとされる。この意味において、教師は教育の自由（**教師の教育権**とも呼ぶ）を有し、国がそれに介入することは許されない。国の役割は各教科、それらの時間数の設定など、教育の条件整備にとどまり、教育の内容には口出しできないとする。

　これに対して、1974年7月16日の高津判決（高津環裁判長の苗字を取っている）では、国家の教育権が採用された。国家の教育権は、単純に現行の法制度を前提とした説であると言える。教育も1つの国の政策である以上、国会が法律によって教育内容・方法を決定すべきことになる。実際には、国会ですべてを定めることは困難なので、学校教育法に大枠を定め、文部科学省が学習指導要領として、実際に学校で教える内容を定めている。法律に基づいている以上、学

習指導要領は学校と教師を拘束し、教師が学習指導要領に定められた内容を教えないことは原則として禁止される。違反した場合、減給、停職、免職などの懲戒処分を受けることになる。

国の方針に任せておけば、とりあえずは大丈夫だと素朴に考えれば、国家の教育権説の方が説得力があると思うかもしれない。しかし、国家の教育権説では、政権与党の意向がかなり反映された場合、政権交代のたびに教えられる内容が変わる可能性が高く、教育の中立性が維持できない。他方、国民の教育権説では、自由すぎる感があるかもしれない。たとえば、教育の内容を教師が自由に決められることになると、教師ごと、学校ごとに教える内容が違うことになり、結果、大学入試共通テストの実施はかなり困難になるだろう。

国民の教育権と国家の教育権が対立するなか、1976 年に最高裁判所の大法廷において**旭川学力テスト事件判決**が出された。判決では、まず国民の教育権も国家の教育権も極端かつ一方的であるとされた。そして、教師に教育の自由が認められるとはしたが、児童・生徒には教育内容を批判する能力がなく、全国的に一定の水準を確保すべき要請もあり、完全な自由は認められないとした。国も「必要かつ相当と認められる範囲」で権限を持つとした。

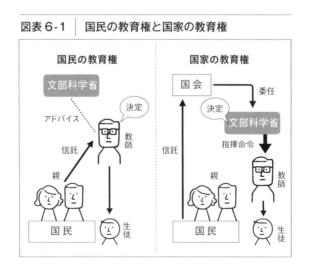

図表 6-1 ｜ 国民の教育権と国家の教育権

（3）学習指導要領の法的拘束力

　学習指導要領は、教育実習で授業の指導案を作成する際に必須であり、また教員採用試験では重要な部分は丸暗記しなければならない。そのため、教員志望の学生には「絶対的」な存在であり、学習指導要領に従うことは当然といった空気が学生の間にはある。しかし、先の教育権の論争からすれば、必ずしも当然の話ではないのである。学習指導要領は法律ではなく、「告示」という国民へのお知らせのような立ち位置の法令にしかすぎない。また同時に、もともと学習指導要領は教師の手引きだったものが、文部省（現在の文部科学省）が1958年の改訂の際に、告示として官報に掲載して以来、法的拘束力を主張するようになったという歴史的経緯もある。

　いずれにせよ、**（2）**の国民の教育権説からすれば、教育内容に介入する学習指導要領は教師を法的に拘束せず、必ずしも従わなくてもよい、単なる教師の手引きにすぎないとされる（「指導・助言的な文書」と称される）。他方、国家の教育権説からすれば、学習指導要領は法律と同じものと捉えられるので、教師は必ず従わなければならない。

　この点、**（2）**の**旭川学力テスト判決**は、大枠の基準については法的拘束力があるとしたが、学習指導要領自体がそれに該当するかどうかについては明言を避けた。しかし、1990年1月18日の**伝習館高校事件**最高裁判所判決では、学習指導要領には法的拘束力があると示された。ただ実際のところ、学習指導要領にはさまざまな規定が含まれており、必要以上に細かすぎて教師の判断の余地にまで踏み込む場合は、法的拘束力がないと解釈することもできる。

　とくに特別支援教育では、さまざまなニーズを有する子どもたちに対応する必要がある以上、学習指導要領ではすべてを定めきれず、教師の現場での判断が優先されるべきである。この例として、知的障害の子どもたちに対して行われていた性教育の授業内容が不適切であるとの非難を、東京都議会議員から受けて問題となった七生養護学校事件がある。同校では、ペニスやバギナといった名称を織り込んだ歌を歌ったり、性器が付いた人形を用いた性教育を行っていた。一見、過激な性教育にも思えるが、知的障害を抱えた子どもたちにどう

理解してもらうかについては、やはり特別支援教育を専門とする教員が熟知しており、その創意工夫は尊重されなければならない。2011年9月16日の東京高等裁判所判決では、同校での性教育実践に対する議員の介入行為を旧教育基本法10条1項「教育は、不当な支配に服することなく、国民全体に対し直接に責任を負つて行われるべきものである」における「不当な支配」にあたると認定し、最高裁判所もそれを追認している。

（4）教科書使用義務

　高校時代、学校によっては教科書は渡されただけで、別のテキストや教師のプリントで授業が行われていたという経験をした人も多いかもしれない。法律上、生徒には教科書の使用義務はなく、罰せられることはないが、教師には使用義務が課されており、学校教育法34条1項で「小学校においては、文部科学大臣の検定を経た教科用図書又は文部科学省が著作の名義を有する教科用図書を使用しなければならない」と定めている（49条で中学校、62条で高校についても同様に定めている）。またデジタル教科書については、同法34条の2項で、教科書に代えて使用することができるとされている。とりわけ小中学校の英語では、2024年からデジタル教科書が提供される予定である。

　教科書検定を通過した教科書を使用しなければならないのは、当然のように思うかもしれないが、教師の教育の自由からすると、教科書使用義務の規定は違憲の疑いがある。本来、教師は教材を選択する権利があり、子どもや地域の実情に合わせて教材を選択する方が、授業もやりやすい。そのため、教師の教育の自由を重視する説では、自由に教材を選択できることが前提で、教科書（デジタル教科書を含め）を使用する場合には、教科書検定を経たものを使用しなければならないという意味にすぎないと解釈されている。なお、地図、ドリルなどの副教材は、学校教育法34条4項で使用が認められている。

ケースのクエスチョンに対する解答作成のヒント

　Iについて、国民の教育権説からすれば、小中高校の教師にも教育の自由があり、

学習指導要領の法的拘束力は否定されるので、今回の小学校と高校の教師の授業は許される。ただし、小学校の教師には非科学的である、高校の教師には他の時代も教えるべき、といった生徒や保護者、他の教師からの抗議や批判は十分考えられる。プロの教師として真摯に対応すべきである。

　他方、国家の教育権説からすれば、学習指導要領には法的拘束力があるので、今回の小学校と高校の教師に対しては、学習指導要領違反を理由に処分を行うことができる。

　2について、大学の教員は教授の自由を有する以上、ケースのような授業を行っても何ら問題がない。それが科学的に誤りであったとしても、大学が教員を安易に処分するのは教授の自由から問題があり、学問及び教員間の相互批判に委ねるべきである。なお、あなたの試験の成績評価については、教員に高度な裁量（判断の余地）が認められている以上、裁判で争うことができない可能性が高い。したがって、教員に対して成績の問い合わせを行い、不服があれば異議を申し立てるという方法を取るしかないだろう。

おすすめの本・ウェブサイト

①原武史『滝山コミューン一九七四』（講談社、2010 年）

　　筆者の通っている小学校での集団主義教育の影の部分、それを支える教師、そして教師集団の権力性が生々しい姿で描かれている。小学校が大好きだったから先生になりたいという人には、是非読んでほしい。

②中川律『教育法』（三省堂、2023 年）

　　学校に関係する法分野は教育法であるが、教育法の中のさまざまな問題について、トピックごとにまとめられている。

③斎藤一久『憲法パトリオティズムと現代の教育』（日本評論社、2023 年）

　　教育の諸問題について、憲法学の観点から考察されており、本章の内容をより専門的に考えることができる。

参考文献

①内野正幸『教育の権利と自由』（有斐閣、1994 年）

②坂田仰『学校・法・社会——教育問題の法的検討』（学事出版、2002 年）

③兼子仁『教育法［新版］』（有斐閣、1978 年）

第7章 1人ひとりにふさわしい教育を確保するために
―― 教育を受ける権利

　教育を受ける機会。とくに子どもにとっては、一人前の人間として社会に参加するために必要なものを身につけるための、とても大事なプロセスだろう。ただ、教える大人の自己満足で勝手な内容を子どもに押しつけても、子どもの権利を実現することにはならない。それならば、教育を受ける権利を実現するために、保障しなければならないものは何なのか、第7章では考える。

ケース

　あなたは公立中学校2年2組の担任。あなたのクラスの博美は、6月頃にクラス女子の中心にいる久子と対立し、クラス内で意地悪をされるようになった。そこであなたは、博美に、「久子に悪いことをしたなら謝った方がいい」と言ったところ、翌日から博美は学校に来なくなってしまった。博美や両親と話そうと家に行ったが、「学校が信頼できない」と、追い返されてしまった。

　博美はそのあと、電車に乗ってフリースクールに通っているらしいが、確かなことは何もわからない。年度末、出席が足りないので博美は3年生に進級できないことに決まった。ところが、それを聞いた博美と両親は、翌年3月に卒業できるように3年生への進級を認めるべきだ、あなたが学校を辞めるべきだ、という2点を主張して、裁判を起こすと言っている。

クエスチョン

1　フリースクールに通うことで、義務教育を果たしたことになるのか。
2　生徒の教育を受ける権利を保障するために、あなたはクビなのか。
3　教育を受ける権利があることで、学校は子どもに何ができるのか。

Ⅰ 教育を受ける権利は何のためにあるのか

憲法26条は、「すべて国民」に「教育を受ける権利」を保障する。このことは、誰にとって、どんな意味があるのだろうか。

現在、世界中どこの国や地域にも学校があり、子どもがさまざまな勉強をしている。しかし、国や地域によっては、男女、階層、民族などの間に教育差別がある。学校制度がどこまで行き渡っているかは、国としての文明度を測る大切な指標となる。その点、1872年に太政官布告として公布された学制によって小学校段階の**義務教育**を導入した日本は、早くから高い就学率を達成してきた。

しかし、子どもが一定年齢から学校に行くようになっていることと、教育を受ける権利が保障されていることは、イコールなのだろうか。

(1)「教育される権利」と教育の機会均等

憲法26条では「能力に応じて、ひとしく」教育を受ける権利が保障されている。これはまず、能力があるのに教育が受けられないことがあってはならない、という意味になる。教育の機会均等の保障である。

憲法26条2項は、子どもが普通教育を受けられるようにする義務を親に課し、また、義務教育の無償を定めている。少なくとも6歳の4月から15歳の3月まで、親に授業料を払えといった重い負担がのしかかることなく、すべての子どもが学校に通えるようになっている。そのために必要な費用は、国や地方公共団体が税金から負担する。学校の建物を作り、教師を雇って給料を払い、机や椅子や黒板やチョークを用意するのはすべて、地方自治体の責任である（教育基本法16条にいう**教育行政**の課題であり、地方教育行政法23条によって地方公共団体の教育委員会の任務となっている。なお、私立学校については**第2章**）。ただ現在でも、人口の少ない地域では学校までの通学時間が長くなるという問題があるし、また学校に通えないぐらい重い障害を持った子どもに教育を保障する方法には悩みがあるなど、個別に解決すべきことは残っている。

しかし、もう少し上の年齢になると、問題が広がる。教育は15歳では終わ

らない。現在、経済的事情で高校に行けない子どもがなるべく出ないよう、所得に応じて公立高校の授業料に相当する支援金を受けられる（高等学校等就学支援金制度）（**図表７－１**）。だが、中学を出て家族を養うために働かなければいけないというケースもある。また、大学進学については、親に負担をかけられないからとあきらめる人も、残念ながら少なくない。等しく教育を受けられるようにするには、給付型の（つまり、貸与型と違って返済しなくてよい）奨学金を充実しなければならないが、その財源はなかなか見つからない。経済的・社会的・文化的権利に関する国際規約13条で求められている、高等教育（大学段階より上の教育）の無償化に向けての取組みを真剣に進めることが必要になっている。

図表 7-1　｜　高等学校等就学支援金（2014年度〜）

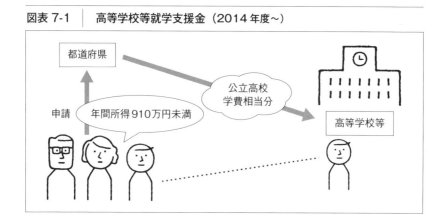

（2）「教育される権利＝義務」から「学習する権利」へ

　すべての人に教育の機会均等を実現するよう必要な手立てを国に求めるのは、教育を受ける権利の社会権としての意義である。それに対して、この権利には自由権としての内容も含まれている。

　日本国憲法の制定前、第2次世界大戦までの日本でも、12歳までの義務教育は浸透していた。しかし、その学校で教えられていたのは、1890年の教育

勅語に基づく、立派な臣民（天皇の民）を作る教育だった。昭和初期の軍国主義のなかで学校は、若い国民を戦場に駆り立てる場となっていた。

それを改めるために日本国憲法が制定され、憲法13条で個人の尊重が明記された。個人は国家の道具ではなく、尊重に値する人格なのだ、ということが明らかになった。それを真剣に受け止めれば、教育も、大人が子どもに自分たちの考えを押しつけるようなものであってはならない。

1947年教育基本法が定められ、1条で教育の目的が人格の完成だとされた。そこでは、1人ひとりの子どもの育っていく力を支援し、自分なりの人格をつかみ取れるよう支援することが大切だと意識されていた。その考え方は、1970年代には、**学習権**の理論へと発展する。大人の側が教えたいことを子どもに押しつけるのではなく、子どもの自発的な学習意欲を引き出して、学習を支援するのが教育なのだ、という発想が広がっていった。旭川学力テスト事件をめぐる最高裁判所判決でも、「国民各自が、一個の人間として、また、一市民として、成長、発達し、自己の人格を完成、実現するために必要な学習をする固有の権利を有する」ことが認められ、とくに、「みずから学習することのできない子どもは、その学習要求を充足するための教育を自己に施すことを大人一般に対して要求する権利を有する」ものとされた。

ここで「大人一般」が子どもの学習要求を満たすものとされているが、それでは、どのような教育を行えばよいのだろうか。

どんな大人になるべきかについては、さまざまな立場がある。その結果、学習権を意識しても、やはり、学校で行う教育が何を目指し、どんな内容を子どもに伝えるべきかが問われ続ける。そのため、誰が子どもが学校で学ぶ基本的なプログラムを決めるべきかという、決定権をめぐる争いが生じた。先ほど挙げた最高裁判所の判決も、この論争に一応の決着をつけるためのもので、そこでは、親、教師、私立学校、国家がそれぞれの範囲で教育内容の決定に関係する権限を持つ、という枠組みが示された（→**第6章**）。現在の**2006年教育基本法**16条でも、法律に基づいて学校教育の基本的なあり方を定める国の権限が明示されている。

ただし、多数決で組織された国会や地方議会などが、そのときの多数派の考

え方を子どもたちに押しつける目的で学校教育を利用する、などといったことは許されない。学校教育は、政治的に権力を持つ人々の道具として利用されてはならないのである。最高裁判所も、「子どもが自由かつ独立の人格として成長することを妨げるような国家的介入、たとえば、誤つた知識や一方的な観念を子どもに植えつけるような内容の教育を施すことを強制するようなことは、憲法 26 条、13 条の規定上からも許されない」ことを確認している。

（3）教科書という問題

　教育行政のなかで政治的な思惑が入り込みやすい問題として、**教科書**をめぐる論点がある。

　教育勅語のもとでは、全国どこでも同じ国定の教科書を使って、そこに書かれたものの考え方を一律に教える教育が行われていた。こうした場合に教科書が果たす決定的な役割を考え、1947 年教育基本法と憲法 26 条の教育システムのもとでは、教科書は民間会社が発行できるとしたものの、文部科学大臣の検定を受ける必要があるとされた（学校教育法 34 条 1 項）。

　1962 年に行われた高校の日本史の教科書に対する検定で歴史学者の家永三郎が執筆した教科書が不合格とされたことに対して、不合格処分の取消しを求めた裁判で、原告側は国民教育権説を踏まえて教科書検定が憲法 26 条の他、23 条の学問の自由や 21 条の表現の自由に対する侵害だと訴えた（家永教科書訴訟）。しかし最高裁判所は、1993 年 3 月 16 日の判決（第 1 次訴訟）で、教科書検定の制度全体については、教育内容が「正確かつ中立・公正」であり、また子どもの「発達段階に応じたもの」であることを確保するために行われるもので、指摘された憲法の条文に違反するものではないと判断した。ただし、1997 年 8 月 29 日の判決（第 3 次訴訟）では、文部大臣（現在の文部科学大臣）が日本史の教科書に対する 1980 年度の検定のなかで、第 2 次世界大戦当時の日本軍の細菌兵器部隊による生体実験についての記述を不適切だから削除するように求めたことが、教科書として不適切ではない内容を削除させようとしたもので、違法だと判断している。

　教科書については、検定だけでなく、採択も問題になることが多い。小中学

校に関しては、教科書無償の措置に対応するために、学校ごとでも教師ごとでもなく、採択区という単位を作って、使う教科書の選定がそこで行われている。ところが、1990 年代以降、戦争加害を強調するそれまでの教科書が偏っていると主張する勢力が日本の歴史を美化するような教科書を作り、政治家を巻き込んで教育委員会に影響力を持つようになると、教科書を実際に使う教師が教科書選びに参加できなくなるような制度に各地で変わっていった。

　教科書は、子どもにとって身近なものであり、重要な学習の手がかりである。子どもにとって理解しやすく、教師にとって使いやすい教科書が作られ、選ばれるようにするためには、権力の過度な働きかけは必要ない可能性が高い。学校や教師が使いやすい教科書を選び、かつ説明責任をきちんと果たせるようにすることが重要だとする考え方もあり、教科書の作り方、選び方に関する議論はもっと深まっていかなければならない。

② 義務教育とは誰が何をしなければいけないのか

（1）親の教育権と教育を受けさせる義務

　憲法 26 条 2 項は、子どもに「普通教育を受けさせる」親の義務を定める。教育を受けることが子どもの権利なのだから、親もそれを邪魔してはいけない。教育を受けさせる親の義務が生じる。

　欧米で発展してきた法的な考え方のなかでは、19 世紀頃まで、子どもは父親の持ち物と同じような扱いをされ、家計のために小さいうちから働かせるのも、将来有利な仕事につけるように教育を受けさせるのも、親の勝手とされていた。しかし、親が貧しいか豊かであるかにかかわらず、すべての子どもが自分の能力を発揮できるようになる権利を持っていると考え、また、子どもに能力を発揮させることで社会が発展できると考え、20 世紀の世界は子どもの教育を受ける権利を認めてきた。その段階で子どもは、親の持ち物ではなくなる。親は、子ども自身の利益を最大化するように子どもの成長を支援しなければならない、という考え方（子どもから託された親の権利）が広く受け入れられてくる。

そうは言っても、1人の人間としてどう成長していくべきかについて、唯一の正解などどこにもない。むしろ、人生の意義をどう子どもに伝えるべきかは、親自身の生き方と切り離せない。そのため、親が子どもに与える教育の方向性を定めるのは、やはり親自身の権利としての側面がある。

1948年に国連総会で採択された世界人権宣言26条は、1項ですべての人の教育を受ける権利を保障し、2項で人格の完全な発展と人権・基本的自由の尊重の強化を目指した教育を求めながら、3項で子に与える教育の種類を選択する優先的権利を親に保障した。これも、**親の教育権**を表現したものである。

（2）義務教育の無償

国が親に普通教育を受けさせる義務を課しているのは、親の経済的な立場によらずに、すべての子どもに平等に教育を受ける権利と機会を保障するためである。憲法26条2項で**義務教育の無償**を定めるのもそのためである。

そこから、義務教育段階で公立学校に通うときは授業料負担は生じない。その分の費用は、国と地方公共団体の責任のもと、税金から支出される。

ただし、義務教育無償の範囲については、2通りの考え方がある。学説少数派は、給食費や修学旅行費、ノートや副教材、上履きや体操服にかかる費用など義務教育段階で必要になるお金はすべて、本当ならば国が負担すべき無償の対象だと考える。それに対して判例と学説多数派は、公立学校の授業料に限られると考える（最高裁判所1964年2月26日判決）。この立場からは、学用品などは親の負担になる。

生活費について生活保護を受けている家庭やそれに近い状態の家庭のために、地方自治体レベルで就学援助の仕組みを通じて支援が行われる。豊かな家庭の子どもを含む全員のために、教育にかかるすべての費用を無料にするのではなく、授業料以外については家庭の負担を求めつつ、それが重すぎる場合には軽減するための道を用意しておく、という方法である。子どもが差別される理由になるから困っている子どもだけの支援はよくない、と少数派は批判するが、多数派からは、すべてを税金でまかなうことによって全員が貧しい教育環境に閉じ込められるよりはよい、という反論もある。

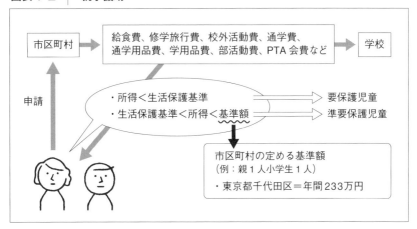

図表 7-2　就学援助

市区町村 → 給食費、修学旅行費、校外活動費、通学費、通学用品費、学用品費、部活動費、PTA会費など → 学校

申請

・所得＜生活保護基準 ⟹ 要保護児童
・生活保護基準＜所得＜基準額 ⟹ 準要保護児童

市区町村の定める基準額
（例：親1人小学生1人）
・東京都千代田区＝年間233万円

　私立学校を運営するための費用については、小中学校の段階でも、地方公共団体による私学助成によって一部は税金が投入されるものの、大部分は親が授業料として支払っている。義務教育無償という考え方とは逆の立場になるが、独自の建学の精神を持った公立学校以外の学校で学ぶ機会を選ぶ可能性が保障されるという意味では、私立学校制度は重要である。

（3）教育を受ける権利と就学義務

　憲法26条2項は「普通教育を受けさせる義務」を語るが、これを学校教育法17条と重ね合わせると、義務教育は、子どもを小学校・中学校などに就学させる親の義務と同視されることになる。就学とは、学校に在籍させ、通わせることを意味する。義務教育と就学義務は、同じ意味なのだろうか。

　学校に在籍さえしていれば、子どもにとって教育を受ける権利が実現する、と言えるほど単純でもない。実際には、不登校の事例にあらわれるとおり、学校に在籍していても学校に通えないケースがある。また、毎日学校に通っていても、学校の授業についていけなくなってしまうこともある。高校で7割、中学で5割、小学校で3割の子どもが学習指導要領の標準的な学習内容が理解で

きていない、とする統計もある（→参考文献③）。こうした場合、教師が話していることの意味が何もわからないままに、ただ教室で黙って机に向かって座っているだけで、教育を受ける権利が実現されていると言えるのだろうか。

　現在、授業に出席してさえいれば、自動的に教育を受けているものと扱われる。わかりやすい授業を求める権利があるとは、一般には考えられていない。しかし、憲法26条で保障されているのは、自ら学習し、成長・発達していく権利であり、そして、その学習のために適切な学習環境の保障を大人社会に求める権利である。だとすれば、教える教師や学校の視点から見て、自分はきちんとした教育をやっているからOKと考えるのでは十分ではなく、本当に1人ひとりの子どもにとって有益な学習環境となっていなければならない。現在の学校のあり方が、本当に教育を受ける権利の憲法上の保障に合致しているのかどうかは、真剣に考え直す必要があるだろう。

　さらに、不登校になり、実際には授業を受けていない多くの子どもの場合、教育を受ける権利に関わる問題があるとは扱われない。子どもが何らかの学習を行っていることが確認されれば、在籍校において出席扱いで計算され、進級や卒業ができるようにしてもらえることが多い。逆に、たとえば毎日フリースクールに通っていても、それは学校教育法が認める正式の学校ではないために、そのこと自体では義務教育を果たしていることにもならないし、フリースクールの卒業証書が現在の学校制度のなかで認められるわけでもない。義務教育が就学義務と同じ意味になっている今の制度では、すべて、在籍校である小中学校が軸となって、子どもの教育が組み立てられることになる。

　それに対して、不登校を経てフリースクールに通うようになった子どものことを考えると、その子どもの教育を受ける権利を保障できなかった学校が管理を続けても、本当の意味で子どもの教育を受ける権利や学習権は実現できない。そこで、学校以外の学びの場でも義務教育を果たしていると認められるように多様な教育機会の確保を求める運動もある。

　さらに、インターナショナル・スクールなどの国際的な学校や、日本では学校教育法上の学校とは認められていないシュタイナー学校やサドベリースクールなどの独自の教育理念や教育方法を追求する学校を、実際に選ぶ親や子ども

もいる。対応を間違うと、現在の制度ではこうした親たちは義務教育違反を犯しているとされる危険もある。

　学習指導要領に基づく日本の学校と違う環境で義務教育を果たすことは、どこまで許されるべきなのだろうか。もちろん、義務教育というものの成り立ちを考えても、「小さいうちから外で働いていれば勉強になる」と言って子どもに教育の機会を与えないことは許されない。しかし、今の公立学校・私立学校が、1人ひとりの子どもにとって、自らの教育を受ける権利を実現する場になっているかどうかが問題になることは少なくない。教育行政や教師が教育だと思っているものを少し遠い目でながめながら、1人ひとりの子どもが実際に進めようとしている学習を支援するために何が必要なのかを考えていかなければならないだろう。箱を先に作って、子どもの体を箱に合わせていく発想よりも、1人ひとりの子どもの特性、希望、保護者の教育方針などを見極めるところから出発する必要がある。

図表 7-3 ｜ 大人中心主義と子ども中心主義

（4）教育をめぐる選択と参加

　これまでの教育を受ける権利や義務教育のあり方をめぐる議論は、教えようとする大人の立場から組み立てられることが多かった。国家教育権説と国民教育権説の論争が、典型的にそうだろう。学校における教育内容を決めるのは、国会の委託を受けた文部科学省か、親から信託を受けた教師か、という論争である。いずれにしても、子どもや親から見れば、教育内容は自分たちの手の届かない雲の上で決められ、自分たちの希望や意欲は切り捨てられる不安が募る。当事者の子どもと親にとって有益な議論ではなかったと言えるだろう。

　それでも、とくに都市部では、お金さえあれば私立学校を選択することができるという限りで、少しは選択の幅があった。とはいえ、私立学校も学習指導要領に縛られていることに変わりはなく、建学の精神に基づくわずかなバリエーションが認められているにすぎない。21世紀に入る頃から、公立学校のなかでも学区の境を越えて学校を選ぶことを認める地方自治体も増えてきたが、これも教育のあり方を親と子どもが選択するというにはほど遠い。そして実際には、公立学校・私立学校を包括する学習指導要領のシステムのなかで、真に必要な教育を受ける機会を得られないまま、学校の机の前に座り続けている子どもたちがいる。教育を受ける権利を保障する方法として、現状に満足することはできないだろう。

　まず、学校をよくしていくために何ができるのだろうか。学校づくりのなかで、現在は教育の受け手である子ども本人、そして子どもを最も適切に代弁できるとされる親に、発言の機会が与えられていない。子どもと親が、学校運営のあり方を決める当事者として、責任と権限を持って学校に参画できる制度的な枠組みが必要となる。次に、教師が、子ども・親と向き合う当事者として、学校運営のもう片方の車輪を担うべきだろう。こうした当事者自治を、その学校がある地域が支えていく。このような現場からの学校自治を考えていくことによって、子どもたちの教育ニーズや学習意欲に少しでも近づけるような制度改革が可能になっていくと思われる。

　そして他方で、学校教育法で定められた小学校・中学校・高等学校という画

一的な学校システムから離脱して、親自身により、あるいは親が信頼する学び
の場を通じて、子ども1人ひとりが自分にあった学びと成長を遂げていく可能
性を保障することも、義務教育の枠内で認めていくことが大切だろう。

　教育を受ける権利を保障する。これは、自分が正しいと思う教育を子どもが
絶対に受けられるようにすることを通じては実現できない。1人ひとりの子ど
もの、少しずつ違った学びのあり方をどう支援するのかが問われている。

ケースのクエスチョンに対する解答作成のヒント

　博美のケース、教育を受ける権利を真剣に受け止めながら解決するためには、どう
考えるべきなのだろう。

　1については、現状は在籍校が出席を認定するが、学校の介入が嫌がられることも
多い。学校外の教育だけで卒業を認めるには、義務教育の仕組みを広げる法律が必要
だ。トラブルのたびに子どもが抜けていくのも不適切だろう。

　2については、親の教育要求に配慮することはある程度必要としても、望むとおり
の教員配置を求める親の権利を認めるのは無理だろう。いじめへの加担や体罰など、
子どもへの人権侵害は許されないが、生徒に嫌われたらクビだとしていては教育が成
り立たない。担任教師に負担が集中しないように業務分担やクラス編成を柔軟にして、
対応の自由度を高めることが大切になる。

　これらを全体的に整理すれば、3についても答えが導き出せる。

おすすめの本・ウェブサイト

①堀尾輝久『現代社会と教育』（岩波書店、1997年）

　　国民教育権説の旗手だった筆者が、能力主義に基づく競争ばかりに支配される今
　の学校の問題を描き出し、教育のあるべき姿を探っている。

②広田照幸編『自由への問い(5)教育——せめぎあう「教える」「学ぶ」「育てる」』（岩
　波書店、2009年）

　　教育学と法学の中間領域で、ぶつかりあうさまざまな理念と力関係を読み解き、
　子どもが育つための支援枠組みを再考している。

参考文献

①堀尾輝久『現代教育の思想と構造』（岩波書店、1971年）
②兼子仁『教育法［第2版］』（有斐閣、1976年）
③瀧井宏臣『「教育七五三」の現場から』（祥伝社、2008年）

第8章 自由を支える社会権を求めて
──── 経済的自由権、生存権、労働権、労働基本権

　子どもは親の経済状況に強く依存せざるを得ない。そのため、家庭の経済状況が悪化してしまうと、子どもはその影響を直接的に受けてしまう。第8章では、教師がそのような子どもの成長発達をサポートする際に、憲法の観点から何が求められるのかを考える。

ケース

　あなたは公立高校3年A組の担任。5月のある日のホームルーム、修学旅行の班分けでクラスは大盛り上がりだ。そんな様子を微笑ましくながめていると、教室の端っこで洋太が学級委員の史子に注意されていることに気がついた。どうやら洋太が班分けに積極的に参加していなかったので、史子が怒っているようだ。そこであなたは、2人を仲裁することにした。

　2人の話を聞いていると、思ってもいなかった話が飛び出してきた。実は、洋太のお父さんが不景気のあおりで1年前から失業していること、再就職先を探しているがなかなか見つからないこと、そして両親が息子の修学旅行費10万円を工面するのがつらいと夜中に話し合っている様子をたまたま洋太が見てしまったとのこと、であった。どうやら、本当は修学旅行に行きたいけれど、両親の経済的な負担を考えると我慢すべきだと洋太は考えているようである。

　ところが、史子がふと「貧乏人は修学旅行なんて行っちゃダメでしょ。旅行なんて贅沢だよ……」とつぶやいた。

クエスチョン

1　経済的な理由から修学旅行費を捻出できない世帯に対して、憲法の観点から、どのような援助制度が作られるべきなのか。
2　洋太は、史子が言うように、修学旅行に行ってはダメなのか。

104

① 経済的自由権と社会権

　憲法には、さまざまな権利が保障されている。そのため、それぞれの権利の性質の違いに応じて、いくつかの類型に整理しながらその内容を考えてきた（人権の類型については**第 1 章**）。その類型の 1 つが社会権と呼ばれるものである。生存権（25 条）、教育を受ける権利（26 条）、勤労権（27 条）、労働基本権（28 条）が社会権という類型に位置づけられてきた。

　これら社会権は、いずれも教師という職業に深く関わってくるものである。たとえば、子どもの教育を受ける権利の実現に対して、教師の役割は欠かせない。また、教師が労働者であることからすれば、勤労権や労働基本権は教師自身にとって重要な権利だと言える。さらに、教師がいつ体調を崩して失業して収入が途絶えてしまうかもわからない。そんな場合、生存権がとくに重要な権利だと言える。第 8 章では、まず社会権とはどのような権利であるのかを経済的自由権との関係で考え、教育を受ける権利以外の権利がどのようなものかを見ていくことにしたい（教育を受ける権利については**第 7 章**）。

（1）近代の経済的自由権と現代の経済的自由権

　一般的に、社会権とは何かを説明するときには、自由権との違いが強調されてきた。たとえば、それぞれの権利が国家に対して何を求めるのかという点に着目する次のような説明がある。自由権は、国家に対して個人の自由に介入しないことを求める権利である。それに対して、社会権は、個人が国家に対して何らかの施策を求める権利である。このような説明は、それなりにわかりやすいので憲法の教科書でもよく見かける。

　では、いったいなぜ、憲法は自由権とは求めるものが違う社会権を保障しているのだろうか。憲法が社会権を保障する理由を理解するためには、まず、経済的自由権に関する近代の考え方と現代の考え方の違いを理解することから始めたい。

　近代以前、ヨーロッパを中心として封建社会が広がっていた。この封建社会では、人が生まれによって区別される身分制が根づいていた。つまり、農民と

して生きるか、それとも貴族として生きるかが、本人の意思とは無関係に決まっていたのである。さらに、身分と同時に、人々は土地にも縛りつけられていた。というのも、この封建社会では領主と呼ばれる一部の特権階級が土地の支配権を握っており、領主は農民に自分の土地を耕させて年貢を納めさせることで生活していた。そのため、農民が自由に移動できてしまうと、年貢を納めてくれる人がいなくなってしまうので、領主は困ってしまう。そこで、領主は自分の土地で働く農民が他の土地に移動することを禁じていたのである。

　ところが、近代に近づくにつれて、「人は生まれながらにして平等なのではないか」と身分制への疑問が広がり、人々は封建社会から何とか脱却しようとした。そこで当時の人々は、封建社会から脱却するためには、領主から独立して自由に生計を営むことが重要だと考えるようになった。つまり、近代初期の人々は、自分たちの経済活動の自由が封建制からの脱却のために必要だと考えたのである。その結果、1789年のフランス人権宣言17条のように「所有は神聖かつ不可侵の権利である」と、経済活動の根幹に関わる**所有権**が絶対的なものとされていた。このことから、**私的自治の原則**のもとで、近代において国家は人々の経済活動に介入するべきではないと考えられていた。これを、自由放任主義経済と呼ぶ。

　自由放任主義経済のもとで、産業革命による工業化の影響もあり、経済活動が活発化した。しかし、ここで大きな問題が生じてしまった。それは、劣悪な労働環境、失業、貧困の深刻化という問題である。国家が経済活動に介入すべきではないと考えられていたため、いわば弱肉強食の社会ができあがり、財産を持つ者と、自分の労働力しか持たない労働者との間で格差が激しくなってしまった。そして、このような自由放任主義経済の弊害を取り除くため、国家が経済活動に介入すべきであるとの考え方が徐々に広まっていくことになる。つまり、経済的自由権を不可侵な権利と考えるのは、もうやめるべきなのではないかという考え方が広まっていったのである。そして20世紀に入ると、1919年のワイマール憲法153条3項では、「所有権は、義務を伴う。その行使は、同時に公共の福祉に役立つべきものである」とされ、経済的自由権といえども限界があることが憲法で示されるようになる。経済的自由権は不可侵な権利で

あるとする近代の考え方が、現代になって大きく転換したのである（**図表8－1**）。

図表 8-1 | **経済的自由権に対する考え方の違い**

近代

経済的自由権は不可侵な権利だ！
人々の経済活動に国家が介入すべきでない！

現代

人間らしい生き方ができるように、国家が介入すべき経済活動もある！

　では、日本国憲法の場合は、近代的な考え方と現代的な考え方のどちらに基づいているのか。憲法では22条が保障する居住移転の自由及び**職業選択の自由**、29条が保障する財産権が経済的自由権に位置づけられている。これらの条文を見ると興味深いことに気がつく。それは、他の個別の人権に関する条文には明示されていない公共の福祉という言葉が書かれていることである。憲法22条1項は「公共の福祉に反しない限り」とし、憲法29条2項は財産権の内容について「公共の福祉に適合するやうに」と定めている。憲法は経済的自由権について保障する条文で、わざわざ公共の福祉という言葉を使っているのである。このことは、先に述べたように、経済的自由権を野放しにしておくと失業や貧困などの問題が生じてしまうので、経済的自由権については他の人権よりも強い規制が必要とされることを憲法自体があらわしているのである（公共の福祉については**第1章**）。以上のことから、日本国憲法は経済的自由権を不可侵な権利とする近代的な考え方ではなく、むしろ経済的自由権には規制が必要だとする現代的な考え方に基づくものだと言える。では次に、憲法はどのような経済的自由権を保障しているのか、その中身を見ていくことにしよう。

（２）居住移転の自由・職業選択の自由

　まず、憲法22条1項が保障する居住移転の自由について見てみよう。これは、自分の住所または居所を自由に決定し、移動することを保障していると考えられている。この居住移転の自由には身体的自由の側面ももちろんあるが、**（1）**で述べたように、土地に縛りつけられていた封建社会からの脱却が近代において求められたという歴史的経緯から考えると、経済的自由権としての側面もある。

　次に、同じ憲法22条1項は、職業選択の自由も保障している。この職業選択の自由とは、文字どおり、個人が自分の就きたい職業を決定する自由を意味している。また職業選択の自由は、憲法上は明記されていないが、自分で選択した職業を遂行する自由（営業の自由）も保障していると考えられている。そもそも職業とは、人間が生計を維持するためにとても大切なものである。それだけにとどまらず、職業というのは、個人の人格形成とも密接な関わりがある。あなたは、小さいとき、将来どんな職業に就こうと思っていただろうか。ちょっと思い出してみてほしい。小さいときに思い描いていた将来像が、こういう大人になりたいという人格と結びついていなかっただろうか。たとえば、教師になりたいという気持ちは、子どもに何かを教えることで彼らの成長を支える人になりたいということと結びついていたかもしれない。憲法では、個人が自由に人格形成を行いながら生計を維持することができるように、職業選択の自由を保障しているのである。

　ただ、ここで1つの疑問が生じるのではないだろうか。職業選択の自由や営業の自由が保障されているならば、教師になることは自由なはずだ。なのに、なぜ教師になるために、たくさんの教職科目の単位を取得して教員免許状を取らなければならないのだろうか。教師には教員免許状がなければならないとする教育職員免許法は、職業選択の自由に反するのではないか。

　この疑問については、次のように答えることができるだろう。職業選択の自由が保障されているといっても、教科の内容や授業方法に関する知識、そして子どもの成長発達について十分に理解した教師でなければ、子どもの学習権を

十分に保障できないおそれがある。そのため、教師となる者について、一定の条件を満たした者にだけ、教員免許状を与えることは認められるのである。

（3）財産権

　経済的自由権の締めくくりとして財産権を見てみよう。憲法29条1項は、「財産権は、これを侵してはならない」と定めている。これは、個人の財産上の権利を保障すると同時に、個人が財産権を享有できる法制度（私有財産制度）を保障したものであると考えられている。その一方、憲法29条2項は「財産権の内容は、公共の福祉に適合するやうに、法律でこれを定める」と規定している。たとえば、財産権の内容として民法206条が定める所有権をはじめとして、著作権法が定める著作権や、漁業法における漁業権など、さまざまな財産権が法律で定められている。もっとも、憲法29条2項は、財産権の内容が公共の福祉に適合していることを求めている。

（4）規制が許される範囲

　それでは、次に、経済的自由権に対する規制について考えてみたい。すでに説明したように、経済的自由権には、それを重視しすぎた結果として弱肉強食社会を招いてしまったという過去があるゆえに、それに対する規制が現代の日本国憲法では認められている。とはいえ、どんな規制でも許されるというのであれば、そもそも憲法が経済的自由権を保障する意味がなくなってしまう。

　経済的自由権に対する規制が憲法上認められるか否かを考える際に、その規制目的に応じて消極目的規制／積極目的規制に分け、検討していこうとするアプローチ（規制目的二分論）がある。

　消極目的規制とは、人々の生命や身体に対する危険を防ぐために行われる必要最小限度の規制である。消極目的規制の例として、「フグ調理師」免許がある。もしあなたがフグ料理屋を営もうとしても、すぐに開店することはできない。フグの卵巣などには毒があるので、その処理方法について熟知した者でなければお客さんの健康・生命に危害を与えてしまう。そのため、各都道府県の条例では「フグ調理師」試験に合格して免許を受けた者でなければフグ料理屋

を営むことができないとされている。このように、人々の生命や身体に危害を加えるおそれのある経済活動に対して免許制を設け、免許を取得した者だけにその経済活動を認めるのが消極目的規制の典型例である。

　もう一方の積極目的規制とは、経済の調和的発展や社会的経済的弱者を保護するために行われる政策的な規制である。たとえば、あなたが無事に「フグ調理師」免許を取得し、100年続く、カウンター10席のフグ料理屋を継いだとしよう。開店当時は味と価格の評判もよく経営も上手くいっていた。ところが開店から半年後に、あなたのお店のすぐ隣にテーブル100席の大きなフグ料理屋ができてしまった場合はどうなるだろうか。たとえ味が両方とも全く同じであったとしても、大きなお店は食材を大量購入することで仕入値を安く抑えることができるので、あなたのお店が価格で太刀打ちするのは困難となり、お客さんを奪われてしまい、最終的には廃業に追い込まれるおそれがある。このように潜在的に強い競争力を持った規模の大きなお店が、潜在的に競争力の弱い規模の小さなお店を駆逐してしまうことを防ぎ、適正な市場競争を確保するためには、規模の大きなお店の出店地域を規制する方法があり得る。こういった経済の調和的発展を目的とする規制が、積極目的規制である。

　そして、規制目的二分論では、問題となっている規制目的が消極目的なのか積極目的なのかで、裁判所が用いる審査基準を使い分けるべきであるとされる。裁判所が消極目的規制について合憲性を判断するときには、規制の目的や必要性が合理的かどうか、より制限的でない他の手段で目的を達成することができるかどうかを検討し、もし、合理性がなかったり、他の緩やかな手段があったりすれば違憲であると判断する。他方、裁判所が積極目的規制の合憲性を判断するときには、その規制の目的が合理的でなく、規制の手段・様態が「著しく不合理であることが明白である」場合に限って違憲とすべき、とする緩やかな審査基準を用いるという考え方である。次ページに**第Ⅰ章**でも登場した**図表8－2**があるので、確認してほしい。

図表 8-2 | 違憲審査の基準

基　準	目　的	手　段
①厳格な基準　厳しいチェック 　＜違憲になりやすい＞	やむにや まれない	●目的のために必要不可欠 ●必要最小限度
②厳格な合理性の基準	重　要	●目的との実質的な関連性あり ●より制限的でない他の選びう 　る手段がない　など
③緩やかな基準　緩いチェック 　a：合理性の基準 　b：明白性の基準 　＜合憲になりやすい＞	正　当	●目的との合理的な関連性あり 　a：著しく不合理ではない 　b：著しく不合理であること 　　が明白ではない

（5）規制目的二分論に関する判例

　規制目的二分論は、1972 年 11 月 22 日の小売市場距離制限事件最高裁判所
判決でまず示され、そのあとの 1975 年 4 月 30 日の薬局距離制限事件最高裁判
所判決でも採用されている。前者では、新しく小売市場（1 つの建物にいくつ
も個人商店が入っているもの）を開設する際に既存の小売市場から一定の距離を
置かなければならないとする規制について、小売市場の乱立から生じる過当競
争の結果として、小売市場に入っている小売商が共倒れすることを防ぐ積極目
的規制だとされ、合憲とされた。後者では、新しく薬局を出店する際に既存の
薬局から一定の距離を置かなければならないとする規制について、薬局が乱立
すると各薬局の経営が不安定なものになり薬局の設備などの質が低下し、薬の
質も低下し、人々の生命や健康に危険が生じることを防ぐ消極目的規制だとさ
れた。そして、薬局の乱立が過当競争を生み、薬の質の低下を引き起こす、と
いう想定が、「確実な根拠に基づく合理的な判断とは認めがたい」として違憲
とした。

　以上のことからすれば、職業選択の自由に対する規制と言っても、消極目的
規制の場合は、確実な根拠に基づいた規制でなければ憲法上は認められないと
言える。もっとも、同じ経済的自由権と言っても、財産権に対する森林法上の

規制の合憲性が問題となった 1987 年 4 月 22 日の森林法事件最高裁判所判決では、その規制の目的達成手段の必要性と合理性が認められないとして違憲と判断された。このように、最高裁判所判決において規制目的二分論が整合的に用いられているかについて疑問がある。また、そもそも経済的自由権に対する規制が、消極目的規制なのか積極目的規制なのかを、明確に分けることができるのかという問題も指摘されている。そのため、近年では、目的ではなく、規制の強度（免許制なのか、届出制なのか等）に注目して検討するアプローチも有力になってきている。

② 生存に関する権利

憲法 25 条 1 項は「すべて国民は、健康で文化的な最低限度の生活を営む権利を有する」として、いわゆる生存権を保障している。では、そもそも「健康で文化的な最低限度の生活」とは何だろうか。言い換えると、国がどのような施策を行ったら生存権が保障されたと言えるのだろうか。

（1）生存権の法的性格

憲法 25 条 1 項は、すべて国民に、健康で文化的な最低限度の生活を営む「権利」を保障している。この条文を素直に読めば、生存権が権利であることは明らかである。ところが、戦後の比較的早い段階では、生存権は法的な意味での権利ではないという考え方が有力であった。これは、憲法 25 条 1 項は国家に対する努力目標・綱領（プログラム）を述べているにすぎない、と考えるものである。つまり、生存権を実現するか否かはあくまでも政治的な努力目標であり、国民が「健康で文化的な最低限度の生活」を営むことができない状況に陥っても、政治的な責任しか追求できず、裁判所の救済を受けることもできないと考えられたのである。これをプログラム規定説と呼ぶ。なぜならば、「健康で文化的な最低限度の生活」が何であるかは一義的に明らかにするのが難しい抽象的なものであり、さらに、その実現には予算上の制約があるので、どのように生存権を実現するかは国会や内閣が国の懐具合を見ながら判断すべきであ

ると考えられたからである。

　しかし、このプログラム規定説は憲法 25 条 1 項が生存権を権利として保障していることの意味をあまりにも軽視したものであり、深刻な問題を含むものであった。とくに、裁判所に救済を求めることができないことは、権利として保障されていることの意味を大きく損なうものであった。そこで、（2）で紹介する朝日訴訟を 1 つのきっかけとして、**生存権の法的性格**をめぐる議論が活発化し、あらたに抽象的権利説と呼ばれる考え方が有力となった。これは、憲法 25 条 1 項は、国家に生存権を実現する法的義務（ただし抽象的）を課しており、生存権を具体化する法律があった場合に限り、裁判所の救済を受けることができるという考え方である。たとえば、生存権を実現するための**社会保障制度**の 1 つとして生活保護法が制定されている。この生活保護法 1 条では憲法 25 条の理念に基づくことが明示され、生活保護法 3 条では「この法律により保障される最低限度の生活は、健康で文化的な生活水準を維持することができるものでなければならない」とされ、生活保護法 9 条では「保護は、要保護者の年齢別、性別、健康状態等その個人又は世帯の実際の必要の相違を考慮して、有効且つ適切に行うものとする」と定められている。生活保護法のこれらの規定に反するようなことがなされた場合、つまり、生活保護によって「健康で文化的な生活水準を維持すること」ができないような場合や、生活保護が「実際の必要の相違を考慮」せずに不適切に行われたような場合に、これらの生活保護法の考え方を根拠として裁判所に救済を求めることができる。そして、憲法 25 条 1 項の生存権の保障にもつながるとする考え方である。

　もっとも、この抽象的権利説にも問題点が指摘されてきた。というのも、もし生存権を具体化する法律がなければ裁判所の救済を受けることができず、プログラム規定説と大差ないのではないかという問題である。そこで、このような場合に、生存権を具体化する法律が制定されていないこと自体が違憲であることを確認する形で、裁判所の救済を受けることができるとする具体的権利説も登場した。「健康で文化的な最低限度の生活」の内容は、たしかにあいまいではあるけれども、特定の時代や国であれば客観的に決定することが可能であるし、予算上の都合と言っても生存権の保障を前提として予算を組み立てるべ

きではないか。こういった理由から、生存権を具体的権利として捉えようとする考え方である（→参考文献①）。

（2）生存権に関する判例から見えてくること

　憲法 25 条 1 項の生存権に関して戦後の早い時期に出されたものとして、1948 年 9 月 29 日の食糧管理法違反事件最高裁判所判決がある。このとき最高裁判所は、憲法 25 条 1 項が「すべての国民が健康で文化的な最低限度の生活を営み得るよう国政を運営すべきことを国家の責務として宣言したものであ」り、「直接に個々の国民は、国家に対して具体的、現実的にかかる権利を有するものではない」と述べ、プログラム規定説に近い立場を採用している。

　しかし、そのあとの朝日訴訟によってプログラム規定説のような考え方に対する批判の声が強まる。この朝日訴訟とは、結核で仕事ができずに生活保護を受給しながら療養所で暮らしていた朝日茂氏が、日用品費を 600 円とする保護基準では「健康で文化的な生活水準を維持」（生活保護法 3 条）できないとして、厚生大臣（現在の厚生労働大臣）を相手に、憲法 25 条を理念とする生活保護法 3 条と 8 条 2 項に違反するとして裁判所に提訴した事件である。ちなみに、月 600 円というのは、当時の物価で、肌着を 2 年で 1 枚、パンツを 1 年で 1 枚、チリ紙を 1 年で 12 束購入するという見込みに基づいて算出されたものであった。この訴訟の背後には、朝日茂氏の言葉を借りるならば、「生活と権利を守ることは、口先だけでいくらいっても守れるものではないのだ。闘うよりほかに、私たちの生きる道はないのだ……月 600 円ではやっていけない。このままでは、死ぬよりほかに方法がない……この真実は、だれが、なんといおうとも押しつぶすことはできないのだ」という思いがあった。

　1960 年 10 月 19 日に出された東京地方裁判所判決では、厚生大臣（現在の厚生労働大臣）が生活保護基準を決めるときには、その基準が生命をギリギリ維持できる程度のものではなく、「人間に値する生存」と言えるような程度となっていなければならないとされた。そして、その基準の具体的な内容は、「特定の国における特定の時点においては一応客観的に決定すべきもの」であり、月 600 円という基準が原告の実状からして生活水準を維持するためには低すぎ

るので違法だと判断した。この東京地方裁判所判決を受けて厚生大臣（現在の厚生労働大臣）側は控訴し、1963年11月4日の東京高等裁判所判決では、日用品費の「基準がいかにも低額に失する感は禁じ得ない」けれども違法とは言えないと結論づけられ、朝日氏側が敗訴した。これに対して、朝日氏側は最高裁判所に上告することになった。

　ところが、上告後の1964年2月14日、朝日氏は亡くなってしまった。そこで1967年5月24日に出された最高裁判所判決は、原告の死亡により訴訟も終了したとしたが、「なお、念のため」として、問題となった基準について次の判断を示した。「健康で文化的な最低限度の生活」は抽象的なものであり、その具体的な内容は多数の不確定要素を総合的に考えて決定できるものである。そのため、何が「健康で文化的な最低限度の生活」かを決めるのは、厚生大臣（現在の厚生労働大臣）の広い裁量に委ねられている。厚生大臣（現在の厚生労働大臣）の判断が、「現実の生活条件を無視して著しく低い基準を設定する等憲法および生活保護法の趣旨・目的に反し、法律によって与えられた裁量権の限界を超えた場合または裁量権を濫用した場合には」裁判所で違法な行為であると判断される。つまり、この最高裁判所判決では、生存権をどのように実現するのかについて、国側に広い裁量を認めるものであった。このように国側に広い裁量を認める方向性は、そのあとの1982年7月7日の堀木訴訟最高裁判所判決や、2007年9月28日の学生無年金訴訟最高裁判所判決でも採用された。

　以上の判例の流れを踏まえると、生存権の観点から、国側の裁量をいかにコントロールできるのかを考えることが必要であろう。この点について、たとえば、制度後退禁止原則といった考え方が現在は議論されている（→参考文献②）。

③ 労働に関する権利

（1）勤労権

　1で見たように、人間にとって職業は、生計を維持するためだけでなく、人格の発展とも密接に関連するものであった。そのため、働きたいと思っている

人すべてが職業に就くことができるのが理想である。ただ残念ながら、そうではない。働けない人が出てしまうのは、働けない人の責任というよりも、現在の経済システムの構造的な問題である。たとえば、景気が悪くなると就活も大変になるが、景気の悪さの責任が就活生にないことは明らかであろう。また、たとえどんなに景気がよくても、働きたいのに働けない人は存在する。政府が行っている「労働力調査」によれば、1953年から今日まで完全失業率（働く意思があり、求職活動を行っているが失業中の人の割合）が０％になったことはない。この約70年間には、「バブル景気」や「いざなぎ景気」と呼ばれる好景気の時代があったにもかかわらず、である。つまり、景気がよくても悪くても、失業者が出てしまうのが現実である（→参考文献③）。

　憲法27条1項は、「すべて国民は、勤労の権利を有し、義務を負ふ」と定め、いわゆる勤労権の保障と**勤労の義務**を定めている。勤労権と聞くと、自分が望む特定の職場に雇ってもらうことが保障されているように思うかもしれないが、そういったことを保障しているわけではない。なぜならば、使用者側には、いつ・誰を・どんな条件で雇うかについての自由があるからである（もっとも**（2）**で述べるように完全に自由というわけではない）。そのため、勤労権というのは、働きたいという思いと働く能力を持つ人が、働けない場合に、**国家**に対して労働の機会の提供を要求し、それが不可能な場合には相当の生活費を請求する権利である。この勤労権の法的性格については、生存権と同じように議論があるが、抽象的権利説とするのが有力である。

　個人が適職を選択することができるように、さまざまな法律が整備されている。たとえば、「各人にその有する能力に適合する職業に就く機会を与え」ることを目的として、職業安定法が制定されている（職業安定法1条）。そしてこの法律では、その目的を達成するために、求職者に無料で職業を紹介する公共職業安定所（ハローワーク）が設置されている（職業安定法8条）。他にも、雇用保険法、職業能力開発促進法、雇用促進法などが勤労権の実現のために制定されている。

（2）働く条件は何でもいいわけじゃない

（1）で、雇う側には、いつ・誰を・どんな条件で雇うかについての自由があると述べたが、完全に自由というわけではない。憲法27条2項は、「賃金、就業時間、休息その他の勤労条件に関する基準は、法律でこれを定める」と**労働条件の法定**を定めている。これは、労働者よりも経済的に優位な立場にある使用者が、契約の自由の名のもとに、労働者に低賃金や劣悪な労働条件を内容とする雇用契約を結ばせないようにするためである。つまり、国が勤労条件の基準を法律で定めることで、適切な雇用契約が結ばれるようにするものである。

憲法の要請を受けて、労働基準法、最低賃金法、男女雇用機会均等法などさまざまな法律が制定されている。勤労基準に関する基本法と言われる労働基準法では、暴行や脅迫などによる強制労働の禁止（労働基準法5条）、賃金について労働者に支払われなければならないこと（労働基準法24条）や、労働時間につき1週間40時間・1日8時間を超えてはならないという原則が定められている（労働基準法32条）。

また、憲法27条3項は児童の酷使を明文で禁じている。これについても労働基準法第6章で「年少者」の労働条件がまとめられている。たとえば、原則として、「児童が満15歳に達した日以後の最初の3月31日が終了するまで」、使用者は子どもを働かせることができないとされている（労働基準法56条1項）。

（3）労働基本権

憲法28条は、「勤労者の団結する権利及び団体交渉その他の団体行動をする権利」を保障している。ここで言う3つの権利とは、団結する権利（団結権）、団体交渉する権利（団体交渉権）、その他団体行動する権利（争議権）であり、この総称が**労働基本権**と呼ばれるものである。これらの労働基本権は、労働者が自分の労働条件を維持・改善するために労働基本権を行使したことを理由として解雇されるといったことがないようにするものである。労働組合法で労働基本権の具体的な内容がいろいろと定められると同時に、使用者に禁じられる「不当労働行為」を定めている。

団結権とは、労働者が経済的に優位な地位にある使用者と対等な立場で労働条件を維持・改善するための交渉ができるように、労働組合を結成する権利である。また、団体交渉権とは、労働者が団結して結成された労働組合が、使用者と労働条件の維持・改善のために交渉する権利である。そして、争議権とは、労働者が団体交渉を有利に進めるためにストライキなどを行う権利である。労働組合法では、労働者が労働組合を結成・加入したことを理由として解雇することや、使用者が団体交渉を正当な理由なく拒むことや、使用者が正当な争議行為によって損害を受けたとしても組合（員）に対して損害賠償を請求することなどが、不当労働行為として禁じられている（労働組合法7条と8条）。また、正当な団体交渉や争議権の行使については、刑事責任も免責される（労働組合法1条2項）。

　ただし現在の法律では、**公務員の労働基本権**は強く制約されている。たとえば、私立学校の教師には労働組合法が適用されるのに対し、公立学校の教師には労働組合法が適用されず、地方公務員法が適用されることになる。この地方公務員法37条1項は、職員がストライキ・怠業・その他争議行為、さらに争議行為の「そそのかし」をすることを禁じている。つまり、公立学校の教師の場合、争議行為は一切禁止されているのである。

　もちろん、これら公務員の争議権に対する規制については、違憲ではないかという疑問が生じることになる。最高裁判所の判断が揺らいだこともあったが、1973年4月25日の全農林警職法事件において最高裁判所は、公務員の地位の特殊性や職務の公共性などの理由から、公務員の争議権の制約を合憲であると判断した。もっとも、公務員といえども労働者であることは間違いない。教師が劣悪な労働条件のもとで苦しみながら働く姿を、将来の労働者である子どもたちが見ているかもしれない。そう考えると、教師の争議権が全面的に禁止されていることも再考の余地があるだろう（→参考文献④）。

　1について、現在、経済的理由から修学旅行費を捻出することが難しい世帯には、小学校・中学校段階では、市区町村レベルでの**就学援助**の枠組みを通じて支援金が給付されている（→**第7章**）。ただし、今回のケースのように、義務教育ではない高校の場合、高等学校等就学支援金制度が作られているものの、修学旅行費は支援の対象となっていない。その代わりに、生活保護を受給している世帯と非課税世帯については、2014年度から都道府県レベルで実施されている高校生等奨学給付金制度を通じて修学旅行費を支援する枠組みが作られている。もっとも、この制度を利用したからといって、修学旅行費全額が給付されるわけではなく、依然として修学旅行費は重い経済的負担となっている。各自治体のウェブサイトなどで給付される金額を調べ、「健康で文化的な最低限度の生活」を実現する制度となっているのかを考えてみてほしい。

　2について、修学旅行は贅沢なことであろうか。また、単なる「家族」旅行と「修学」旅行にはどのような違いがあるのだろうか。この点については、教育を受ける権利が実現されているとはどのような状況なのか、**第7章**と関連させて考えてみてほしい。

おすすめの本・ウェブサイト

①朝日訴訟記念事業実行委員会編『人間裁判──朝日茂の手記』（大月書店、2004年）
　　朝日訴訟で原告となった朝日茂さんの手記が収められた1冊。訴訟に向けた決意や、国側の控訴理由書に対する怒りなどを知ることができる。
②ヴィクトル・ユーゴー（豊島与志雄訳）『レ・ミゼラブル』全4巻（岩波書店、1987年）
　チャールズ・ディケンズ（村岡花子訳）『クリスマス・キャロル』（新潮社、2011年）
　　近代においていかに貧富の格差が広がっていたかを思い起こさせる作品である。『レ・ミゼラブル』については、2012年に公開された映画版もおすすめである。また、『クリスマス・キャロル』は絵本にもなっている。
③柏木ハルコ『健康で文化的な最低限度の生活』（小学館、2014年～）
　　福祉事務所で働く新人公務員たちが、生活保護の申請者や受給者が抱えるさまざまな問題と直面し、自分の未熟さを噛みしめながら一歩ずつ前に進もうとする物語。

参考文献

①大須賀明『生存権論』（日本評論社、1984 年）

②棟居快行「生存権と『制度後退禁止原則』をめぐって」佐藤幸治先生古希記念論文集『国民主権と法の支配（下巻）』（成文堂、2008 年）

③阿部彩『子どもの貧困Ⅱ──解決策を考える』（岩波書店、2014 年）

④米沢広一『教育行政法』（北樹出版、2011 年）

第9章 もし警察に捕まってしまったら
―― 刑事事件で保障される権利

メディアは、誰かが逮捕されると、あたかもその人が犯人であるかのように報道しがちだ。本当に犯人だとしても、何らかの事情があったのかもしれないし、実は何もやっていないかもしれない。そこで、憲法は、いくつかの重要な権利を保障している。それらを第9章では考える。

ケース

ある朝、公立高校教諭のあなたの自宅のインターホンが鳴った。ドアを開けると、数人のいかつい男たちが立っている。名前を確認され、「はい、そうですが」と言うと、見たこともない紙を見せられた。逮捕状だった。「今年3月5日にスーパー河西で、6880円分の商品を万引きした容疑で、逮捕します」と言われ、手錠をかけられ、洗顔も許されずに、そのままパトカーに乗せられた。

しかし、全く身に覚えがない。取調官は口調こそ穏やかだったが、取調室からは出て行けない雰囲気だ。いくら無実を主張しても、「そんなことはないでしょう。防犯カメラにも写っているよ」と言って信じてくれない。その日の夜、弁護士が警察署に会いに来てくれた。ニュースで知った友人が、家族に連絡して助言してくれたらしい。実は5日後に、担任を受け持つ3年生の修学旅行が始まる。学校現場はとても忙しく、事前準備が終わっていない。同僚に迷惑をかける訳にはいかないので、学校に連絡をしたい。だが、電話やメールはできないと言われた。

とにかく明日の朝までには自宅に帰りたい。いつまで警察署にいなければならないのだろうか。

クエスチョン

1 前触れもなく、なぜ警察署に連行されなければならないのか。
2 とにかく学校や友人に連絡が取りたいが、携帯電話やパソコンは使わせてもらえない。誰かに面会に来てもらうことはできるのか。
3 あなたが高校生だった場合はどうなるのか。

① 手続の重要性

　「警察に捕まるのは悪いことをした奴だ」と思うかもしれない。しかし、ときどきニュースになるように、本当はやっていないのに、間違って逮捕や起訴をされることがある。また、「先輩に脅されてやむを得なかった」など、無実ではなくても、それなりの言い分があることもある。しかし、警察・検察と被疑者（起訴される前の人）・被告人（起訴されたあとの人）とでは、大きな力の差がある。自分の身を守ることのできる主張をきちんと行えるようにするため、憲法は、主に 31 条から 40 条にかけて、被疑者・被告人の権利を保障している。このうち、基本となる考え方が、「何人も、法律の定める手続によらなければ、その生命若しくは自由を奪はれ、又はその他の刑罰を科せられない」ことを定めた憲法 31 条だ。簡単に言うと、**適正手続**に基づいた取調べ・捜査・裁判などがなされなければ、たとえ罪を犯した人であっても、懲役や罰金などの刑罰を科すことができない。もう少し細かく見ていこう。

　まず、警察や検察が、逮捕・捜索・取調べなどをするときに守るべき手順を、法律で決めておく必要がある。ただ決めるだけではダメで、公正なものでなければならない。そのうち、最も重要な考え方が、不利益になる人にその内容を伝えておき、言い分を聞く機会を保障する**告知と聴聞**である。

　次に、何をすれば犯罪になるかと、その場合にどの程度の刑が科されるかもしれないかについては、あらかじめ法律に書いておく必要がある。これが**罪刑法定主義**だ。法律には、何が犯罪にあたるかを一般の人々が理解できるように書いておき、「刑」についても「罪」と比べてあまりに重いものであってはならない。

② 憲法が保障する重要な権利

　憲法は、被疑者・被告人のために、さまざまな権利を保障している。主なものを紹介する。

（１）警察に捕まってしまった場合

　憲法 33 条は、警察官が怪しい人を見つけても、裁判官に逮捕令状を出してもらわなければ逮捕できないという**令状主義**を定めている（憲法 33 条の「権限を有する司法官憲」とは、裁判官のことである）。

　警察官が怪しい人を見つけたら、その場の判断で逮捕できるようにしておいた方が治安を守るためには良さそうだが、裁判官に前もって判断を求めるのには理由がある。中立的な第三者である裁判官が、その人は逮捕してもよいぐらいに犯罪を行った疑いが高いかどうかを点検することで、警察のミスや恣意的な逮捕を防ごうとするのだ。

　ただし、令状がなくても逮捕できる場合が 2 つある。1 つは、憲法 33 条に「現行犯として逮捕される場合を除いて」とあるように、現行犯逮捕。誰が犯人かがはっきりしており、犯人が逃げたり犯罪の証拠を隠したりしないようにするために、その場で捕まえておく必要があるからだ。ただし、電車やバスのなかで起きる痴漢えん罪事件のように、現行犯でも間違える可能性があることは注意すべきである。

　もう 1 つは、緊急逮捕だ。最高で 3 年以上の懲役や禁錮刑になる可能性のある犯罪（窃盗・詐欺・殺人・傷害など）を行った疑いがとても強い人に対して、裁判官が逮捕状を出すのを待っていられないような場合に行われる。逮捕したらすぐに逮捕状を求め、裁判官が逮捕状を出さなければすぐに釈放することを条件に認めている（刑事訴訟法 210 条 1 項）。逮捕してすぐに令状が出される限り、令状に基づいた逮捕であると言えるとして、一般には合憲だと考えられている。しかし、逮捕状を見せて逮捕するという令状主義の原則に反しているため、違憲だという学説もある。

　ここで、警察官に逮捕されて、拘束されて起訴されるまでの大まかな流れを、**図表９−１**に示す。

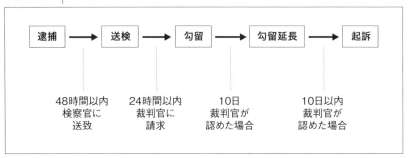

ここでは期間という数字に注目してみたい。逮捕から起訴までに、最大で23日間しか拘束できないという時間制限がある。とはいえ、大学生が23日間連続して大学を休むと、ハードな授業やゼミであれば、単位が取れなくなる可能性がある。また、たとえあとでやっていないことがわかっても、そのことはほとんど報道されないため、逮捕された事実ばかりがインターネット上に残り、（とくに性犯罪などでは）授業だけでなく、サークルや部活動などにも参加しづらい空気を感じるかもしれない。

しかも実際には、殺人などの重大な事件（本件）を行ったことが疑われている人に対して、証拠のそろった万引きなどの軽い別の事件（別件）で逮捕して、その間の取調べを使って本件の自白を得ようとして、23日を超えて拘束することが行われている（別件逮捕・別件勾留）。拘束期間が長くなればなるほど、精神的にも肉体的にも疲れ果て、無実であっても、もうどうにでもなれとウソの自白をしてしまいやすくなる。実際に、えん罪だったりその可能性が疑われていたりする事件では、別件逮捕・別件勾留が使われており、問題がある。

（2）自宅を捜索された場合

罪を犯した疑いがかけられているとはいえ、家のなかに警察という権力が強制的に立ち入って（捜索）、物を持って行くこと（差押え）は、プライバシーの点からも慎重に行うべきだ。そこで、憲法35条1項は、捜索する場所と差押さえる物を明示した令状を裁判官からもらわなければ、捜索・差押えをしては

ならないとした。

　この憲法 35 条との関係で大切な考え方が、違法収集証拠排除法則である。令状をもらっていないなど、違法な捜査をして集められた証拠は、たとえそれが本物であっても、証拠として使うことができないというものだ。人々が違法にプライバシーを侵害されないようにし、捜査官にも違法な捜査を思いとどまらせるためだ。たしかに、ルールに反したやり方で集めた証拠が裁判で使えるならば、捜査官は手柄を挙げるために、多少の強引な捜査をするかもしれない。1978 年 9 月 7 日の最高裁判所判決も、「証拠物の押収等の手続に……令状主義の精神を没却するような重大な違法があり、これを証拠として許容することが、将来における違法な捜査の抑制の見地からして相当でない」場合には、証拠を使うことができないとしている。

（3）弁護士についてもらう権利

　私たちはいつでも弁護士を依頼できる。警察はケースにあるように、ある日、突然、逮捕するだけではなく、任意で私たちから事情を聴くことも多々ある。犯罪の疑いをかけられた場合や、事件の参考人として事情聴取される場合にも、弁護士にいろいろと相談することが当然にできるのである。

　ところで、刑事裁判では、被告人をより重い刑で有罪にしようとする検察と、無罪やより軽い判決を得ようとする被告人が、一応は対等な当事者として、法廷で向き合うことになる。しかし、どう考えても、国家のうしろ盾のもとで犯罪を追及する法律家集団である検察と被告人とでは、力の差は明らかだ。

　そこで刑事手続を公正に進めるためにも、被疑者・被告人の味方となり、できる限り自分に有利になる解決方法を考えてくれる法律家を頼むことができる仕組みが必要である。これが**弁護人依頼権**（憲法 37 条 3 項と 34 条）であり、逮捕されたらすぐに、この権利があることを告げられなければならない（刑事訴訟法 203 条 1 項）。

　弁護人依頼権の柱となるのが、身柄を拘束された被疑者・被告人が、職員の立ち会いなしで弁護士と面会できる接見交通権である（刑事訴訟法 39 条 1 項）。家族・恋人・友人が面会に行っても、職員が同席するし、本人が罪を認めない

でいると、面会を断られることもある。しかし、弁護士だけは別だ。面会を断ることはできないし、職員の同席なしで被疑者・被告人と弁護士だけで会い、今後の方針を考えることができる。

　本当はやっていないのだが、取調官から罪を認めるよう連日促され続けたとしよう。取調官の「根気」に負け、無実の主張は裁判所でやればよいと思ってウソの自白をし、法廷でやっていないことを主張しても、取調べで話した内容の方が信用されることが多いのだ。接見交通権が保障されていれば、弁護士から取調べでの身の処し方などについて必要な助言をもらうことができる。そのため、逮捕されてからできるだけ早く、弁護士と面会できる仕組みを整えることが大切だ。

　その一方で、警察や検察は、「捜査のため必要があるとき」に、被疑者と弁護士が会う時間や場所を決めてよいことになっている（刑事訴訟法39条3項、被告人に対してはできない）。「捜査のため必要があるとき」を広く捉えると、仮に長時間の取調べが連続して行われていれば（それ自体が問題なのだが）、弁護士は被疑者といつまでも会えない。しかし、この権限は、接見交通権（刑事訴訟法39条1項）の例外として認められているにすぎない。捜査をきちんと行うことも重要だが、まずは接見交通権の保障に力点が置かれるべきだ。

　最高裁判所も、1999年3月24日の判決で、刑事訴訟法39条の趣旨からして、弁護士が求めてきたときは、原則としていつでも面会させる必要があるとした。また、2000年6月13日の判決では、逮捕されてからはじめての面会は、取調べを受けるにあたって注意すべき事柄などについて助言をもらえる最初の機会であるため、早く会わせることが「特に重要である」とした。

　しかし、弁護士を雇うにはお金がかかるため、余裕のない人は弁護士を頼みにくい。そこで、憲法37条3項は、そのような人に対して、国が無料で弁護士をつける仕組みを用意している（国選弁護人制度、実際に8割以上の被告人が国選弁護士に頼んでいる）。憲法37条3項は、被告人に対して、国選弁護人をつけられると書いてある。しかし、被疑者・被告人の権利を守るという弁護人依頼権の目的や、起訴後よりも起訴前の対応こそが肝心なことからすると（起訴されるとほぼ100%が有罪となる。起訴前であれば、示談の交渉などをして、不起

訴に持っていくこともできる）、逮捕されたらすぐにでも弁護士がついた方がよい。現在は、勾留されている被疑者にも国選弁護人がつけられるが（刑事訴訟法37条の2）、逮捕から勾留までは、最大で3日間の時差がある。将来的には、逮捕されたときから国選弁護人を頼めるようにすべきである。

なお、被疑者に法律的なサポートをするために、本人や家族からの求めに応じて、弁護士が面会に行く当番弁護士制度という仕組みも作られている。初回の面会は無料だ。

（4）言いたくないことは言わなくてよい自由

憲法38条は、えん罪を防ぐために、いくつかの仕組みを用意している。

1つ目は、「自己に不利益な供述を強要されない」（憲法38条1項）ことだ（**不利益供述強制の禁止**）。具体的には、取調べの前と法廷で裁判を始める前には、話したくないことは黙っていてよいという黙秘権があることを、被疑者・被告人に伝えなければならない（刑事訴訟法198条2項と291条5項）。黙秘権は、何だかおかしな権利のように感じるかもしれない。悪いことをした人は反省すべきだし、悪いことをしていないならば、黙っているよりも無実を進んで訴えた方がよさそうだからだ（ずっと黙っていられたら、取り調べる側はイライラがつのるばかりだろう）。

しかし、被疑者・被告人は、自ら進んで警察・検察に協力しなくてもよい。悪いことをしたら謝るべきなのは、日常生活での話だ。罪を認めて有罪になれば、前科がつく（前科がつくと、就職活動をするときに履歴書に書くことが求められたりするなど、長い間ついてまわる）。法の世界では、繰り返しになるが、いくら不道徳であるとしても、話したくないことは話さなくてよいのだ。

また、犯罪捜査が仕事である警察・検察と、素人の被疑者・被告人とでは大きな力の差がある。被疑者・被告人に黙秘権が保障されていれば、仮に、警察・検察が、事実や意に沿わない内容で供述するよう繰り返し求めてきても、それに従わないで済む可能性が高まる。

2つ目は、強制・拷問・脅迫によって得た自白は、被疑者・被告人が自分の意に反して行った可能性は否定できない。そのため、たとえその内容が本当だ

としても、裁判で証拠として使えないようにした（憲法38条2項、自白法則）。得られた自白が真実でなかったり、拷問などを受ける人が出たりする可能性を防ぐためだとか、捜査を行う者は正々堂々と適正な手続に基づいて自白を得るべきだというのが理由だ。

3つ目は、たとえ自白を自分の意思で行ったとしても、本人の自白以外に証拠がなければ有罪にできない（憲法38条3項、補強法則）。被疑者・被告人の思い込みに基づいた誤った判決を防ぐ他、より客観的な根拠に基づいて判決が下せるよう、捜査官に自白以外の証拠を集めさせるためだ。

ただし、いくらこれらの権利が保障されていても、取調べが密室で行われれば、そこで何が行われたかは、本人にしかわからない。壁の前に立たされたり、耳元で大声で怒鳴りつけられたり、机を強く叩かれたりするなどされても、被疑者がその事実を証明するのは難しい。すべては密室で行われているからだ。そのため、取調べの内容をすべて録画・録音することや、取調べに弁護士が立ち会えるようにすることが主張されている。現場の警察官にはとくに抵抗が強かったものの、密室での強引な取調べによってウソの自白をさせられる問題が知れ渡るようになった現在、裁判員裁判対象事件などごく一部の事件に限って、取調べの内容を原則としてすべて録画・録音することが刑事訴訟法に明記された（刑事訴訟法301条の2）。

（5）行政手続

1と2で述べてきた権利は、行政手続に対しても保障される。行政手続には色々なものがあるため、どれも刑事手続と同じ水準で保障されるわけではない。しかし、制限されるかもしれない権利の内容や程度が大きい場合については、刑事手続に準じて保障する必要がある。

たとえば、退学に相当することを行った高校生に退学してもらうことを考える場合、たとえはっきりした証拠があっても、本人の言い分をきちんと聞く事情聴取を行う必要がある（憲法31条の視点）。もしかしたら本人にも言い分があるかもしれないからだ。また、悪事を働いたことに対して心から反省させることが教育上は必要であるとはいえ、無理に白状させたり、「言わないと、警

察に突き出して鑑別所行きだ」などと脅したりしてはならない（憲法38条の視点）。本当はやっていない可能性もあるからだ。

　また、最近はあまり見られないとは思うが、校内に薬物やタバコの持ち込みがあったからと言って、生徒のカバンのなかを、有無を言わさず検査することは許されない（憲法35条の視点）。

③　裁判と刑の重さ

（１）私たちが裁判官になるのか

　2009年に始まった裁判員裁判では、6人の裁判員が、3人の裁判官と一緒に、法廷で被告人を裁いて判決を下す。裁判員は、有権者登録された人のなか（裁判員法13条）から、事件ごとにくじで選ばれる。

　裁判員裁判は、最高で死刑か無期懲役・禁錮刑になる可能性のある犯罪と、故意で人を死なせた罪で起訴されたすべての事件で行われるため（裁判員法2条1項）、殺人・強盗殺人・不同意性交等致傷など、重い犯罪が対象となる。裁判員は、裁判官と一緒に、有罪か無罪かの判断だけでなく刑の重さまでを決め、事件によっては悲惨な現場の証拠を見せられるため、精神的負担は重くなる。

　法律上は、裁判員をやりたくない人でも、選ばれたら拒否できない（裁判員法29条1項と112条）。そのため、このような人に裁判員になることを強いるのは、「意に反する苦役」（憲法18条）にあたったり、思想・良心の自由（憲法19条）に反したりするのではないか。また、そもそも裁判員は、裁判官ではないのだから、裁判員裁判は、裁判は裁判官が行うことを前提としているように読める憲法80条1項の「下級裁判所の裁判官は、最高裁判所の指名した者の名簿によつて、内閣でこれを任命する」という部分に反するなど、さまざまな違憲論が主張されてきた。しかし、2011年11月16日の最高裁判所判決は、**裁判員制度**は憲法に反しないと判断した。

　裁判員制度のねらいの1つに、刑の重さに市民の感覚を反映させることがある。現時点では、裁判官だけで行っていた判決と比べて、全体としては、刑の

重さに大きな変化は見られないが、犯罪のなかでも嫌われやすい性犯罪や重大な暴力犯罪では、重い刑が言い渡されるようになっている。しかし、**4**でも触れるが、悪質な犯罪を行った被告人に対して、ただ厳しい判決を下すことが正義にかなっていて、犯罪の防止にもつながると考えるのは、やや一方的だ。

　どのような判決を出すにしても、裁判は、被告人の基本的人権を尊重した上で行う必要がある（刑事訴訟法１条）。少なくとも、裁判員になる人は、「推定無罪の原則」（有罪判決が確定するまでは無罪であるとして扱われる）や、「疑わしきは被告人の利益に」（常識にてらして、ほんの少しでもクロではない可能性があれば有罪にはできない）といった刑事司法の基本を、皮膚感覚として身につけておいてほしい。

（２）刑の重さについて

　刑罰には、重い順に、死刑（首つり）、懲役（１か月から20年の間か無期限の間、刑務所で働く）、禁錮（１か月から20年の間か無期限の間、刑務所に入る）、罰金（１万円以上を支払う）、拘留（１日から29日の間、刑務所に入る）、科料（１万円未満を支払う）と、これらに加えて科すことができる没収（犯罪に使った凶器などを取りあげる）がある。なお2025年６月から、懲役と禁錮は刑務作業を刑法上必須としない形で拘禁刑に統一される予定である。

　問題は、**死刑**が、「拷問及び残虐な刑罰」を「絶対に」禁止する憲法36条に反するかどうかだ。最高裁判所は、1948年６月30日に、「『残虐な刑罰』とは、不必要な精神的、肉体的苦痛を内容とする人道上残酷と認められる刑罰」であるとした。また、1948年３月12日に、「火あぶり、はりつけ、さらし首、釜ゆで」など、「執行の方法等がその時代と環境とにおいて人道上の見地から一般に残虐」であれば「残虐な刑罰」にあたるが、首つりは憲法36条に反しないとしている。しかし、どのような方法を取るとしても、個人の存在を丸ごと否定すること以上に残虐な行為はない。もし、首つりが憲法36条に反しないのであれば、この条文は、事実上意味のないものになりはしないか。

　また、無期懲役・禁錮刑も、憲法36条との関係で問題となる。というのも、今の日本では、無期刑になると、少なくとも30年以上刑務所に入っていない

と仮釈放されないことが大半であるし、そもそも仮釈放されるかもわからないからだ。4で見るように、自由がほとんどない刑務所に半永久的に閉じ込めておくことも、「残虐な刑罰」にあたる可能性がある。

④ 刑務所に入ることになったら

　判決で懲役や禁錮刑を言い渡され、執行猶予がつかなければ、刑務所に入ることになる。刑務所という言葉は知っていても、なかで何が行われているかを知らない人は多いだろう。

　受刑者は、刑期が終わるか仮釈放が認められれば、社会に戻る。そのときに、犯罪を繰り返さないでもらうことが、社会、被害者、本人のすべてにとって望ましい。そこで、刑の執行においては、受刑者が少なくとも再犯をしないで生活できるように働きかけることを、重要な目標としている（刑事収容施設法30条、国際人権B規約10条3項）。これが、**社会復帰**処遇だ。具体的には、刑務所では、社会で生活していくのに必要な知識や生活態度を身につけてもらうことなどを目的とした改善指導、作業（懲役刑が対象だが、多くの禁錮刑受刑者も希望して働いている）や、職業訓練（フォークリフト運転、情報処理、ビル設備管理、溶接、販売サービス、ホームヘルパーなど）などを行っている。

　刑務所は、受刑者の社会復帰を助けるための施設だとする考え方に対しては、犯罪者を甘やかしているように感じる人も多いかもしれない。しかし、刑務所の敷地のなかから出られなくしておくだけでも、十分重い制裁だ。刑法でも、「懲役は、刑事施設に拘置して所定の作業を行わせる」（12条2項）としか書いていない。つまり、閉じ込めて働かせる以上に、厳しくする必要はないのだ。また、受刑者が再犯しなければ犯罪も減る。それは、社会や被害者にとっても好ましい。だから、効果的な社会復帰処遇を充実させることが必要なのだ。

　ただし、日本の刑務所には問題がある。本当に社会復帰させるためには、自律して行動できるようにすること、今の社会で需要のある職業に就く支援、できるだけトラブルを避けられるような対人スキルの習得など、実際に社会で生活していけるための具体的な手助けこそが、本来、重要だ。しかし、刑務所では、

部屋で壁にもたれかかってはならない、決められた時間以外はどんなに暑くても汗を拭いてはならない、作業をするときは目線を動かしてはならないなどの細かい決まりを作って（どこまで厳しいかは、刑務所によって違う）、受刑者の行動を管理し（違反が見つかると、部屋に閉じ込められるなどの懲罰を科され、仮釈放も延びてしまう）、少ない刑務官で多くの受刑者を統制する仕組みが作られている。

　たしかに、狭い刑務所のなかでは、秩序を保つこともある程度は必要だ。しかし現実の社会では、仕事をするにしても、仕事はせずに社会生活を送るにしても、自分で物事を考えて自主的に行動することが求められる。これでは、長く刑務所にいればいるほどロボットのようになってしまい、社会生活を送るのが難しくなってしまう。

⑤　20歳未満だった場合はどうなるのか

　犯罪を行った疑いのある人が20歳未満だった場合は、大人とは違う扱いを受ける。多くの犯罪被害者からすれば、受けた被害が同じであれば、加害者の年齢は関係ないだろう。だが、少年の側から見ると、少なくとも一般論としては、本人の育った環境で受けた影響が大人よりも大きいし、大人よりも立ち直れる可能性は高い。社会としても、大人のように刑罰を科すよりも、本人を教育し、できる限り着実に立ち直らせて犯罪をしない人になってもらった方がよい。

　そこで、少年に対しては、大人のように刑罰を科すのではなく、保護して教育することで立ち直らせようとした。この仕組みが少年法だ。少年法は、「少年の健全な育成を期し、非行のある少年に対して性格の矯正及び環境の調整に関する保護処分を行う」ためにある（1条）。

　少年が事件を起こすと、大人とは違って、ひとまずは家庭裁判所に送られる。家庭裁判所では、少年を審判すべきかどうかを判断するため、事件について調査を行う（調査前置主義、少年法8条）。この調査で重要な役割を果たしているのが、家庭裁判所調査官だ。家庭裁判所調査官は、よりよい少年の更生のあり

方を探るため、医学・心理学・教育学・社会学などの知識も踏まえ、少年の行いや素質、少年を取り巻く環境などを調査する（少年法8条と9条）。家庭裁判所が必要だと判断した場合は、少年を、通常は4週間（最長で8週間）、少年鑑別所に入れることができる（観護措置、少年法17条）。調査の結果などを踏まえ、家庭裁判所が必要と認めると、審判が開始される（少年法21条）。もっとも、審判不開始（必要に応じて指導・助言などをした上で、審判を行わずに事件を終了させる）になることが多い。

審判は、家庭裁判所で、非公開の小さな部屋で、和やかに、しかし「内省を促す」形で行われる（少年法22条）。その結果として、保護処分、不処分（保護処分をする必要がないか、非行事実がないなどの場合）、検察官行き（重大犯罪と、罰金で済みそうな交通犯罪）などの決定が下される。

保護処分は、原則として犯罪の重さを基準として判断される刑罰とは違って、要保護性（劣悪な環境で暮らしていて罪を犯す傾向が強いため、何らかの保護が必要な状態にあること）の程度で判断されるため、犯した行為の程度が軽くても少年院に入ることもある。保護処分には、保護観察（社会で生活させながら、保護観察官や保護司が指導する）、児童自立支援施設行き（少年院よりも開放的な施設で、福祉的に少年の「育て直し」を行い、自立を支援する）、少年院行きの3つがある。とくに少年院は、刑罰として入るわけではないのだが、規則が厳しく勝手に出て行くことはできない点では刑務所と同じだ。そのため、少年院行きは、非行事実が悪質であり、かつ少年のいる環境からどうしても引き離した方がよい場合に限る必要がある。

| 図表9-2 | 少年が家庭裁判所に送られてからの大まかな流れ |

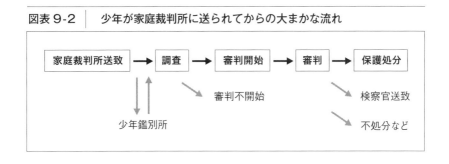

もっとも、**健全育成**と言うと聞こえはよいが、問題はある。たしかに、自分の犯した罪と向き合って更生させるためには、本人の内面から変えていく必要がある。たとえば、少年院では、日々の日記指導での法務教官とのやり取りなどをはじめとして、内面のあり方に働きかける指導を行っている。しかし、下手をすると、少年に対する働きかけが、本人の思想・良心の自由（→**第4章**）を侵す危険もあることは注意する必要がある。

　2000年から、少年を厳しく罰する方向で、少年法が改正されている。たとえば、2000年には、故意に人を死なせた疑いのある16歳以上の少年については、原則として、大人と同じように刑事裁判を受けることになった（少年法20条2項）。2007年には、14歳未満でも、少年院に入れることができるようにした（少年院法4条1項）。厳しく罰することは、少年を社会から排除する度合いを強める点で、社会で生活していくことをさらに難しくし、再犯の可能性を高めてしまう危険も持ちあわせている。少年事件は、刑事事件とは違って少年を保護するために行うことから、大人と比べて適正手続の保障が不十分であるなどの問題はあるが、少年を保護し教育するという少年法の理念は、極めて大切なのである。

ケースのクエスチョンに対する解答作成のヒント

　1については、現行犯とは言えず、裁判官が逮捕状を出している。今後、検察官が勾留請求をして、裁判官がそれを認めた場合、あなたは修学旅行には行けないかもしれない。逮捕や勾留などの身柄の拘束はやはり慎重に行う必要がある。

　2については、警察署や拘置所では、実務上は、電話やメールなどの使用を認めていない。手紙を書くことはできるが、迅速な連絡を取るには、同僚・家族・友人に直接来てもらう必要がある。ただ、その場合は、職員の立会いがつくし、とくに本人が罪を認めないと、会わせてくれないときもある。ただし、弁護士は別だ。家族と会わせてもらえない場合は、弁護士が、外の社会との唯一の窓口になる。

　3については、少年の場合は、保護・教育という大人とは違った要請があるため、逮捕されたあとの流れが変わってくる。

おすすめの本・ウェブサイト

①杉原泰雄『基本的人権と刑事手続』(学陽書房、1980 年)

　　やや古く、少し難しいかもしれないが、人身の自由について憲法学者が書いた有名な 1 冊だ。一度は目を通してみたい。

②飯島滋明編『憲法から考える実名犯罪報道』(現代人文社、2013 年)

　　憲法学者や記者などが、メディアの犯罪報道の問題点を論じている。実際に痴漢えん罪で逮捕された人も書いており、実感がわく。刑事手続のあり方を考える上で重要だ。

参考文献

①渡辺咲子『刑事訴訟法講義［第 7 版］』(不磨書房、2014 年)

②河合正雄「受刑者の社会復帰」宿谷晃弘・宇田川光弘・河合正雄編『ケアと人権』(成文堂、2013 年)

③丸山雅夫『少年法講義［第 4 版］』(成文堂、2022 年)

政治の主役は誰なのか
—— 国民主権と参政権

　国民**主権**と、それを具体化するものである参政権。**主権**を国民は持っている
として、それはどのような選挙制度によって具体化されるのだろうか。国民が
政治の主役となるためにはどんな条件が必要なのだろうか。それらを第10章
では考える。

ケース

　あなたは公立高校の生徒会の顧問。生徒会長を決める選挙を間近に控えている。あ
る日、生徒会長選挙の選挙管理委員長になった智美から、次のような相談を受けた。
　近年、生徒会長選挙の投票率が低下し続けていて、それを心配した副委員長の史子
が、理由なく投票しなかった生徒に対してペナルティを課すこと、具体的には授業の
欠席と同じ扱いにすることを検討したらどうかと提案してきた。それに対して、別の
選挙管理委員の洋太は、選挙権はあくまで権利であって義務ではないのだから、ペナ
ルティを課すことによって強制するのはおかしいと反論した。また史子は、ペナルティ
を課せないのなら少なくとも、選挙が成立する最低投票率を決め、それを下回った
ら再選挙をすべきと主張。洋太は棄権も1つの意思表示なのだから、いくら投票率が
低かったからといっても、選挙結果を覆して再選挙を行うなんて許されない、と反対
した。
　結局、議論はまとまらずに、次回の生徒会の会議に持ち越されることになった。委
員長の智美は、2人から詰め寄られて困っているとのことだ。
　あなたは、智美にどのようなアドバイスをすればよいだろうか。

クエスチョン

1　選挙に参加することは権利なのか、義務なのか。選挙の棄権に対して罰則を設け
　　ることは許されるのか。
2　選挙を行う際に、最低投票率を決めることは許されるのか。

① 国民主権とは

（1）国民が主権を持つことの意味

　日本国憲法は、国民主権の原理を採用している。高校の例で考えると、高校で生徒が**主権**を持つとなった場合、高校のありとあらゆることに関して最終的な決定権限を生徒が持つことを意味する、と説明できるだろう。授業時間から授業内容、クラスの編成など、あらゆることを決めることができる。主権を持つ生徒の意思確認も、生徒総会で生徒全員が集まったときにすれば大丈夫（実際の学校は、教育関連法規などで細かく決められているので、好きなようにはできない）。国民主権は、この話を国レベルに移したものとなる。

　つまり国民が主権を持つとは、国民が国の意思決定の主体になれる、ということである。しかし、高校の例とは異なって、国レベルで考えると、すべての人が対等に政治的な決定をする能力を持っているわけではない。また、国としての決定を行うにあたって考えるべきことは、とても複雑であり、全員で議論を尽くして結論を出そうとしたら、何も決めることができない状況になりかねない。

　そうしたなかで、国民が主権を持っているというのは、どういう意味なのか。

（2）主権を持っている国民とは

　まず、国民というものをどう理解すべきかが問題になる。フランス革命（1789年）の結果として君主制を廃止し、国民主権の国として再出発したフランスの議論を参考に、日本の憲法学でも**ナシオン主権**と**プープル主権**という、国民主権の2つのモデルが区別されている。

　1つの国のなかには、生まれたばかりで何も考えられない赤ちゃんなど、自分で政治的な意思決定を行うことのできない人たちも数多くいる。そして、たとえば、国として自分で払えない借金を重ねたり、将来の国民にとって不便なゴミの山を残したりといった、今は生まれていない将来の国民に負担をかけるような決定をするときもある。このように考えると、国の決定によって同じ運

命を共有することになる国民は、今、政治的な意思決定に携わることのできる有権者よりも広い範囲の集団であることがわかる。ナシオン主権という考え方では、具体的な意思決定能力を持たない人々を含んだ抽象的な団体としての「国民＝ナシオン」を想定し、主権が存在するのも、その国民＝ナシオンであるとする。このナシオンは意思を持つことがなく、意思決定を行うこともない。誰かがナシオンの代わりに、ナシオンの代表者として、意思決定を行う形にならざるを得ない。それに対し、プープル主権という考え方では、抽象的な国民＝ナシオンの総体ではなく、具体的に意思決定能力を持つ現在の1人ひとりの大人の集合体に着目する。主権の担い手は、全体としてナシオンではなく、対等な有権者間の多数決によって1つの意思を自らの意思として表明できる、国民＝プープルという具体的な集団である。

（3）国民投票の位置づけ

　ナシオン主権とプープル主権の違いは、いろいろなところにあらわれる。**プープル主権**を踏まえれば、1人ひとりが自分たちの意思決定を行うことで国政を進めるのが理想なので、できる限り直接民主制を実現することが理想となる。代表者に決定を委ねるのは、本来はあってはならない例外的なことである。国民自身が国政における最終決定の権力を持つ、と説明される場合の国民主権は、プープル主権を踏まえたものである。

　それに対して、**ナシオン主権**を踏まえれば、国民＝ナシオンは抽象的な存在であって、意思決定能力を持たない。代表者を決めて、代表者が国民＝ナシオンに代わって意思決定を行う。代表者たちが論点を出し合って議論を重ね、質の高い決定を可能にしようとするのが、代表民主制・間接民主制と呼ばれる民主制のあり方である。

　両説の違いが最も典型的にあらわれるのは、国民投票の位置づけである。現在の憲法では、国民が直接投票することによって賛否を決めることが認められているものは、最高裁判所裁判官が相応しい人物がどうかを問う国民審査と、憲法改正を認めるかどうかの承認に限られている。ナシオン主権の議論から考えると、有権者集団という代表機関を作って判断を委ねる国民投票は、民主主

義の補完的な要素でしかない。それに対し、プープル主権の議論では、まさに国民投票こそが民主主義の中心となる手法になる。

　憲法前文は、国政を「信託」に基づくものだとし、権力を行使するのは国民自身ではなく、国民の「代表者」だと定めている。この部分だけ見れば、ナシオン主権の考え方が採用されていることがわかる。そのことの独自の意味があるのだとする考え方と、プープル主権に基づく方向性を強めて直接民主制を目指すべきだとする考え方が、対立している。

② 選挙で選ばれる人と選挙の重要な原則

（1）全国民の代表

　日本では、国民自身が、自分たちの代表者を選挙で選び、その代表者は国会議員として国の政治の方向性を決める。憲法 43 条には、国会は「全国民を代表する選挙された議員」から構成されると書かれている。議員が全国民の代表とされた意味は、自分を選んだ人々の考えや利益に縛られず、全国民のためになるように行動するという意味である。つまり、ある選挙区から選ばれたからといって、その選挙区の人々の意向や指示にとらわれる必要はない。もし、自分を選んだ人たちの考えに縛られるならば、国会で、別の人たちから選ばれた他の議員との議論や討論を通じて、よりよい政策を作っていくことが難しくなってしまうからである。

　これも高校の例で考えてみよう。学級委員会は学級委員で構成されている。その学級委員は、それぞれのクラスの代表として選ばれている。しかし、学級委員がそれぞれのクラスの利益のみを考え、主張していたらどうなるだろうか。それぞれの主張のぶつかり合いで、よりよい学校運営を目指す議論ができなくなるかもしれない。そのため、議論の場では、それぞれのクラスのことだけを考えるのではなく、全体としての利益や調和も考えて話し合いを進めていかなくてはならない。議論を有益なものにするためには、クラスの代表としてではなく、全校生徒の代表として振る舞うことが求められる。

（2）選挙の仕組みに関する重要な原則

　近代選挙には5つの原則があるとされる。日本でも憲法の要請に基づいた自由で公正な選挙を行うために、公職選挙法はこの5つの原則に従っている。ここでも生徒会長選挙の例を交えながら、それぞれ確認してみよう。

　1つ目の原則は、普通選挙である。その学校の生徒なら誰でも、生徒会長選挙に投票ができ立候補もできるなら、その選挙は普通選挙と言える。それに対し、男子生徒だけにしか投票や立候補が認められなかったり、一定以上の成績でないと投票や立候補ができなかったりするなら、その選挙は制限選挙と呼ばれる。普通選挙とは、学問的に狭い意味では、財力を**選挙権**の条件としない制度であり、広い意味では、財力だけでなく教育水準や性別などを選挙権の条件にしない制度を指す。日本では、狭い意味での普通選挙は、1925年に25歳以上の男子に選挙権が認められ、広い意味での普通選挙は、1945年に20歳以上の国民すべてに選挙権が認められた。さらに、2015年には、18歳以上に選挙権が引き下げられている。

　2つ目の原則は、平等選挙である。投票の価値が等しいことを要求する選挙制度のことである。たとえ、財力や性別などに関係なく選挙権を行使できる選挙制度ができても、何らかの理由でそれぞれの人が持つ一票の重みが違うのであれば、平等の問題が生じる。とくに、国レベルでの選挙のように、たくさんの選挙区がある場合に問題は発生しやすい。ある選挙区で議員として選ばれるのに必要な得票数と別の選挙区での必要な得票数に差があった場合、平等な選挙と言えるのか。このことは、**4**で述べるように、一票の較差問題や議員定数の不均衡問題と言われ、平等選挙の理念をないがしろにしているのではないかと言われている。

　3つ目の原則は、自由選挙である。投票するかしないかを誰かに強制されることなく自分で決めることができ、棄権しても罰金や公民権停止、氏名公表などのペナルティを受けないことを言う。また、選挙運動を自由に行うことができるようにすることも、自由選挙のなかに含まれる。

　4つ目の原則は、秘密選挙である。誰がどの候補者や政党に投票したかを秘

密にすることを言う。学校の人気者や実力者に投票していないことがバレて、嫌がらせを受けることのないように定められている。投票内容を秘密にすることにより、社会的に弱い地位にいる人が社会的強者からの圧力を受けることなく、自由に投票できる状況を確保することを目的とする。投票の秘密を確保するために、公職選挙法は無記名投票主義を採用している。

　5つ目の原則は、直接選挙である。自分たちが自らの投票で生徒会長などの代表者を選ぶ選挙制度のことである。有権者が代表である議員や首長などを直接選ぶ制度で、地方公共団体の地方議会議員と首長の選出方法は、まさにこの例と言える（→**第13章**）。これに対し、有権者は選挙委員を選んで、そして選ばれた選挙委員が候補者に投票する制度を間接選挙と呼び、たとえば、アメリカ大統領選挙などで行われている。

③ 参政権とは

（1）参政権の意義

　国民は主権者として、国の政治を最終的に決定する権利を有する。しかし、ここまでで見てきたとおり、直接その権利を行使するのは難しいため、代表者を通じて権利を行使するのが中心となる。そこで重要なのが参政権である。日本は間接民主制を採用しているので、主として議会の議員の選挙権、被選挙権を通じて実現される。参政権は、①国会議員の選挙権・被選挙権、②地方公共団体の長及び地方議会の議員の選挙権・被選挙権、③憲法改正の国民投票（96条）、④地方特別法の住民投票（95条）、として具体化されている。

（2）選挙権の性格

　選挙権の法的性格については、権利一元説と公務・権利二元説という2つの理解が対立している。権利一元説は、選挙権は権利なのだから行使するのもしないのも自由に個人が決められるとする考え方である。それに対して、公務・権利二元説は、選挙権が権利としての性格だけではなく公務、つまり国民とし

ての仕事・義務といった性格もあるとする考え方である。

　この2つの考え方の違いは、受刑者や選挙に関係する罪を犯した人などの選挙権を制限するときにあらわれてくる。権利一元説は、権利としての選挙権が誰にでもあると考えるから、受刑者の選挙権を制限することを否定的に捉えるが、これに対して公務・権利二元説は、誰に選挙資格を与えるかについては立法者に委ねられるとする。ただ、いずれにせよ、自分たちの代表者を選挙を通じて選ぶという行為が何らかの形で制限される場合、その制限は、国政を担う代表者を選ぶという目的から考えて正当なものかどうかを考えることが重要となる。

　なお、ケースの例のようにペナルティを課すべきかどうかという話は、選挙権の権利としての側面を十分に踏まえていないものと言えよう。権利一元説も公務・権利二元説も、選挙権が権利であるということを認めていること自体に差はない。

（3）選挙制度の種類

　選挙の仕組みの重要な原則や選挙権の法的性格を確認してきたが、選挙制度にはどのようなものがあるのか見てみよう。選挙制度の種類は、主に次の3つが挙げられる。

　1つ目は、小選挙区制度であり、これは1つの選挙区から1人の代表者を選ぶものである。この制度の利点は、1つの選挙区から1人しか代表者が選ばれないので、おのずと強い政党が議席の大半を占める傾向があり、政権が安定すると言われている。その反面、当選者が選挙区のなかで1人しかいないので、その当選者に投票した以外の人は議席に反映されることのない死票を投じることになる。たとえば、5人の候補者がいて、最多得票の人が30％の票を集めたとしても、残りの4人に投じられた70％の票は議席に反映されることはない。この死票の多さが問題とされる。

　2つ目は、大選挙区制度であり、1つの選挙区から複数名の代表者を選ぶものである。この制度の利点は、1つの選挙区から複数名の当選者が出るので、小選挙区に比べて死票が少ないことである。たとえば、上位3人が当選する選

挙区で 5 人の候補が立候補した場合、 1 位が 30％、 2 位が 25％、 3 位が 20％
の票を得たとしよう。この場合、議席に反映されない死票は 25％となる。そ
の反面、多様な政党が議会に議席を持つ可能性が高くなり、安定した政権与党
があらわれにくいところが難点とされる。

　3 つ目は、比例代表選挙で、政党の得票数に応じて議席の配分を決めるもの
である。この制度の利点は、議席が配分される最低得票数さえ超えれば死票に
なることはないので、政党中心ではあるものの、正確に民意が議席に反映され
る。その反面、大選挙区制度と比較してもさらに多くの政党が議席を持つ可能
性が高くなり、小党乱立によって政局の不安定化が懸念されることとなる。

　では、日本の選挙制度はどのようになっているのだろうか。

（4）衆議院議員選挙と参議院議員選挙

　衆議院議員選挙では、小選挙区選挙と比例代表選挙を組み合わせた小選挙区
比例代表並立制という制度を採用している。議員定数は 465 人で、小選挙区選
挙から 289 人、比例代表選挙から 176 人が選出される。任期は 4 年だが、途中
で解散されて選挙が行われることも多い。比例代表選挙では、全国を 11 のブ
ロックに分け、最小の四国ブロックからは 6 人、最多の近畿ブロックからは
28 人が選ばれる。有権者は 1 回の選挙で、小選挙区選挙に 1 票、比例代表選
挙に 1 票の計 2 票を投票することになる。

　参議院議員選挙では、衆議院議員選挙と違い、（実際上 1 人の選挙区もあるが）
大選挙区選挙と比例代表選挙を組み合わせた制度で行われる。任期は 6 年で、
3 年ごとに半分の議員が選挙で選ばれる。議員定数は 248 人で、選挙区選挙か
ら 148 人、比例代表選挙から 100 人が選出される。以前の選挙区選挙の区割り
は、都道府県ごとだったが、一票の較差是正のために 2016 年の選挙から鳥取
選挙区と島根選挙区、徳島選挙区と高知選挙区が合同選挙区とされた。有権者
は参議院議員選挙でも衆議院議員選挙と同様に、選挙区選挙に 1 票、比例代表
選挙に 1 票の計 2 票を投票することになる。

　　日本の選挙制度

	衆議院	参議院
選挙権	満18歳以上の日本国民	満18歳以上の日本国民
被選挙権	満25歳以上の日本国民	満30歳以上の日本国民
議員定数	465人	248人
選挙方法（選挙区）	小選挙区：全国289の小選挙区から289人選出	選挙区：都道府県から148人選出
選挙方法（比例区）	全国11ブロックから176人選出	全国から100人選出
任期	4年（解散あり）	6年（解散なし）（3年ごとの半数改選）

④ わたしの1票は、あなたの1票の5分の1の価値なのか

（1）一票の較差の問題とは

　日本の選挙制度は平等原則を踏まえたものとなっているが、選挙ごとに一票の較差という問題が生じることがあり、ニュースでもよく取り上げられている。この問題は、選挙区あたりの議員の定数の割り振りが偏ることから生じる。そのため、議員定数不均衡の問題とも呼ばれる。たとえば、衆議院の小選挙区選挙で、A選挙区では当選するのに5万票が必要なのに対し、B選挙区では当選するのに1万票しか必要なかったとする。この場合、A選挙区はB選挙区に比べて、5倍もの票を集めなければ議員になれない。有権者の側からすると、A選挙区のなかに住んでいるとB選挙区のなかに比べて、5分の1しか1票の価値がない。これでも1人1票の平等選挙と言えるのか、ということが問題なのである。

　有力な学説では、1票の較差が2対1以上となった場合は、2人の有権者の意思よりも1人の有権者の意思が優先されてしまう、つまり1人の票が2票以上の価値を持ってしまうので、1人1票という平等選挙にならないため違憲で

あるとする。それに対し、最高裁判所は、1票の価値が平等であることを憲法が求めていることは認めるが、あくまで選挙区決定の際に、国会が考慮に入れるべき一要素にすぎず、行政区画、交通事情、地理的状況などといった人口比例以外の要素を考慮に入れてもよいとしていた。そのため、1票の価値が1対1でなかったとしても許容されていた。

（2）最高裁判所が違憲と判断するまで

　投票価値の較差が憲法が考えている平等な状態から離れているのであれば、違憲・無効と判断できそうであるが、最高裁判所は、すぐには違憲と判断せず、さらにこれまでの裁判では無効と判断することを避けてきている。最高裁判所が許容する基準を超えた一票の較差問題が生じた場合、まず違憲状態にあると判断される。そして、この違憲状態にある期間が、合理的な期間内かどうかが問題となる。人の移動に伴い人口は常に流動的であるし、較差解消のためには一定程度の時間が必要であるから、一定の時間的猶予を国会に認め、その期間内において是正がなされたかどうかがチェックされるのである。違憲状態といえども合理的な期間内であれば、最高裁判所は違憲と判断することを控える。他方、合理的な期間をすぎていることが確認された場合、問題とされる一票の較差は違憲と判断される。

　つまり、議員定数の不均衡が憲法違反とされるのは、投票価値の平等を損なう程度まで達しており、かつその状態が放置されたまま一定の期間がすぎた場合である。

　それでは、投票価値の不平等はどこまで許容されると、最高裁判所は考えていたのか。それが示されたのが、1976年4月14日の最高裁判所大法廷判決で、最大で1対4.99の差がついた衆議院議員選挙を違憲とした。そのあと、衆議院については1対3.18を違憲状態であるとしながら、1対2.82を違憲ではないとしたことから、1対3以上を基準にしているのでないかと考えられた。ただ、小選挙区制で実施された選挙では、較差が1対3を超えない場合にも違憲状態であると判断することもあり、今後の最高裁判所の動向に注意が必要である。

一方、参議院議員選挙では、1対6.59を違憲状態であるとしながら、1対5.85を違憲としなかったので、1対6以上を基準にしているのではと考えられていた。しかし、近年の最高裁判所は、特定の数値にこだわらずに、従来では違憲でないとしていた数値の範囲内であっても違憲状態であるという厳しい判断を下すようになった。

図表 10-2　衆議院議員選挙における1票の最大較差
（最高裁判所大法廷判決のみ抜粋）

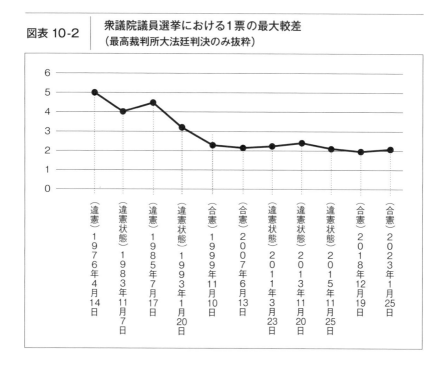

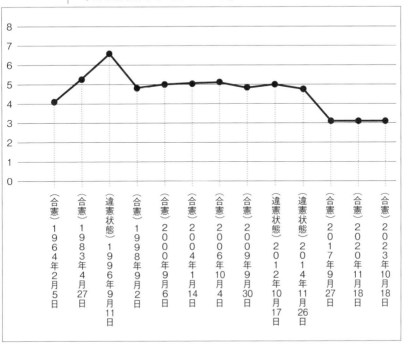

参議院議員選挙における1票の最大較差
（最高裁判所大法廷判決のみ抜粋）

（合憲）1964年2月5日
（合憲）1983年4月27日
（違憲状態）1996年9月11日
（合憲）1998年9月2日
（合憲）2000年9月6日
（合憲）2004年1月14日
（合憲）2006年10月4日
（合憲）2009年9月30日
（違憲状態）2012年10月17日
（違憲状態）2014年11月26日
（合憲）2017年9月27日
（合憲）2020年11月18日
（合憲）2023年10月18日

（3）大変なことになるから、憲法違反を見逃すのか

　最高裁判所は、一票の較差を違憲と判断することはあるものの、これまで一度も無効判決を出したことがない。もし、議員定数不均衡を理由に、選挙を違憲無効とした場合、何が起こるであろうか。たとえば、選挙の違憲無効が確定するまでの間に国会が作った法律はどうなるか。憲法に違反する国家行為は無効になるのが原則だから、その国会がそれまでに成立させた法律はすべて無効になるはずである。このようなことになったら、国政はもとより国民生活にも大混乱が起こるだろう。このような事態を避けるために最高裁判所が採用したのが、違憲ではあるが無効ではないということをあらわす事情判決の法理であ

った。

　事情判決とは、行政の処分が違法であったとしても、実際に処分を取り消すと公共の利益に著しい障害が発生する場合に、判決の主文では処分が違法であることを宣言するが、結論として請求を棄却する判決である。つまり、国の行った事は間違っていたけど取り消すと影響が大きいから、訴えた側を敗訴にする奥の手のようなやり方である。実は公職選挙法は、事情判決を出すことを明文で禁止しているが、最高裁判所は「高次の法的観点から」、行政事件訴訟法31条に含まれる「法の基本原則」を適用することで、定数配分規定が違憲であるが「無効」ではないとした。

　それもあってか、そのあとも議員定数の不均衡の問題は解決されることなく、選挙の度に無効確認訴訟が起こされるようになった。そのため近年、全国の地方裁判所などでは、選挙区割すべてに対してではなく当該選挙区だけではあるが、違憲無効判決を出す裁判所もあらわれている。

⑤ 不正が生じにくい選挙のやり方とは

（１）共通のルール

　代表者を選んで国政を運営するという間接民主制を採用している国では、選挙は、国民の意見を国政に反映させる重要なイベントである。日本では選挙を公正で適正に行うため、さまざまな**選挙運動の制限**が設けられている。その中心となる公職選挙法では、選挙運動の期間、主体、方法、資金に関して、厳しい規制が設けられている。期間については、選挙の事前運動の禁止とともに、立候補の届出をしてから投票日の前日までに限定される。選挙運動が可能な期間であっても、18歳未満の者や特定の公務員などは選挙運動を行ってはならず、また公務員や教育者が地位を利用して行う選挙運動も禁止されている。一軒一軒の家を直接候補者や運動員が訪問して投票を依頼する戸別訪問も禁止されているし、配布できるビラや掲示できるポスターについても細かく規定されている。資金に関しても、選挙区ごとに上限となる選挙運動費用が決められて

おり、自分のお金であったとしてもそれを越えて自由に使うことはできない。

　最高裁判所は 1981 年 6 月 15 日の判決で、公職選挙法による戸別訪問の一律禁止は、意見表明そのものの制約を目的とするものでなく、戸別訪問が買収や利益誘導の温床となるといった弊害の防止を目的とするものであり、禁止によって失われる利益は、手段の禁止に伴う限度の間接的・**付随的規制**にすぎない一方で、得られる利益である選挙の公正ははるかに大きいとして合憲とした。

（2）選挙運動をしてはいけない人とは

　公務員の場合、国民の代表が決めた法律ではなく、それよりも下位の人事院規則という人事院が作ったルールによって、政治活動の自由が大幅に制限されている。制限の根拠として、政党が中心となっている現代政治のもとでは、特定の政党支持をしないことによってのみ政治的中立性が確保され、それによってはじめて公務員関係の自律性が確保されることが挙げられていた。この制限は、公務員の政治活動を役職や仕事内容、勤務時間の内外などを考慮せずに一律に禁止し、違反には刑事罰が科されるという厳しいものであった。北海道の郵便局員（当時は公務員、現在の日本郵便株式会社社員）が、衆議院議員選挙のポスターを公設掲示板に貼ったことなどが、国家公務員法に違反するとして起訴された猿払事件において、最高裁判所は、公務員の全体の奉仕者性（特定の一部の人のために奉仕するのではなく、国民全員に対して奉仕しなくてはいけないということ）と行政の中立的運営を強調し、公務員の政治的行為の一律禁止を合憲とした。

　しかし、最高裁判所は、近年、社会保険庁職員が政党の機関紙を配布して起訴された堀越事件判決にて、表現の自由の重要性を指摘しつつ禁止される政治的行為は、公務員の職務遂行の政治的中立性が損なわれるおそれが実質的に認められるものに限られるとした。そして、その場合に該当するかは、公務員の地位や職務内容、行為の性質、態様、目的などの諸般の事情を総合的に考慮する必要があるとして、この事件では無罪判決を出した。この判決は、はっきりとは猿払判決を変更してはいないが、適用される範囲を大幅に縮小したと言われている。

　1については、選挙権の性質を権利一元説で考えるか、公務・権利二元説で考えるかにかかってくる。史子の考えは二元説に近いし、洋太の考えは一元説そのものである。ここでの立場の違いがそのまま棄権に対する罰則の可否につながる。**3（2）**の議論や選挙の目的を考えた上で、自分の立場を考えよう。

　2については、国民主権や選挙権の性質の捉え方次第である。国会議員を選ぶ選挙には、法定得票数という最低限獲得していないといけない票数がある。これと同様に考えて、あまりに低い投票率では生徒の意思を反映していないから無効と捉えるのが1つの考え方である。それに対し、棄権も意思表示だから低投票率でも有効と捉えるのがもう1つの考え方である。双方の議論のどちらに説得力があると思うか、比べてみよう。

おすすめの本・ウェブサイト

①一人一票実現国民会議

（http://www.ippyo.org/）

　議員定数の不均衡問題で活発に広報活動を続けているNPO法人のウェブサイト。あなたの住んでいる地区が最も投票価値の高い選挙区と比べて、何票分になるのかなど、選挙に関わるさまざまな情報を知ることができる。

②木村草太『憲法の創造力』（NHK出版、2013年）

　若手の憲法学者の手による具体的事件から考える入門書。本書では、「全国民の代表」概念から、一人一票実現国民会議とは異なった見解を示しているので、両者を比べつつ、自分でも考えてみよう。

参考文献

①辻村みよ子『「権利」としての選挙権』（勁草書房、1989年）

②野中俊彦『選挙法の研究』（信山社、2001年）

「全世界の国民」が平和に生きるために
—— 平和主義

「平和」。この言葉自体に反対する人はほとんどいないだろう。「20世紀は戦争の世紀」と言われ、2つの世界大戦をはじめ、多くの戦争や地域紛争が起こったが、戦争や地域紛争の悲惨な状況が認識されればされるほど、「平和」の重要性が認識される。では、「平和」実現のために求められていることは何だろうか。このことを第11章では考える。

ケース

あなたは公立高校3年A組の担任。あなたのクラスの修一は進学を希望していたが、経済的事情から大学進学を断念せざるを得なくなった。そこで、防衛省から届いた自衛隊員募集のパンフレットを見て、自衛隊に入ることを考えている。待遇がよくて安定していることも理由の1つのようだ。

ただ、家族からは自衛隊に就職するのを強く反対されているらしい。というのも、イラク戦争から帰還した元アメリカ兵、ウクライナへのロシア侵攻でウクライナ兵、ロシア兵が、戦場での悲惨な経験からPTSD（心的外傷後ストレス障害）になったり自殺したりしているというニュースを聞き、修一が何らかの事態に巻き込まれるのではないかと強く心配しているからだ。一方で修一は、国際関係学部に進学したかったこともあり、災害救助を担う国際緊急援助隊などを通して、直接現地で活動できる自衛隊員という仕事に魅力を感じつつある。

3年A組では三者面談を控えている。修一の進路希望や家族の意向を踏まえて、あなたはどのように対応すればよいだろうか。

クエスチョン

1　自衛隊の海外派遣は、国際貢献、国際平和協力になるのか。
2　戦場に行くことになる自衛隊員や家族は、どのような状況に置かれる可能性があるのか。

（I）　なぜ平和主義が憲法の基本原理なのか

　憲法では、**基本的人権**の尊重、国民**主権**とともに、平和主義が基本原理とされている。しかも戦争の放棄、戦力の不保持、交戦権の否認など、世界的にも徹底した平和主義が採用されている。なぜこれほど徹底した平和主義になっているのだろうか。

（1）憲法の平和主義の歴史的背景

　スイスのジュネーブにある国連の人権理事会の博物館には、「1931 年 9 月、日本は中国の満洲地方を宣戦布告なしに侵略する」と記されたパネルが展示されている。このパネルで紹介されているように、アジア・太平洋戦争（1931〜1945 年）の際、日本は近隣諸国に侵略戦争を行い、近隣諸国の民衆に甚大な被害を与えた。犠牲者は 2000 万人から 3000 万人と言われている。日本国民にも310 万人もの犠牲が出た。とくに、日本で唯一地上戦が行われた沖縄では、住民の 4 人に 1 人が犠牲になった。

　こうしたアジア・太平洋戦争の際、日本の権力者は国民に対し、「お国のために戦え」と命じながら、自分たちは危険になったら逃げていた。たとえば、1945 年 3 月末から始まる沖縄戦では、日本の権力者は沖縄にいる軍人や住民に対して徹底抗戦を命じた。ところが「徹底抗戦」を命じた権力者自身、1944年 11 月から、長野県埴科郡松代町（現在の長野市）に大本営などを建設し、東京から逃げる準備をしていた。

　このように、戦争の被害を受けるのは、戦争を起こした権力者ではなく、一般市民や兵士なのである。そこで権力者に無責任な戦争を二度とさせないため、憲法前文では、「日本国民は、……政府の行為によって再び戦争の惨禍が起ることのないやうにすることを決意し」とされている。さらに憲法 9 条では、権力者に戦争をさせないために徹底した平和主義が採用された。

（2）先駆的な平和主義

　憲法の平和主義だが、さまざまな戦争を経験して、二度と悲惨な戦争を起こ

さないという願いを持つ国際社会の流れとも密接に関係する。

　ローマカトリックの権威のもとにあった中世ヨーロッパでは、「自己防衛」、「悪い行為に対する処罰」などの正当な理由がある場合にだけ戦争ができるという、正戦論が主流だった。「正しい戦争」だけが許されるという考え方だ。

　ところがローマ教皇の権威がなくなり、主権国家が台頭すると、「正しい戦争」かどうかを判断する存在がいなくなった。そこで、18世紀から第1次世界大戦までは、国家は自由に戦争できるという無差別戦争観が国際社会での一般的な考え方になった。戦争は、国家の権利とされたのである。ところが第1次世界大戦（1914～1918年）をきっかけとして、無差別戦争観は国際社会から姿を消す。たとえばフランスで世界大戦というと第1次世界大戦が思い起こされるように、第1次世界大戦は極めて凄惨な戦争であった。科学技術が大いに発展し、飛行機、潜水艦、戦車、毒ガスが戦争で使われると、それまでの戦争とは比較にならないほどの被害が一般市民にも生じた。約1000万人の戦死者、何百万人もの人が手足を失い、視力を奪われ、毒ガスで戦争神経症にかかるなど、戦争がもたらす問題が認識された。そこで、こうした戦争を決して起こしてはいけないとの考えから、国際連盟規約（1919年）やパリ不戦条約（1928年）では戦争違法化が原則とされた。1929年までにパリ不戦条約には57か国が加盟した。

　しかし、1939年にドイツがポーランドに侵略することで、再び世界大戦が起こった。この第2次世界大戦での被害は、第1次世界大戦の被害を大きく上回る。アウシュビッツ収容所やビルケナウ収容所に代表されるような、ナチス・ドイツによるユダヤ人虐殺、広島と長崎への原子爆弾の投下など、人道的に極めて問題とすべき行為も行われた。こうした二度の世界大戦の経験から、1945年に制定された**国連憲章**では、「われらの一生のうちに二度まで言語に絶する悲哀を人類に与えた戦争の惨害から将来の世代を救う」（国連憲章前文）ため、「武力行使の違法化」が原則とされ（国連憲章2条4項）、違法な武力行使をする国に対しては国連が**集団安全保障**措置をとることになっている。2016年12月、国連総会で「平和への権利宣言」が採択されたなど、平和を求める国際社会の動きは今も進んでいる。

こうした国際社会の流れは、各国の憲法にも反映された。たとえば、1946年のフランス第4共和制憲法前文、1947年のイタリア共和国憲法11条、1949年のドイツ連邦共和国基本法26条（「基本法」というが、実際には憲法である）、1972年の大韓民国憲法などで、侵略戦争放棄の規定が設けられた。1946年に制定された日本国憲法も、戦争の違法化を前提とする国際社会の影響を受けている。ただ、日本国憲法は、侵略戦争を放棄しただけではなく、戦争の放棄、交戦権の否認、戦力の不保持などを内容とする、世界的にも徹底した平和主義を貫いている。

② 平和主義の内容

日本国憲法の平和主義だが、戦争の放棄、戦力の不保持、交戦権の否認、平和的生存権が中心的な内容となっている。ここからは、それらの具体的な内容を紹介する。

（１）「戦争の放棄」

憲法9条1項では、「国権の発動たる戦争」、「武力による威嚇」、「武力の行使」が禁止されている。まずは、これらの用語の意味を確認しよう。

「国権の発動たる戦争」は、宣戦布告をした戦争を意味する。「武力による威嚇」は、たとえば、ドイツ、フランス、ロシアによる日本への三国干渉（1895年）や日本による対華21か条要求（1915年）のように、武力を背景に自国の主張を他の国に強要することである。「武力の行使」は、満洲事変（1931年）や日

中戦争（1937〜1945年）のように、宣戦布告をしてはいないが、実質上の戦争を意味する。

　ただ、自衛戦争も憲法9条で放棄されているかは、議論の的になっていた。この問題に関しては、憲法9条1項の「国際紛争を解決する手段」や2項の「前項の目的を達するため」という言葉をどう解釈するかで、1項全面放棄説、2項全面放棄説、自衛戦争容認説、という3つの考えに分かれる。

　第1に、1項全面放棄説とは、1項であらゆる戦争が放棄されているという、ストレートな学説である。つまり、戦争はすべて「国際紛争を解決する手段」として行われること、「侵略戦争」などと言って他国に攻め入る軍隊はないこと、実際には自衛戦争と侵略戦争を区別することはできないから、「国際紛争を解決する手段」としての戦争には自衛戦争も含まれるのであり、1項であらゆる戦争が放棄されている、という考え方である。

　第2に、2項全面放棄説とは、1項と2項を合わせて、あらゆる戦争が放棄されているという学説である。不戦条約（1928年）や国連憲章（1945年）では、「国際紛争」という用語が「侵略戦争」という意味で用いられたという国際法上の用語に従い、憲法9条1項にある「国際紛争を解決する手段」は、「侵略戦争」という意味であり、9条1項で放棄されているのは侵略戦争だとする。ただ、憲法9条2項にある「前項の目的」を、「国際平和を誠実に希求する」ことだと捉え、そのために「陸海空軍その他の戦力」を保持せず、さらには交戦権も否認した結果、9条2項で自衛戦争も放棄された、という考え方である。2項全面放棄説は、現在の通説となっている。

　第3に、自衛戦争容認説とは、国際法上の用例に従い、「国際紛争を解決する手段」としての戦争を「侵略戦争」とする。さらに憲法9条2項の「前項の目的」を「侵略戦争のために」と解釈し、侵略戦争のために戦力や交戦権が否定されていると解釈する。したがって、侵略戦争ではない、自衛戦争や制裁戦争のために「軍隊」を持つことは禁止されておらず、自衛戦争や制裁戦争の際に交戦権を行使することは認められる、という考え方である。

　これらの3つの学説に対して、政府は「戦争放棄に関する本条の規定は、直接には自衛権を否定しては居りませぬが、第9条第2項に於て一切の軍備と国

の交戦権を認めない結果、自衛権の発動としての戦争も、又交戦権も抛棄したものであります」(1946年6月26日衆議院本会議での吉田茂首相答弁)とし、2項全面放棄説に近い説明をしていた。ただし、自衛隊による**自衛権**の行使を認める政府の立場は、実際には、自衛戦争容認説に近い立場と言えよう。

(2)「戦力」の不保持

憲法9条2項は、「陸海空軍その他の戦力は、これを保持しない」と定めている。「戦力」だが、戦争に役立つ一切の物品を戦力と見なす考え方もある。ただ、これでは航空機や港湾施設など、市民生活に必要なものまでも憲法で禁じられた「戦力」とされてしまう。そこで多数説では、戦争などの際に軍隊になりうる実力部隊を「戦力」としている。実力組織という点では、警察も当てはまるが、外国と戦うことを目的とし、その目的のための人的組織と装備を備えたものが「戦力」とされ、憲法で禁止されているという主張である。

この「戦力」に関しては、**自衛隊**やその前身の警察予備隊、保安隊・警備隊が憲法で禁止されている「戦力」にあたるかどうかが、政治的に大きな問題となってきた。

歴史をさかのぼると、1950年6月に朝鮮戦争が起こり、それをきっかけとして75000人からなる警察予備隊が設立された。当時の政府は、警察予備隊は「警察」を補うもので憲法違反でないと説明していた。ところが1952年に、警察予備隊が保安隊(現在の陸上自衛隊)と警備隊(現在の海上自衛隊)になると、政府の見解は変わる。憲法で禁止された戦力とは「近代戦争遂行に役立つ程度の装備、編成を具えるもの」であり、「客観的にこれを見ても保安隊等の装備編成は決して近代戦争を有効に遂行し得る程度のものではない」から、保安隊や警備隊は戦力にあたらないと政府は説明した(1952年11月25日の吉田茂内閣政府統一見解)。さらに1954年、アメリカとの間で日米相互防衛援助協定(MSA協定)を締結すると、日本は軍事増強をアメリカと約束した。その結果、1954年に自衛隊法が成立し、保安隊や警備隊は、自衛隊となった。その際、政府は「憲法第9条は、自衛のための必要最小限度の実力の保持は禁止しておりませんから、自衛のための最小限度の目的のためならば自衛隊を持っても差し支えない」

（1955年7月25日の参議院内閣委員会での鳩山一郎首相答弁）と説明するようになる。

　そのあと、政府は一貫して、自衛隊は**「自衛のための必要最小限度の実力」**にすぎないから、憲法で禁止された「戦力」でないと位置づけてきた。自衛隊の装備に関しては、「他国に脅威を与えるような、他国に対して壊滅的打撃を与えるような攻撃性を持っているものは持たない」と国会で発言している（1987年5月19日の参議院予算委員会での中曽根康弘首相答弁）。1970年代には、自衛隊がF-4戦闘攻撃機を保有する際、海外で爆撃が可能になることが問題となり、F-4戦闘攻撃機から爆撃装置と空中給油装置を外したこともあった。

　ただ最近は、海外での展開能力を持つ装備を自衛隊は保有しつつある。このことは、国民の間での十分な議論が必要となろう。

（3）「交戦権」の否認

　憲法9条2項では「国の交戦権は、これを認めない」とされている。ここで言う「交戦権」だが、敵国の軍事施設の破壊、中立国の船に立ち入って検査をする権利など、戦争している国が国際法上有する権利とする考え方と、戦争そのものをする権利とする考え方、さらには、どちらも含むという考え方がある。「交戦権」という言葉からすれば、「戦争する権利」と捉えられるかもしれないが、国際法的には、「交戦権」とは交戦国が国際法上有する権利とされてきた。

（4）平和的生存権

　国際社会の憲法である国連憲章、そして日本国憲法も、基本的人権の保障を最も重要な目的としている。しかし、平和でなければ基本的人権を享受できない。平和なくして人権保障はあり得ないという考えから、平和そのものを人権と捉える思想が出てきた。憲法前文の「われらは、全世界の国民が、ひとしく恐怖と欠乏から免かれ、平和のうちに生存する権利を有することを確認する」との箇所には、平和を人権と捉える思想が最も明確にあらわれている。

　しかし、誰が平和的生存権の主体か、どのような内容を持つ権利か、これに基づいて裁判が起こせるか、については、必ずしも明確ではない。そのため裁

判でも、「平和的生存権」は具体的権利ではないと示されることが多い。もっとも、「平和的生存権」が一定の内容を持つ権利とする見解も有力である。

　これについては、平和学の重鎮であるヨハン・ガルトゥングの指摘が重要である。つまり、「平和」とは、武力行使や戦争、殺人などの「直接的暴力」だけではない。貧困や差別なども、個人の生命と尊厳を脅かす。そこで、平和とは、「社会的不正義」に基づく貧困や搾取、差別などの「構造的暴力」などもない状態を言うとする。「われらは、全世界の国民が、ひとしく恐怖と欠乏から免かれ、平和のうちに生存する権利を有することを確認する」という「平和的生存権」は、ガルトゥングの言う「暴力」をなくすため、日本政府に対して、国際社会における積極的な外交や国際協力を要求しているとも捉えられる。

　平和的生存権については、裁判所でも認められたことがある。2008年4月17日の名古屋高等裁判所判決は、「例えば、憲法9条に違反する国の行為、すなわち戦争の遂行、武力の行使等や、戦争の準備行為等によって、個人の生命、自由が侵害され又は侵害の危機にさらされるような場合、または憲法9条に違反する戦争の遂行等への加担・協力を強制されるような場合には、……裁判所に対して当該違憲行為の差止請求や損害賠償請求等の方法により救済を求めることができる場合がある」のであり、「その限りでは平和的生存権には具体的権利性がある」と示した。2009年2月24日、岡山地方裁判所も「平和的生存権が『権利』であることが明言されていることからすれば、その文言通りに平和的生存権は憲法上の『権利』であると解するのが法解釈上の常道であり、また、それが平和主義に徹し基本的人権の保障と擁護を旨とする憲法に則し、憲法に忠実な解釈である」とした。さらに、「平和的生存権は、……機能的には徴兵拒否権、良心的兵役拒否権、軍需労働拒絶権等の自由権的基本権として存在し、また、これが具体的に侵害された場合等においては、不法行為法における被侵害法益として適格性があり、損害賠償請求が認められるべきである」と示した。

　しかしながら、最高裁判所は、平和的生存権が裁判上用いることのできる具体的な権利ではないとしている。

③ 平和主義をめぐる裁判

（1）長沼事件

　航空自衛隊のミサイル基地を建設するため、農林大臣（現在の農林水産大臣）が北海道夕張郡長沼町馬追山にあった保安林の指定を解除する処分をした。それに対し、自衛隊が憲法違反であることを理由に、地元住民が保安林指定解除の取消を求めたのが、長沼事件である。

　1973年9月7日、札幌地方裁判所は、自衛隊の基地があることで攻撃対象となり、「平和的生存権」が侵害されること、自衛隊は憲法9条2項で禁止された「戦力」であり憲法違反とした。しかし1976年8月5日、札幌高等裁判所は、「自衛隊の存在等が憲法第9条に違反するか否かの問題は、統治行為に関する判断であり、国会及び内閣の政治行為として究極的には国民全体の政治的批判に委ねられるべきものであり、これを裁判所が判断すべきものではない」として、自衛隊が憲法違反かどうかの判断を避けた。1982年9月9日、最高裁判所も同様に、憲法判断を避けている。

（2）砂川事件

　砂川事件とは、現在の東京都立川市にあった在日アメリカ軍砂川基地反対闘争をめぐる一連の事件の総称だが、憲法との関係では「刑事特別法」に関わる事件が重要である。1957年7月、砂川基地の拡張に反対するデモ隊の一部がアメリカ軍基地に立ち入ったとして、「日米安保条約に基づく刑事特別法」違反で起訴された。裁判では、**日米安保条約**が憲法に反しないかどうかも問題となった。第1審判決（伊達秋雄裁判長の名前から伊達判決とも言われる）では、アメリカの軍隊が日本に駐留することで、「わが国が自国と直接関係のない武力紛争の渦中に巻き込まれ、戦争の惨禍がわが国に及ぶ虞は必ずしも絶無」ではなく、「合衆国軍隊の駐留を許容したわが国政府の行為は……憲法の精神に悖る」として、日米安保条約を憲法違反とした。

　この判決に対して検察は跳躍上告（高等裁判所を経ずに、最高裁判所に審理を

求めること）（刑事訴訟法規則 254 条）した。最高裁判所は、純粋な**統治行為**論ではないが、日米安保条約のような「高度の政治性を有するもの」は、それが「一見極めて明白に違憲無効であると認められない限りは、裁判所の司法審査の範囲外」として、日米安保条約が憲法違反かどうかの判断を避けた。

（3）自衛隊の海外派遣をめぐる裁判

　1991 年の湾岸戦争以後、日本政府は「国際貢献」を理由に、自衛隊を海外に派遣するようになった。この自衛隊の海外派遣をめぐっては、訴えの利益（勝訴したときに利益があること）がないとして、門前払いの却下判決が下され、自衛隊の海外派兵の是非について裁判所が判断しないことが多い。

　ただし、自衛隊の海外派遣の合憲性を判断した判例もある。2003 年にイラク特別措置法が制定され、2004 年から自衛隊はイラクに派遣されたが、自衛隊の「派兵差止」と、自衛隊の派遣が憲法違反であるとの確認を求める「違憲確認」訴訟が全国 11 か所で提起された。2008 年 4 月 17 日の名古屋高等裁判所判決は、「本件控訴をいずれも棄却する」として請求を退けた。ただし、航空自衛隊のイラクでのアメリカ兵空輸活動は、他国の武力行使と一体化したものであり、イラク特別措置法 2 条 2 項、憲法 9 条 1 項に反する活動があるという画期的な判断も示している。

④ 自衛隊の海外派遣に向けた動き

　自衛隊が創設された直後の 1954 年、自衛隊の海外派兵を危惧した参議院では、「自衛隊の海外出動を為さざることに関する決議」が採択された。歴代の日本政府も「日本の自衛隊が日本の領域外に出て行動することは、これは一切許されないのであります」（1960 年 3 月 11 日の衆議院日米安保特別委員会での岸信介首相答弁）、「わが国の憲法から、日本は外へ出て行く、そんなことは絶対にないのでございます」（1969 年 2 月 19 日の衆議院予算委員会での佐藤栄作首相答弁）としていた。他国から攻撃を受けた国と共同で武力を行使する集団的自衛権は、60 年近く、憲法上許されないとされてきた（たとえば、1954 年 6 月 3

日衆議院外務委員会での下田武三外務事務官答弁）。

　しかし1991年の湾岸戦争をきっかけに、**国際貢献論**を根拠に自衛隊を海外に派遣すべきという主張が有力に唱えられるようになった。1991年4月、海部俊樹内閣は、ペルシャ湾での機雷の掃海のために自衛隊を派遣した。1992年6月には、PKO協力法（国際連合平和維持活動等に対する協力に関する法律）が成立した。PKO協力法に基づき、自衛隊はカンボジアなどのさまざまな国や地域で活動を行っている。1996年4月、橋本龍太郎首相とクリントン大統領との間で出された日米安全保障共同宣言では、日米安全保障条約が「アジア太平洋地域の平和と安定」に資するものとされた。1997年には新たに日米防衛協力の指針、いわゆる第二次ガイドラインが策定され、1999年には周辺事態法などのガイドライン関連法が、2000年には船舶検査法が成立した。

　2001年9月、アメリカ同時多発テロが起きたが、この事件をきっかけにいわゆるテロ対策特別措置法が制定された。これに基づき、海上自衛隊はインド洋で戦っているアメリカ軍などの補給活動を行った。2003年3月にはイラク戦争が始まるが、7月にはイラク特別措置法が成立し、2004年からはアメリカ軍などを支援するために、自衛隊がイラクに派遣された。2006年12月には自衛隊法が改正され、海外派遣も自衛隊の本来任務とされた。

　日本が攻撃されていなくても海外で外国と戦う**集団的自衛権**は、憲法上認められないというのが今までの政府の憲法解釈だった。しかし、2014年7月1日、安倍晋三首相は閣議決定により、集団的自衛権が憲法上認められるとの解釈に変更した。2015年4月、日本とアメリカの軍事的な任務と役割分担を定めた**日米ガイドライン**が再改定された（第三次日米ガイドライン）。1997年のガイドラインでの「周辺事態における後方地域支援」という地理的及び権限の制約を取り払い、地球のあらゆる場所での日米共同の武力行使、集団的自衛権の行使が可能にされている。また、宇宙での日米軍事協力も目指されるなど、空間的な制約も取り払われている。そして2015年9月に安全保障関連法が成立した。この安全保障関連法（安保法制とも略される）に関しては、憲法に反するかどうかが問題となった。とくに2015年6月4日、衆議院憲法審査会で3人の憲法学者が安保法制は憲法違反との発言をしてから、大きな議論となった。最高裁

判所が自衛権に関し、唯一判決を下したのが砂川判決であり、その砂川判決では自衛権が認められている以上、国民の生命を守るためならば、集団的自衛権などの海外での武力行使を認める安保法制は憲法違反ではない、というのが安倍晋三内閣の見解である。一方、元最高裁判所長官や最高裁判所判事、元内閣法制局長官などが、政府の判断次第で世界中での武力行使を可能にする安保法制は憲法違反だと発言している。また、全国的な違憲訴訟も起こされている。世界中で武力行使、アメリカなどの軍事活動の支援を可能にする安保法制が、憲法前文や憲法9条から認められるのか、今後も十分な議論が必要であろう。

図表 11-2	自衛隊の海外派遣に関わる主な出来事
1954年	自衛隊の海外出動を為さざることに関する決議（参議院本会議）
1978年	日米ガイドライン策定
1991年	海部俊樹内閣がペルシャ湾での機雷除去のための掃海艇派遣
1992年	PKO協力法制定
1996年	日米安保共同宣言
1997年	第二次日米ガイドライン策定
1999年	ガイドライン関連法制定（「周辺事態法」、「改正自衛隊法」など）
2001年	テロ対策特別措置法制定、自衛隊がインド洋に派遣
2003年	イラク特別措置法制定、2004年から自衛隊がイラクに派遣
2006年	自衛隊法改正
2014年	安倍晋三内閣が集団的自衛権の行使容認の閣議決定
2015年4月	第三次日米ガイドライン策定
2015年5月	安全保障関連法案の提出
2015年9月	安全保障関連法制定
2022年12月	安保三文書の閣議決定

⑤ 平和主義の「理想と現実」?

　ここまで見てきた憲法の平和主義は、「崇高な理想」（憲法前文）だが、「現実に即していない」との批判をしばしば受けてきた。2022年のロシアによるウクライナ侵攻のような事態が起こると、「平和主義憲法では国を守れない」といった主張がさまざまなところでなされる。また、自衛隊は**自衛のための必要最小限度の実力**と位置づけられているが、日本は世界でも上位の軍事力（防衛力）を有しており、強力な軍隊を持つアメリカとも協力関係を長らく維持している。そうだとすると、憲法の平和主義はやはり現実離れしたものであり、単なる目標やスローガンに過ぎないのだろうか。

　ここで、ウクライナ危機などをきっかけとする日本の安全保障についての最近の議論を概観し、憲法の平和主義を取り巻く状況を見ていこう。

(1) 反撃能力（敵基地攻撃能力）の保有

　2022年12月、政府は、敵基地攻撃能力や反撃能力の保有を内容とする、新たな国家安全保障戦略、国家防衛戦略及び防衛力整備計画（安保三文書）を閣議決定した。2023年版の防衛白書でも、軍拡を進める中国や北朝鮮、ウクライナに侵攻するロシアなどを念頭に、「反撃能力」の保有がはじめて明記され、防衛力を抜本的に強化する方針が示された。

　ここで言う「反撃能力」とは、弾道ミサイル基地など、相手国の基地や拠点などを攻撃する能力のことだ。相手国のミサイルが発射される前に発射基地だけを破壊できるとすれば、このような能力は日本の平和と安全を守るために必要な「必要最小限度の実力」と考えることもできるかもしれない。

　しかし、反撃能力は、本当に「必要最小限度」に留まるものなのだろうか。反撃の標的は、相手国の軍事施設・兵器に限られるとされているが、民間人が巻き込まれる可能性はないのだろうか。実際、ロシアによるウクライナ侵攻でも、制空権確保のために民間の飛行場に対する空爆が行われている。また、「反撃」の名の下に相手国の領域を直接攻撃すると、それに対する相手国からの「反撃」を招き、武力の応酬に結びつくおそれもある。

このような「反撃能力」の保有が、武力による紛争解決を目指すという点で憲法9条1項に違反することにならないのか、そして憲法9条2項の禁止する「戦力」の保持に当たらないのか、慎重に考える必要がある。

（2）核共有（核シェアリング）

　ウクライナ危機においてロシアのプーチン大統領が核兵器の使用を示唆したことを受けて、日本の与野党の政治家などから「核共有（核シェアリング）について日本でも議論を進めるべきだ」との声が上がった。核共有とは、核保有国が同盟国と核兵器を共有することで、NATO（北大西洋条約機構）加盟国の中で、ドイツ、イタリア、オランダ、ベルギー、トルコの5か国がアメリカとの核共有体制をとっている。これらの国では、アメリカの核兵器を自国の領土内に配備し、核兵器を搭載するための戦闘機を自国で用意している。

　核共有は、核兵器の保有によって他国を「抑止」するという発想に基づいている。たしかに、強力な核兵器を保有している国を攻撃しようと考える国は少ないかもしれない。ただ、「抑止」が働くためには、相手も自分と同じように理性的に判断できるという前提が必要になる。テロリストや独裁者の暴走を「抑止」することは困難だし、相手国を刺激して軍拡競争を招く可能性もある。「抑止力」がどれだけ働いているか、その効果を客観的に測定することは難しい。

　日本は、日米同盟によってすでにアメリカの核の傘下にあると見ることもできるが、1967年以来、非核三原則（核兵器を「持たない、つくらない、持ち込ませない」）を守ってきた。核共有を進めるということは、日本の領土内に核兵器を配備するということであり、従来の非核三原則を覆すことになる。また、原子力基本法は、「原子力利用は、平和の目的に限」ると定めている。核共有について議論するとしても、日本が唯一の被爆国であり、これまで非核三原則や原子力の平和利用を堅く守ってきたという事実を重く受け止めるべきだろう。

（3）自衛隊明記論

　ウクライナ危機をきっかけとして、「自衛隊を憲法に明記すべき」という声

が高まっている。2022年7月に朝日新聞が行った世論調査では、自衛隊を憲法に明記することに「賛成」が51％、「反対」が33％という結果が出ている。2018年3月の世論調査では、「賛成」が33％、「反対」が51％だったので、ウクライナ危機を経て、賛否の割合がきれいに逆転している。

　私たちは日ごろ、災害派遣で活躍する自衛隊の姿をニュースでよく目にしている。1951年のルース台風で警察予備隊が災害派遣出動して以来、自衛隊はさまざまなところで人命救助、防疫、給水、人員・物資の輸送などを行ってきた。1995年の阪神淡路大震災、2011年の東日本大震災といった大規模な災害だけでなく、山での遭難救助、タンカー事故後の重油回収、離島での救急患者の輸送なども担っている。こうした活躍を見せる自衛隊に好感を抱いている国民は多く、内閣府が2022年に実施した世論調査でも、9割以上が「良い印象を持っている」「どちらかといえば良い印象を持っている」と回答している。

　このように、長らく国民の生命や安全を守ってきた実績があり、多くの国民に支持されている自衛隊を「違憲」とするのは現実離れしている、というのが自衛隊明記論でよく見られる主張だ。また、政府は、自衛隊は**自衛のための必要最小限度の実力**なので憲法9条には違反しないという立場をとり続けており、憲法に自衛隊を明記しても、これまでの自衛隊のあり方や位置づけが変わるわけではないという主張もしばしばなされる。

　しかし、現行の憲法9条に「自衛隊」だけ書き込めば問題が解決するわけではないという点に注意する必要がある。自衛隊違憲論は、自衛隊を「戦力に当たる」と批判してきたのであり、「戦力の不保持」の文言を残したまま、「自衛隊」や「自衛権」の文言を加えたところで、自衛隊違憲論の9条解釈を否定することにはならず、かえって議論が混乱する可能性がある。また、これまで積み重ねてきた政府解釈やそれに基づく法実務の数々との整合性も問題になるため、「自衛隊明記論は現状を変更しない」という見解は妥当ではない。

　憲法を改正し、自衛隊を明記するとしても、その改正によってこれまでの制度の何がどう変わるのか、新しい制度が本当に機能するのか、議論を積み重ねる必要がある。

（4）「ルール」としての憲法9条

　憲法が掲げている「恒久平和」は、たしかに崇高な理想であり、実現するのは難しいように思われる。しかし、憲法9条が単なる目標やスローガンではなく、実際に政府の行為を制限する「ルール」として機能してきたことを忘れてはならない。

　これまで、アメリカを中心とする国際社会から、「対米協力」や「国際協調」のためにさまざまな安全保障政策の提案がなされてきたが、憲法9条があることで、**自衛のための必要最小限度の実力**としての自衛隊の活動拡大には一定の歯止めがかけられてきた。PKOへの自衛隊の派遣や、アフガニスタンでの対テロ戦争やイラク戦争での後方支援活動が要請された際にも、日本国内においては、それらの要請に従うことが憲法に違反しないか、真剣に議論がなされてきた。

　ロシアによるウクライナ侵攻のような暴力を目にするとき、私たちは恐怖や怒りに捉えられてしまいがちだ。しかし、そんな時こそ、「国民を守るためにはもっと軍事力が必要だ」と熱狂するのではなく、立ち止まって、「憲法9条とはどんなルールなのか」ということから考えていかなければならないだろう。

ケースのクエスチョンに対する解答作成のヒント

　1については、自衛隊の海外派遣が国際貢献や国際平和協力につながるのかについては、この章の内容を踏まえて、考えてほしい。

　2については、戦場で人を殺してきた人、あるいはそうした現場を見た人が、そのあと、普通の生活を送ることができないケースがある。そして日本でも、アフガニスタン紛争やイラク戦争に派遣された自衛隊員だが、54人が自殺したとされている（2015年5月27日衆議院平和安全法制特別委員会での真部朗防衛省人事教育局長答弁）。そうした実状を知った上で、回答を用意してほしい。

おすすめの本・ウェブサイト

①戦争をさせない1000人委員会編『すぐにわかる　集団的自衛権ってなに？』（七つ森

書館、2014 年）

　憲法の平和主義の内容、帰還兵の問題、戦争遂行のために日本の権力者がどのように公教育を利用してきたかなどの問題が簡潔に紹介されている。

②松本一弥『55人が語るイラク戦争──9・11 後の世界を生きる』（岩波書店、2011 年）

　イラク戦争での日本の後方支援の経緯、そこで置かれた自衛隊の状況、アメリカ人帰還兵の実情など、日本の政治家、官僚、自衛隊員、アメリカ人帰還兵などの証言から、戦争の問題が語られている。

③前田哲男・林博史・我部政明編『〈沖縄〉基地問題を知る事典』（吉川弘文館、2013 年）

　日米安保条約の成立背景、そして米軍による犯罪や騒音の被害など、日米安保体制の現状と問題点が簡潔に紹介されている。

参考文献

①水島朝穂『18 歳からはじめる憲法』（法律文化社、2010 年）

②榎澤幸広・奥田喜道編『憲法未来予想図』（現代人文社、2014 年）

③ヨハン・ガルトゥング（高柳先男・塩屋保・酒井由美子訳）『構造的暴力と平和』（中央大学出版部、1991 年）

第 12 章 教育を枠づける国の統治の仕組み
── 立法・行政・司法

　教育の内容や方法の枠組みを決定し、義務教育を支えるのは国である。日本国憲法では、教育を受ける権利も**義務教育**も**法律**で定めるとしている。教育を支える国の仕組みは、いったいどのようになっているのだろうか。立法、行政、司法という権力分立の観点から、第12章では考える。

ケース

　陽香は、小学4年生の息子の秀雄の学校教育について、日頃から不満を持っていた。優秀な秀雄には、9年間も小学校・中学校に通わせる必要はなく、8年間で十分だと思っている。また秀雄は、中学受験を控えているので、算数の教科書では6年生で教えることになっている内容を、5年生で教えてほしいとも思っている。

　陽香は、とくに義務教育段階の飛び級制度を導入したいと考え、同じ意見を持つ人たちの支援も受け、衆議院議員に立候補し、当選した。陽香は衆議院に設置されている文部科学委員会に属することになったことから、まずは文部科学省を通じて実現したいと考えたが、省内には飛び級のようなエリートを育成する教育制度には反対派が多く、実現しなかった。

　そこで陽香は、内閣総理大臣に直接お願いした結果、内閣に設置された教育未来創造会議から、飛び級制度が提案されることになった。文部科学省の中央教育審議会でも、飛び級制度を認める答申が出され、最終的に内閣提出法案として、義務教育段階での飛び級を認める法律が国会に提出され、成立した。

　これに対して、飛び級制度に反対する教師が、この法律は憲法26条の教育を受ける権利に反するとして、法律の違憲を確認する訴訟を裁判所に提起した。

クエスチョン

1　法律は、義務教育などの教育制度の枠組みだけでなく、学校の具体的な授業の内容まで決めることができるのか。
2　文部科学省とは、国のなかでどのような立場・役割を担っているのか。
3　法律が成立した段階で、その違憲性を確認するような訴訟は起こせるのか。

① 教育は法律に基づかなければならないのか

憲法26条には、「法律の定めるところにより」との規定があり、教育は国会の定めた法律に基づいて行われる。実際、教育の基本的な理念については**教育基本法**が定め、6・3・3制のような学校の制度枠組みについては、学校教育法で定められている。また、義務教育の教科書が無償であるのも、法律に基づいている。これらの法律に基づき、行政機関として教育を担当する文部科学省は、さまざまな教育政策を実施している。

教育も行政の1つであるが、道路を作ったり年金を支給したりといった行政と同じように考えることはできない。もし教育の内容が法律ですべて定められるとすると、場合によっては政権を担当する与党が代わるごとに、学校で教える内容が変わるおそれもある。そのため、法律は大枠を定めるだけであり、細かな点については教育の専門家としての文部科学省に委ねることも多い。

（1）権力分立

法律はどこで作られているのだろうか。そう、国会である。国民主権、そして民主主義を採用している以上、全国民の代表である国会の作った法律が、国の政治の基盤となる。法律がなければ、役所も動けないし、裁判もできない。

また、法律を作ることを立法と呼ぶ。これに対して、行政は、法律に基づいて政治や行政事務を進める（**法律による行政の原理**）。司法は、裁判官が法の専門家として法律を読み解くことで、事件を裁定している。法律に着目してみると、国の仕事が立体的に理解できる。

このように国家権力を立法、行政、司法に分けることを、**権力分立**（三権分立）と呼んでいる。すべての権力を国が集中して持つことは、近代国家と近代憲法の建前であり前提であるが、権力を単独で保有するとなると、権力の暴走につながるおそれがあるため、仕事内容に応じて権力を分割して、各機関が互いにチェックし合っている。日本国憲法では、**図表12－1**のような権力分立の仕組みを採用している。具体的には、憲法41条から立法（国会）、憲法65条から行政（内閣）、憲法76条から司法（裁判所）のやるべき仕事が書かれている。

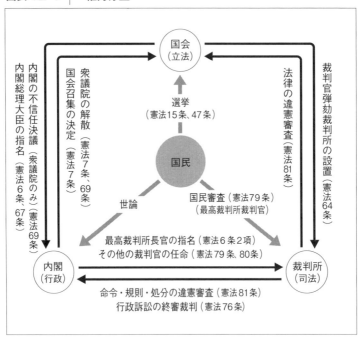

図表 12-1 権力分立

国会
（立法）

国民

選挙
（憲法15条、47条）

世論

国民審査（憲法79条）
（最高裁判所裁判官）

内閣総理大臣の指名（憲法6条、67条）
内閣の不信任決議（衆議院のみ）（憲法69条）
国会召集の決定（憲法7条）
衆議院の解散（憲法7条、69条）

法律の違憲審査（憲法81条）

裁判官弾劾裁判所の設置（憲法64条）

最高裁判所長官の指名（憲法6条2項）
その他の裁判官の任命（憲法79条、80条）

内閣
（行政）

命令・規則・処分の違憲審査（憲法81条）
行政訴訟の終審裁判（憲法76条）

裁判所
（司法）

　なお、憲法41条には、国会が国家権力のなかで最高の機関であるとして、一番偉いように書かれている。しかし、これでは権力分立のバランスが崩れるので、「最高機関」は美辞麗句にすぎないとされている。

（2）国会の仕事

　国会は法律を作っているが、法律は国会（衆議院と参議院）でのみ制定されなければならないとされている。国会は、「唯一の立法機関」（憲法41条）なのである。

　ここには、国会中心立法の原則と国会単独立法の原則の2つが含まれている。国会中心立法の原則は、国会が立法権を独占することを意味する。憲法には例外も定められており、衆議院と参議院では議院内のルールを独自に定めてよい

とされている（たとえば、参議院内での「襟巻」の着用は禁止されており、プロレスラー出身のアントニオ猪木元参議院議員は、院内ではトレードマークの赤いマフラーを外していた）だけでなく、最高裁判所も裁判所内のこと（裁判傍聴のルールなど）については法律とは別に定めてよいとされている。後者の原則は、衆議院・参議院しか立法を行うことが許されないということを意味する。憲法上の例外として、憲法95条の地方自治特別法での住民投票がある。

　実は憲法には書いていない例外も、解釈上、認められている。国会中心立法の原則の例外としては、大枠を法律で定め、詳細を省庁の規則などに委ねる委任立法が広く認められている。国会単独立法の原則の例外としては、内閣提出法案がある。本来、法律の原案は国会議員がその属する議院に提案するのが本筋だが、現実には、しばしば各省庁が考えた法律案を内閣が代表して衆議院または参議院に提出することが行われている。第208回の通常国会（2022年1月17日〜6月15日）で成立した法律のなかでは、議員立法が17件に対して、内閣提出法案は61件もあった。

（3）法律とは

　法律とは、国民に等しく適用されるルールである。ルールである以上、国民の自由や権利を制限していることが多い。たとえば夜間、無灯火で自転車に乗っていて、警察官に止められたことはないだろうか。道路交通法では、夜間、自転車に乗る場合、ライトをつけなければならず、守らない場合は5万円以下の罰金が科せられることになっている。

　このように、何かを制限するというイメージが法律につきまとっているが、それだけにはとどまらない。学校、公民館、健康保険、年金などの教育・福祉関係の法律を中心として、国民にとって利益になるようなことも定められている。さらに、国の組織について定めている法律、国の基本方針を定めている法律もある。

　また、アルバイトで働いて得た給料から、税金（所得税）が引かれるので、課税によって自分の財産権が制約されていると感じるかもしれないが、大きな視点で見れば、所得税法は所得の再分配機能を果たしている。学生のアルバイ

トだと、おそらく税率は 0 ～10％程度だが、所得が 4000 万円を超えると、45
％の税率がかかる。このように、法律にもさまざまな機能がある。

（4）教育のことを法律ですべて定められるのか

　本来、民主主義を採用している以上、日本の教育のことはすべて法律で定め
るべきであると考える人が多いかもしれない。しかし、算数の「速さ」を小学
校何年生で教えるべきか、中学校の英語で文法よりも会話を重視すべきか、体
育でどの季節に何のスポーツをやるかなどについて、国会で細かく審議するこ
とは不可能であるし（衆議院・参議院では、それぞれ文部科学委員会が設置されて
おり、そこで実質的な審議が行われている）、700 人ほどの国会議員のなかにそこ
までの専門家はなかなかいないであろう。

　したがって、教育の専門的な内容は、委任立法を通じて、国会よりも文部科
学省に委ねた方がよいということになる。実際、小学校の教育内容について、
学校教育法では、「心身の発達に応じて、義務教育として行われる普通教育の
うち基礎的なものを施す」として大枠しか定めていない。より詳細な内容は、
委任立法として、学校教育法 33 条「小学校の教育課程に関する事項は、……
文部科学大臣が定める」を根拠に**学習指導要領**が定められている（→**第 6 章**）。

② 内閣と行政

　国の行政と言えば、**図表 12 － 2** のような各省庁のことである。これらはす
べて内閣のもとにある。

　まず内閣であるが、内閣は**内閣総理大臣**と 17 人以内の国務大臣からなる（復
興庁などが置かれる間は例外的に 19 人以内）。衆議院議員選挙後、内閣総理大臣
が国会によって指名されると、内閣総理大臣は国務大臣を選び、内閣を作る（組
閣と呼ばれる）。その他、何人かの国務大臣を辞めさせ、新しい大臣に入れ替え
る内閣改造を行うこともある。このように内閣の構成を変えられるほど、内閣
総理大臣には強力な権限が認められている。

　内閣は、行政権の行使について、国会に対し連帯して責任を負うとされてお

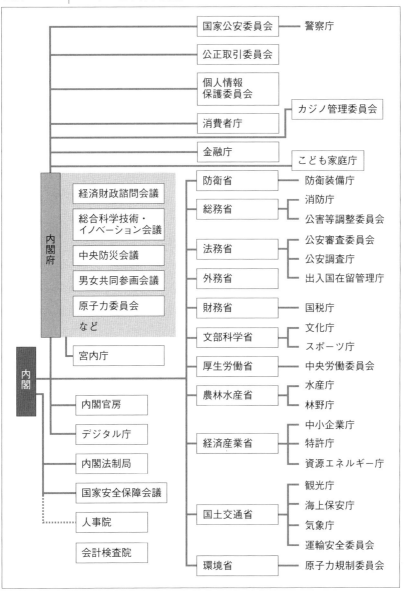

り、このような国会に支えられた内閣の仕組みを**議院内閣制**と言う。とくに重要なのは、内閣総理大臣が国会議員のなかから国会の指名で選ばれ、国務大臣の過半数も国会議員でなければならないとされること、また衆議院は内閣に対して不信任決議を行うことができる一方で、内閣は衆議院を解散できる権限を持っていることである（憲法 69 条）。

③ 教育政策

（1）文部科学省

　教育については、法律を制定する国会と、法律に基づいて教育行政を行う文部科学省及び各地方自治体が登場する（**→第 13 章**）。

　文部科学省は、他の省庁と同じように、文部科学大臣の指揮のもと、事務次官をトップとして、局長、課長を従えるピラミッドの形をしている。仕事としては教育全般だが、科学技術・スポーツ・文化などに関する仕事を行う。

（2）教育政策の決定

　文部科学大臣が文部科学省でトップにいる以上、大臣の一声で教育政策が決まりそうであるが、実はそう単純ではない。文部科学大臣が中央教育審議会（中教審）に諮問し、その答申によって学習指導要領改訂などの教育政策が決められている。「生きる力」、「グローバル化」、「アクティブ・ラーニング」などは中央教育審議会の答申から始まっている言葉である。いわゆる中教審答申が教員採用試験で出題される理由もこれでわかるだろう。

　中央教育審議会は、大学の学長・教授、大企業の社長、地方自治体の長や教育長など 30 人以内の委員で構成されている。中央教育審議会は、その下にある分科会の議論をもとにしているが、2022 年現在、教育制度、生涯学習、初等中等教育、大学に関する各分科会がある。たとえば、初等中等教育分科会には、高等学校教育部会、理科ワーキンググループ、芸術ワーキンググループ、特別支援教育特別委員会など重要事項を調査・審議するための部会が幅広く設置さ

れ、大学の教員や小中高校の校長など、各分野に精通しているとされる委員が任命されている。

しかし、ややこしいのは、これもあくまで建前の話ということである。新聞などで報道されるような教育改革の目玉については、中曽根康弘内閣時代の臨時教育審議会以来、首相直属の機関が実質的な方向性を決めていることが多くなっている。安倍晋三内閣時代以降では、教育再生実行会議が提言をまとめ、中教審答申を通して、政策として実現していた。現在は、教育未来創造会議がその役割を担っている。

なお、こども基本法に基づく政策を立案・実施する機関として、こども家庭庁が設置され、文部科学省の一部の業務が移管された。

図表 12-3 │ 教育行政の組織図

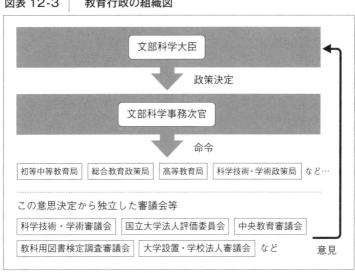

④ 司法権

（1）司法権とは

司法とは、裁判所が、法を解釈して使うことで事件を解決する仕事のことで

ある。たとえば、**司法権**の有名な定義として、「具体的な争訟について、法を適用し、宣言することによって、これを裁定する国家の作用」というものがある。ここで言う「具体的な争訟」は、「法律上の争訟」と同義として、「当事者間の具体的な権利義務ないし法律関係の存否に関する紛争であって、かつ、それが法令の適用により終局的に解決すること」（1981年4月7日の板まんだら事件最高裁判所判決）と説明されている。

この定義から、①具体的な権利が侵害されているわけではない争い、②法令を適用しても解決できない争いは、裁判ができないとされている。たとえば、ある日、**自衛隊**が憲法9条に反すると思いついて、裁判所に出向いても、自衛隊があなたの権利を何ら侵害していない以上、裁判所では却下されてしまうだろう。また数学の証明問題に争いがある場合でも、裁判では法令を使って解決できるわけではないので、そのような争いを扱うことはできない。

（2）裁判所に訴えるには

教育の現場で法的問題が発生したとき、その具体的な争いを解決する手段の1つが裁判所への訴えである。個人が、自らの権利を侵害されたときに、その救済や紛争解決を図るために、当事者を関与させて、法的に解決する訴訟という制度がある。訴訟には、私人と私人の間の法的紛争解決を図る民事訴訟、犯罪事実があるかどうかを認定して刑罰を科するかどうかを判断する刑事訴訟、そして、**公権力**の行使が適法に行われるようにする行政訴訟がある。それぞれ、いくつかの条件を満たしていなければ訴訟を提起できない。

民事訴訟の場合、事件の当事者であること、勝訴したときに利益があることなどが備わっていなければならない。行政訴訟の場合、訴訟手続については民事訴訟に類似する。他方、刑事訴訟の場合は、犯罪が発生したあと、被疑者が検察によって起訴されると被告人として裁判が始まる。被告人は弁護人を選び、公開の裁判において証拠が調べられ、判決に至る。

したがって、学校で発生した事故や事件は、犯罪となる場合、刑事事件として刑事訴訟に発展するし、加害者が未成年の場合は、少年法を適用することで、保護更生を図るために家庭裁判所の処置を期待する場合もある。その一方で、

金銭的な損害賠償になる場合は、たとえば学校に事故発生の責任がある場合は、私立学校では民事訴訟になることがあり、公立学校では行政訴訟になる。

また、行政訴訟は、違法な**職務命令**のように、上司の命令を取り消してほしい場合にも利用することができる。

（3）なぜ裁判所は国民の意思から独立しているのか

ところで司法については、しばしば次のことが問題とされる。裁判官が国民の意見や感情を十分に理解できていないとか、国家権力が民主的に統制されるのであれば、裁判所も民主的に統制されなければならないのに、それが叶えられていない、というものである。

実は、憲法は原則的に、司法を意図的に国民の意思から独立させている（**司法権の独立**）。それは、裁判官が政治などの外部や裁判所内部からの圧力や干渉を受けず、法の専門家として自己の良心に従って判決を下す必要があるからだ。とくに、立法や行政の活動が、国民の「多数派」によって支持され、また法律が国会議員の過半数によって制定されることから考えると、そこに反映されない「少数派」の国民の意思を救済する場として、あえて、多数派から独立した機関を設置する意義がある。

他方、民主的な裁判の統制として、両議院による裁判官の弾劾裁判、最高裁判所裁判官の国民審査もある。さらに、内閣が最高裁判所長官を指名し、最高裁判所裁判官を任命するという点で、「司法権の独立」が一部緩められていることにも注意が必要である。なお、国民の司法参加として、裁判員制度や検察審査会制度がある。

（4）裁判所組織と裁判官の身分保障

統治機構のなかで、立法権と行政権は、それぞれ条例制定権や地方行政権のように、地方にも委ねられているが、司法権だけは、国が集中して保持している。たしかに、地方裁判所という呼称はあるものの、高等裁判所、簡易裁判所、家庭裁判所を含めて、すべて最高裁判所のもとに設置されている。憲法は、たとえば軍法会議のように、この通常の裁判所の系列から独立した裁判所を設置

することを禁止している（特別裁判所の禁止）。

　通常裁判所の系列を、最高裁判所は、人事などの司法行政の点で管理している。最高裁判所事務総局が、裁判所人事・裁判所内部規律を定めることで、裁判所の自主性を確保している。判決についても、最高裁判所が、法令の合憲性を最終的に決定することになるので、判例を統一する役割を持つことになる。

ケースのクエスチョンに対する解答作成のヒント

　1について、法律とはいったいどのような性質のものなのかを、権力分立の観点から改めて考えてみよう。民主主義だからといって、具体的な教育の内容についてまで法律で定めるという発想には注意が必要である。

　2について、文部科学省が日本の教育政策をすべて決めているわけではない。国会（衆議院・参議院の文部科学委員会）、文部科学省（中央教育審議会）、教育未来創造会議などさまざまなアクターによって、教育政策が形作られている。これらについて、ウェブサイトも活用して調べてみよう。

　3について、法律が成立した段階では、まだ誰の権利も具体的に侵害しているわけではなく、具体的な事件ではない以上、裁判としては提起できない。たとえば、飛び級制度を定める法律に校長の許可が必要であるとされたとして、校長が飛び級を希望する生徒の申請を不許可とした段階ではじめて、不許可とされた生徒は裁判を起こすことができる。

おすすめの本・ウェブサイト

①大山礼子『日本の国会——審議する立法府へ』（岩波書店、2011年）

　日本の国会を考えるにあたって、イギリスやフランスなどとの比較から考えるきっかけをもたらしてくれる良書。今の国会の何が問題なのか、問題意識を持って読んでみよう。

②新藤宗幸『教育委員会——何が問題か』（岩波書店、2013年）

　教育委員会とはよく耳にするものの、実態はどのようなものか。文部科学省との関係、学校との関係を考えつつ、教師・生徒にいかなる影響力を持つのか考えてみよう。

③青木栄一『文部科学省——揺らぐ日本の教育と学術』（中公新書、2021 年）

　　文部科学省の組織やキャリアなど省内部の問題から、教員の多忙化の問題やゆと
り教育の失敗などに触れ、政策の形成・実現における構造的な問題を分析していて、
今日の教育政策を考えるのに大いに参考になるだろう。

参考文献

①清永聡『気骨の判決——東條英機と闘った裁判官』（新潮社、2008 年）
②最高裁判所ウェブサイト「裁判所の組織」（http://www.courts.go.jp/about/sosiki/index.html）
③参議院ウェブサイト「よくある質問」（http://www.sangiin.go.jp/japanese/goiken_gositumon/faq/index.html）
④衆議院ウェブサイト「国会について」（http://www.shugiin.go.jp/internet/itdb_annai.nsf/html/statics/kokkai/kokkai.htm）
⑤文部科学省ウェブサイト「組織図」（http://www.mext.go.jp/b_menu/soshiki2/04.htm）
⑥教育未来創造会議ウェブサイト（http://www.cas.go.jp/jp/seisaku/kyouikumirai/index.html）

<table>
<tr><td>第 13 章</td><td>地方のこと、国のこと、世界を視野に考えること</td></tr>
</table>

第 13 章 地方のこと、国のこと、世界を視野に考えること
── 地方自治・国民国家・世界市民

憲法は、都道府県や市町村という地方公共団体が、独自の責務を果たすべき、という地方自治の考え方を採用している。他方で、グローバリゼーションが進んだ現代では、日本にとどまらない世界の住人であるという意識もある。第13章では、国と地方はそれぞれどのような役割を担うべきかについて考える。

ケース

あなたは公立高校3年A組の担任。文部科学大臣は、いじめ防止施策の一環として、小中高校での道徳教育の強化と、いじめを行う子どもへの懲戒処分や出席停止措置の効果的な活用を全国の都道府県・市町村に要請したいとの記者発表を行った（いじめ防止対策推進法15条1項と25条と26条）。

これを受け、県知事は、いじめを行う生徒にだけでなく、学校のルールを守らない生徒にも、厳しい処分をするように教育委員会に要請すると発表した。具体的には、暴力・窃盗などの犯罪行為には退学処分、いじめや重大な校則違反には停学処分としてほしいと述べた。

教育委員会は当初は反対姿勢だったが、結局、いじめ防止施策として規範意識を身につけさせるには厳格な処分が必要だという県知事の主張を受け入れ、処分基準を作成し、校長に厳格な適用を指示した。あなたの学校の校長は、粛々と実施するつもりである。

しかし、同僚の教師は、生徒の個別事情を考慮せず、機械的に処分することは教育方法として妥当でなく、また県知事や教育委員会が処分の運用の詳細にまで口を出すのは、学校・教師の裁量を過度に制約するものだという。

クエスチョン

1 文部科学大臣の要請は、地方公共団体にどの程度の強制力を持つのか。
2 県知事の要請は、教育委員会にどの程度の強制力を持つのか。
3 同僚の教師の考えは、どのように評価すべきなのか。

(1) 地方自治とは

　憲法92条から95条までの第8章は、地方自治と題されている。地方自治に関する規定は明治憲法には存在せず、日本国憲法で新たに設けられた。この意義は、団体自治と住民自治の充実にある。**団体自治**とは、地方公共団体が、その一定の領域内で国から独立して自らの責任で事務を行うことを言う。強大な国家権力を、国と、国とは独立した地方公共団体に分散することで抑制することを狙う、一種の権利分立の仕組みである。**住民自治**とは、地方公共団体の事務がその住民の意志により行われることを言う。これにより、民主主義の充実を目指している。地域ごとの特性に応じて、問題解決の方法は多様でありうる。各地域の住民こそが、より身近なものとして地域の特性を考え、何が最適な解決策かを探ることができるはずである。

(1) 地方自治の本旨

　そもそも、なぜ、地方公共団体に自治権が認められるのであろうか。この点については、戦前から、真っ向から対立する2つの説明の仕方がある。固有権説と伝来説である。固有権説は、人権のように、地方公共団体にはその存在に固有のものとして無条件に自治権が保障されるとする。反対に、伝来説は、地方公共団体の自治権を、国家の統治権に由来し、その承認の限りで認められるものだとする。戦前には、伝来説が通説であり、地方公共団体は国の法令によっても奪われない自治権を持つとは考えられていなかった。実際のところ、たとえば、戦前には、県知事が、住民の選挙で選ばれるのではなく、国から派遣されるなどの国と地方を上下の関係とする仕組みがあったが、当時は全く問題にされなかった。

　これに対して、憲法では、地方公共団体の組織や運営は「**地方自治の本旨に基いて**」（憲法92条）法律で定められることになった。このことから、戦後には、地方公共団体には法令によっても奪われない自治権が保障されていると考えられるようになった。これが**制度的保障**説である。この説は、伝来説の考え方を基本にしながらも、国会は、歴史的・伝統的・理念的に確立されてきた地

方自治制度の核心を法律で侵してはならず、そうした法律は、「地方自治の本旨」に反して違憲であるとする。地方自治制度の核心には、地方公共団体の存続や、地方公共団体がその組織や人事、財政などを自ら決める権限などの要素が含まれるという。制度的保障説が、現在の通説である（→参考文献①）。

（2）都道府県と市町村

　憲法上の地方公共団体には都道府県と市町村がある。学説では、憲法はこのような2段階制を保障しており、たとえば都道府県を全く廃止して、市町村だけにすることは「地方自治の本旨」に反し違憲であるとの考えが強い。もっとも、2段階制が維持されている限り、現在の都道府県に替えて、9から13の道と州にまとめる道州制にすることも、市町村を合併して、数を減らすこともできると考えられている。

　なお、最高裁判所は、1963年3月27日の判決で、地方公共団体とは、事実上、住民が共同体としての意識を持ち、経済的・文化的に密接な生活を営んでおり、沿革上も実際上もかなりの程度の自主立法権、自主行政権、自主財政権などの地方自治の基本的機能を与えられている地域団体であるとし、当時の東京都の特別区はそれにあたらないと判断した。もっとも、現在の東京都の特別区は、ほとんど市と変わらない実態と権限を有しているので、最高裁判所のいう地方公共団体にあたると考えるべきであろう。

（3）首長と地方議会の関係

　地方公共団体には議会を設置するとされ、地方公共団体の長、地方議会議員、法律の定めるその他の公務員は住民の直接選挙によって選ばれなければならない（憲法93条）。この**首長公選制**と公選議会制を組み合わせた構造は、アメリカの大統領制に近いが、地方自治法は**議院内閣制**に似た仕組みも取り入れている。たとえば、首長は条例案の提出権を持ち、議会は首長への不信任決議権を持ち、議会が不信任の議決をした場合には首長は議会を解散できるのである（地方自治法149条1号と178条1項）。

（4）住民の意思を重視するさまざまな制度

　日本の地方自治の特徴の1つは、住民の意思を重視する直接民主主義の要素を取り入れた制度の存在である。憲法上は、国会が地方特別法を制定するには、住民の投票の過半数の同意を必要とする（憲法95条）。地方特別法とは、特定の地方公共団体のみを対象（複数の地方公共団体にまたがる場合を含む）に、その組織・権限・運営などを定める法律のことである。これは国会が地方に不当に介入して、各地方間の平等を損なうことがないように、住民の意思を反映させるためのものである。具体的には、広島県広島市や神奈川県横浜市の都市計画に関する法律などがある（広島平和記念都市建設法、横浜国際港都建設法）。

　また、全国の地方公共団体では、原子力発電所建設や米軍基地問題、市町村合併などの地方の特定の政治的課題に関して、住民の意思を直接に問う住民投票が条例などに基づき独自に実施されてきた。住民投票には、一般的に、投票結果に関して首長や議会を法的に拘束する拘束型と、拘束しない諮問型がある。地方公共団体が独自に住民投票を実施する場合には、現状では諮問型が採用され、投票結果に示された住民の意思が首長や議会によって事実上尊重されるにとどまっている。首長の予算作成権や議会の条例制定権などとの衝突を避ける必要があることや、一地方だけの問題ではない事柄については必ずしも投票の結果のとおりに政策を実現できるとは限らないことが、その主な理由である。

　地方自治法上は、住民の一定数の署名で住民が地方公共団体の機関に請求をなす**直接請求制度**が設けられている。ここには、条例の制定・改廃請求、事務監査請求、議会の解散請求、議員・長・役員の解職請求が含まれる。また、議会の解散請求と議員・長の解職請求があった場合には、解散／解職の是非を問う住民投票が行われる。鹿児島県阿久根市では、住民の直接請求を受け、2010年には市長の解職の是非を問う住民投票が、2011年には市議会解散の是非を問う住民投票が、それぞれ行われた。解散／解職に有権者の過半数が同意する場合には、議会は解散され、議員・長は失職する。

　また、住民が地方公共団体の財務会計上、違法または不当な行為があると考えるときに、その監査や必要な措置の実施などを監査委員に求める住民監査請

求制度と、その結果に不服がある場合に司法判断を求める住民訴訟制度がある。

図表 13-1 | 直接請求の手続き

種類		必要な署名	請求先	取り扱い
条例の制定または改廃の請求		有権者の1/50以上	首長	首長は20日以内に議会にかけ、結果を公表
事務監査請求		有権者の1/50以上	監査委員	監査の結果を公表し、議会や首長に報告
解散請求		有権者の1/3以上	選挙管理委員会	住民投票で過半数の同意があれば解散
解職請求	議員・首長	有権者の1/3以上	選挙管理委員会	住民投票で過半数の同意があれば失職
	主要公務員(副知事、副市町村長など)	有権者の1/3以上	首長	議会にはかり、2/3以上出席する議会で、3/4以上の同意があれば失職

(5) 条例制定権

　地方公共団体は「法律の範囲内」で**条例**を制定できるとされ（憲法94条）、独自の立法権を持つ。条例に関しては、次の2点が問題になる。

　まずは憲法上、法律で定められることが予定されている事項を条例で定めることができるのかである。具体的には、財産権の内容（憲法29条2項）や租税の賦課（憲法84条）、**罪刑法定主義**（憲法31条と39条）が問題となる。条例は民主的な基盤を有する議会が制定するものである以上、これらの事項についても条例で定めることができると考えられている。

　次は、法律との関係で、条例はどこまで定めることができるのかである。憲法94条は条例の制定を「法律の範囲内」に限定する。この点で地方独自の公害規制などのための「上乗せ条例」（同一の規制対象に対して国の法令よりも厳しい規制基準を設ける条例）と、「横出し条例」（同一の規制目的を持って国の法令が規制対象とはしないものを規制する条例）が問題になってきた。最高裁判所は、

1975 年 9 月 10 日の徳島市公安条例事件判決で、ある条例が法令違反かに関しては、形式面だけでなく、「それぞれの趣旨、目的、内容及び効果を比較し」判断するという一般的な基準を示した。そして、法令が全国一律に同一の内容の規制を行う趣旨の場合には、それと異なる条例の定めは許されないが、法令の趣旨がそうではない場合には、法令と異なる定めを持つ条例も法令違反ではないと述べ、一定の範囲で「上乗せ条例」や「横出し条例」を認めている。学説上も、地方の特性を考慮することは「地方自治の本旨」にかなうので、法律の定めを全国的な最低基準と解し、「上乗せ条例」や「横出し条例」を法令に違反するものとは考えない説が有力である。

② 地方公共団体はどのような役割を果たすのか

（1） 自治事務と法定受託事務

　憲法 94 条前段は、地方公共団体の財産管理や事務処理の権限という**団体自治**の原則を確認し、具体的な地方公共団体への事務配分は地方自治法などで行われている。地方公共団体が扱う事務は、自治事務と法定受託事務の 2 種類である。

　自治事務とは、地方公共団体が処理する事務のうち、法定受託事務以外のものをいう。たとえば市町村が、ごみの収集・処理や上下水道の整備、消防などを行っているのが、その例である。法定受託事務とは、都道府県・市町村・特別区の事務のうち、国や都道府県で本来果たすべき事務に関わっていて、適正な対応を国や都道府県でとくに確保する必要があると法令で定められたものをいう。都道府県がパスポートの発行などを国の代わりに行っているのが、その例である。

　自治事務に関して、地方自治法は地方公共団体による自主的な対応をより尊重するべきとするが、法定受託事務に関しては、国または都道府県による適正な対応を確保する必要性が高いとして、より強力な関与の仕方を用意している。

（2）教育の地方自治

　地方自治は教育分野でも重要な原則である。たとえば、市町村は公立小中学校を、都道府県は公立高校を設置・管理している。もっとも、文部科学省が**学習指導要領**を作ったり、全国一斉学力テストを地方に実施させたりしているのを見ると、文部科学省は、教育に関する行政の活動を全面的に握って、地方の教育に対して指揮・監督でき、その命令には逆らえないと考えている人も多いかもしれない。しかし、そう考えるのは間違いである。教育は地方公共団体で自主的に行われるものであって、文部科学省は、指導・助言・勧告はできても、あくまで地方の教育をサポートするにすぎないのである。

　教育の地方自治の特徴は、選挙管理委員会などと同じく、一般の行政組織とは別に、**教育委員会**という**教育行政**を専門に担う機関が設けられている点にある。教育委員会は、複数の委員によって構成される合議体であり、教育に関する一定の事務に関しては、首長の指揮・監督を受けることなく、独立に意思決定を行う。これを教育行政の一般行政からの独立と呼ぶ。戦後の教育法制は戦前・戦中の国家主義的な教育への反省に基づくものが多く、教育の地方自治も戦前・戦中の中央集権に基づく教育の国家管理に対する反省に基づき戦後教育改革の主な理念の1つとされた。そのため、教育は何よりも、公権力による「不当な支配」（**教育基本法**16条1項）に服することなく自主的に行われなければならず、国の行政権力から独立させるとともに、地方公共団体内部でも一般の行政権力からの独立が必要だと考えられた。教育委員会制度の意義は、教育の自主性を確保するところにある（なお、当初、教育委員は公選制であったが、現在は首長による任命制となっている）（→参考文献②）。

　教育委員会はどのような仕事を担っているのであろうか。公立学校の管理はもちろん、図書館や公民館などの生涯教育に関する事務も仕事に含まれる。教職員の人事異動や教員採用試験などの教職員人事も仕事の1つである。

　ところで、市町村立の小中学校の教員に関しても教員採用試験の多くが都道府県単位で行われていることを、不思議に思ったことはないだろうか。この理由は、市町村立の小中学校の教職員に関しても、その給与を都道府県が負担す

る関係で（市町村立学校職員給与負担法）、都道府県の教育委員会に、その任命権限が与えられているからである（地方教育行政法37条1項）。ただし、仙台市、横浜市、大阪市のような政令指定都市では、県ではなく市の教育委員会が独自に採用試験を実施している。

（3）教育委員会制度改革

　2014年に地方教育行政法が改正され、**教育委員会**制度が見直された（2015年4月1日施行）。そのなかでも、教育委員会と首長との連携の強化などを狙いとして、新たに3つの点が変わったことが大きい。それらは、①首長にその地方公共団体の教育施策に関する大綱を作成する権限が与えられ、②教育長が教育委員会の構成員となった上で従来の教育委員長の役割を兼ね、首長に直接に任命されることになり、③総合教育会議という首長と教育委員会が協議・調整する場が設けられたことである。これらにより、**教育行政**への首長の関わりが従来よりも増すことになった。

　もっとも、法改正後も教育委員会と首長のそれぞれに配分される事務には変更はなく、教育行政の一般行政からの独立という原則は基本的に維持されている。法改正をきっかけに首長が自らの政治的な思惑どおりに教育委員会を従わせるようなことは、依然として制度の趣旨に反する。この点を、首長の大綱作成や総合教育会議の運用にあたって、十分に考慮すべきである（**図表13－2**）。

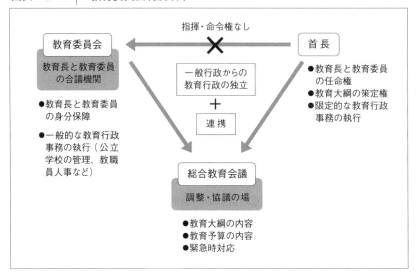

指揮・命令権なし

教育委員会

教育長と教育委員の合議機関

●教育長と教育委員の身分保障
●一般的な教育行政事務の執行（公立学校の管理、教職員人事など）

一般行政からの教育行政の独立
＋
連携

首長

●教育長と教育委員の任命権
●教育大綱の策定権
●限定的な教育行政事務の執行

総合教育会議

調整・協議の場

●教育大綱の内容
●教育予算の内容
●緊急時対応

③ 地方分権改革とは

（１）近年の地方分権改革の流れ

　地方自治制度が、憲法 92 条の「地方自治の本旨」という理念に沿うのかの検討も重要である。近年の**地方分権改革**に関しては、改革が本格化した 1990 年代後半から 2015 年までをおおよそ３つの時期に分けることができる。

　第 1 期は、1999 年の地方分権一括法の時期である。これ以前は、地方公共団体の事務は、自治事務と機関委任事務に大きく分けられ、機関委任事務は**団体自治**の理念に沿わないとの批判が多かった。機関委任事務は、国や他の地方公共団体の事務を地方公共団体の長などの機関に委任し、地方公共団体の長も国の機関委任事務を行う場合には国の機関と見なされ、主務大臣の指揮監督下に置かれたからである。これが 1999 年に廃止され、**２（１）**の自治事務と法定受託事務に整理し直された。

第2期は、地方財政に関する「三位一体改革」（2004〜2006年）の時期である。地方の財政は、地方税（住民税、固定資産税、事業税など）、国が地方の行う特定事業の費用を支出する国庫補助・負担金、地方間の財政不均衡を調整し、地方の財政を保障する目的で国から交付される地方交付税交付金、地方債、手数料などによって賄われる。「三位一体改革」は、これらのうち国から支給される国庫補助・負担金を約4兆7千億円減額し、地方交付税交付金を約5兆円抑える一方で、国税である所得税から地方税である個人住民税へ約3兆円の税源を移譲することで、地方の財政上の自主性を向上させるものだといわれた。

　第3期は、地方の自治事務の実施や方法に関する国による「義務付け・枠付けの見直し」（国が法令で地方公共団体に一定の活動を義務づけることと、国が法令で手続や基準を定めることで地方公共団体の活動を枠づけることの見直し）、及び国から地方公共団体への権限移譲などの拡大の時期である。これらは、民主党政権期の2009年以降に計画され、2012年末に自民党・公明党が政権に復帰し、複数回の法改正を経て、2014年ころから本格的に実施に移された（第1次から第4次の地域の自主性及び自立性を高めるための改革の推進を図るための関係法律の整備に関する法律（2011〜2014年）など）。これにより、たとえば、保育所の床面積の基準など、地方が担う事業に関する国の基準の弾力化などが行われ、地方が**条例**で独自の基準などを定めることができる範囲が拡大するとともに、地方公共団体がより多くの事務を担う体制が整備された（**図表13−3**）。

　さらに、2014年には、「義務付け・枠付けの見直し」及び国から地方公共団体への権限移譲について、地方公共団体からの提案を受けて検討する「提案募集方式」や希望する地方公共団体のみに権限を移譲する「手挙げ方式」が導入され、その後は、そうした方式が用いられて、改革が進められている（上記の第4次法以降、2023年現在第13次まで法改正が行われている）。

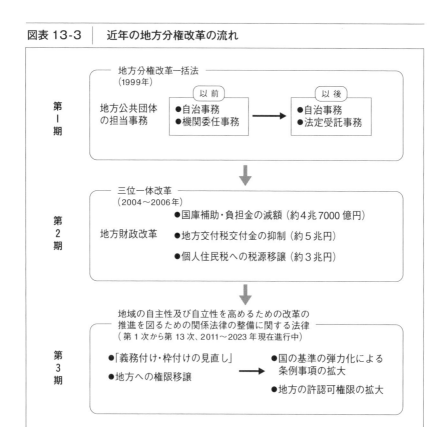

図表 13-3　近年の地方分権改革の流れ

第Ⅰ期

地方分権改革一括法
（1999年）

地方公共団体
の担当事務

| 以　前 |
| ●自治事務 |
| ●機関委任事務 |

→

| 以　後 |
| ●自治事務 |
| ●法定受託事務 |

第2期

三位一体改革
（2004～2006年）

地方財政改革

●国庫補助・負担金の減額（約4兆7000億円）

●地方交付税交付金の抑制（約5兆円）

●個人住民税への税源移譲（約3兆円）

第3期

地域の自主性及び自立性を高めるための改革の
推進を図るための関係法律の整備に関する法律
（第1次から第13次、2011～2023年現在進行中）

●「義務付け・枠付けの見直し」

●地方への権限移譲

→

●国の基準の弾力化による
　条例事項の拡大

●地方の許認可権限の拡大

（2）近年の地方分権改革の評価と教育分野への影響

　地方分権改革は、一見した限りでは地方の自主性を高め、肯定的に評価され
るべきもののようにも見える。しかし、たとえば、第2期の地方財政改革に関
しては、国庫補助・負担金の減額の多くは社会福祉関連の費用であり、地方の
財政を苦しくしたともいわれる。個人住民税への税源の移譲は、人口や所得の
多い地方と少ない地方との間でのさらなる格差の原因にもなりうる。また、「義
務付け・枠付けの見直し」は、財政の苦しい地方では、社会福祉事業での基準

の切り下げにつながる可能性もある。総じて近年の改革は、地方の自主性拡大の名のもとに、社会福祉事業などを地方の自己責任とし、全国どこでも一定水準のサービスを受給できるという意味でのナショナル・ミニマム・スタンダードの保障を危うくしている。こうした事態は、国民の生存権や教育を受ける権利の保障の充実という観点からは、必ずしも肯定的に評価できるものではない。

　教育分野でも、地方分権改革は地方の教育財政を危うくする方向で影響を与えている。2（2）のとおり、公立小中学校を設置する義務を負う市町村は、建前上はその管理・運営費用を自ら負担することになっている。しかし、公教育に要する費用の規模や地方間での税収格差などによる財政力の違いを考えれば、国が地方を財政的に支え、全国的に一定水準の教育条件を確保する仕組みが必要になる。義務教育費国庫負担法（1953年）と公立義務教育学校学級編制・教員定数標準法（1958年）は、この必要性に応えたものであった。当初、公立義務教育学校学級編制・教員定数標準法は、教育条件の基礎をなす学級定員（1クラスの人数の定員）と教員定数（クラス数を基準に割り振られる教員の人数）の全国最低基準を設定し、義務教育費国庫負担法によって、国はその基準達成に必要な教職員給与の2分の1を、地方に使い道を限定して支出した。

　地方分権改革は、こうした教育条件を全国的に保障する仕組みを揺るがすものであった。たとえば、三位一体改革の際には、義務教育費国庫負担法が改正され、教職員給与に関する国の負担割合が3分の1に縮減された（2006年）。また従来は、公立義務教育学校学級編制・教員定数標準法の定めにより、市町村は、都道府県が定める学級定員の基準（たとえば1クラス40人）を最低基準として、各学校のクラスを編成しなければならなかった（つまり1クラス40人以下のクラスしか存在しない）。しかし、「義務付け・枠付けの見直し」の際には、公立義務教育学校学級編制・教員定数標準法が改正され（2011年）、市町村は都道府県が定める学級定員の基準を「標準」とし、場合によってはその基準を上回る人数で各学校のクラスを編成できることになった（たとえば1クラス41人以上のクラスも存在することになる）。教育分野においても、地方分権改革が、国がナショナル・ミニマム・スタンダードを確保するという責任から解放されるきっかけになっていないかについて慎重に評価すべきである。

④ 主権者教育とは

　選挙権年齢及び成人年齢が満18歳以上へ引き下げられたことから、**主権者教育**の重要性が強調されている。高校では2022年度から新科目「公共」が導入され、新しい主権者教育が模索されている。

　国王がすべて決める独裁国家と違い、日本のような民主国家では国民1人ひとりが政治の方向性を決定する力を持っている。民主政治が正しく機能するためには、誤った方向に進まないよう、一定の知識や能力を身につけた民主主義の担い手を育てることが必要である。

　このような知識や能力は、憲法の条文や重要なキーワードの暗記、そして「必ず投票に行こう」という教育によって得られるものではない。現代社会や政治・経済の教科書には、原子力発電、在日米軍基地、領土問題などの記述があるが、暗に原発は安全で、沖縄の在日米軍基地は重要で、領土問題についての日本政府の主張は正しい、と記述されてはいなかっただろうか。「教科書には正しいことが書いてある」と多くの人は思っているが、必ずしもそうではないこともある。そこで当たり前だと思っている現状を疑う力、言い換えれば、批判的精神を育てることが主権者教育には求められる。

　ところで、人にはそれぞれ大切にしているものがある。これを価値観という。上を目指そうとする人もいれば、人並みの暮らしで十分と考える人もいる。多くの人に認められたい人もいれば、他人とはなるべく関わりたくない人もいる。さまざまな価値観を持った多様な人々がともに暮らす社会を築いていくためには、異なる価値観を持つ他者を受け入れ、話し合い、協力していくことも必要である。こうした人との関わり方も、価値観が多様化している日本社会では必要であり、今後の主権者教育にも求められる。もちろんここで基礎となるのが、個人の尊重を掲げる憲法であることは言うまでもない。

　主権者教育では教師が一方的に教える授業とは異なり、生徒が主体となり、協力しながら学ぶというアクティブ・ラーニングの手法で、課題を見つける力や話し合う力、協力して解決策を考える力を育てることが期待されている。しかし、単に生徒が話し合えばよいわけではない。少数意見が尊重されない話し

合いや、多様な意見が出てこない話し合いになることもあるだろう。話し合いの結果が誰かを差別するものになることもあるかもしれない。教師には自由な議論や生徒の主体性を尊重すると同時に、話し合いや結論の問題点を指摘し修正することも求められる。

　主権者教育は授業のなかだけでなく、学校の校則や行事など、日々の学校生活の課題に生徒たちの目を向けさせることともつながっている。普段から自由に意見を表明できない学校では、授業で活発な話し合いをすることは難しい。近年、ブラック校則が注目されているが、学校が一方的に校則を決めてはいないだろうか。生徒の意見を聴くことも必要であるし、校則の見直しの際には生徒の参加も認めるべきである。部活で体罰やセクハラなどがないだろうか。学校だからといって、憲法上の自由や人権が制限されてはいけないのであり、それらに気づくことも大切である。

　ただ、主権者教育にも落とし穴がある。教室のなかには、外国籍の生徒もいるだろう。彼らは、18歳になっても選挙権を持つことができない。外国籍の生徒への配慮も不可欠となるのだ。

　こうした課題に対して、イギリスでは、さまざまな国や文化にルーツを持つ人々が、同じ市民としてお互いを尊重しながら協力し合う社会を目指すシティズンシップ教育が導入されている。主権者教育は、より広く、日本社会を構成する人々である市民のための教育とならなければならない。

　子どもは教師をよく見ている。教師であるあなたの「こんな主権者に育ってほしい」という気持ちを大切にしながら、1人ひとりの子どもの価値観を認めているか、気づかぬうちに子どもが自由に考える機会を奪っていないか、と問い続けることが、あらたな民主主義の担い手を育てることになるだろう。

ケースのクエスチョンに対する解答作成のヒント

　ポイントは、教育の地方自治である。

　Ⅰについて、個々の公立小中高校をどのように管理・運営するのかは、基本的に地方公共団体の責任に属する。今回の場合には、文部科学大臣と地方公共団体は上下の

関係にはないことを念頭に考えるべきであろう。

　2について、教育委員会制度改革により2015年4月から設けられた総合教育会議の運営のあり方が問題になる。一般行政からの教育行政の独立が教育委員会制度の要であることを踏まえて、県知事の要請を評価する必要がある。

　3について、教育委員会が教育の地方自治の担い手だとしても、学校現場にどんな命令でもできるわけではない。教師の教育の自由などを侵害しないことが求められる。

おすすめの本・ウェブサイト

①二宮厚美・田中章史『福祉国家型地方自治と公務労働』（大月書店、2011年）

　　2011年段階までだが、近年の地方分権改革の内容やねらいを批判的に分析し、生存権保障などの国の責任を踏まえたあるべき地方自治の方向性を探っている。

②世取山洋介・福祉国家構想研究会編『公教育の無償性を実現する――教育財政法の再構築』（大月書店、2012年）

　　教育財政法の歴史や現状を踏まえ、地方分権改革の教育分野への影響を理解し、教育の地方自治のあるべき方向性を探求するのに役立つ論考を収録。

③樋口陽一『憲法と国家――同時代を問う』（岩波書店、1999年）

　　国民国家概念のそもそもの意義を踏まえて、地方分権やグローバリゼーションという国内外からの国民国家の据え直しにどう向き合うのかを考えている。

参考文献

①成田頼明「地方自治の保障」宮沢俊義先生還暦記念論文集『日本国憲法体系 第5巻 統治の機構 （Ⅱ）』（有斐閣、1964年）

②鈴木英一『教育行政』（東京大学出版会、1970年）

③永井憲一『主権者教育権の理論』（三省堂、1991年）

④バーナード・クリック（関口正司監訳）『シティズンシップ教育論――政治哲学と市民』（法政大学出版局、2011年）

憲法はどこから来たのか
—— 憲法の思想と歴史

「憲法」という言葉は、よく耳にするが、それは何であり、何のために存在しているのかはよくわからない、あるいは、民法や刑法に比べて、日々の生活に憲法の存在を感じる場面は少ない、といった感覚を持つ人も多いだろう。それは、ある面で正しい。憲法は、国民ではなく、国家権力を縛るものであるから、憲法に縛られている感覚がないのはもっともなことなのである。では、憲法と国家はどのような関係にあるのだろうか、第 14 章では考える。

ケース

あなたは公立高校 3 年 A 組の担任。最近、クラスのなかでいじめが行われているという噂を耳にしている。ただ、実態を把握することは難しく、効果的な対策を取れずに困っていた。

ある日、このような全国の状況を見かねた内閣は、いじめの加害者であると噂される児童・生徒に対し、文部科学大臣が直接懲戒処分を行うことができる法案を国会に提出し、賛成多数により可決・成立した。これを受けて、内閣総理大臣は、「いじめは重大な人権侵害です。政府の任務が国民の人権の保護にある以上、いじめという人権侵害を見過ごすわけにはいきません。さまざまなご批判があるのは承知していますが、国民の多数による支持を受けた国会議員によって、多数の支持を得て可決された法案ですので、民主主義的に正しい法案である、と自信を持って言えます」と述べた。

あなたは、この法律がいじめ対策として一定の効果があるだろうとは思っている一方、法律の内容や首相のコメントに対して疑問があり、本当に子どもにとって有用なのかと考えている。

クエスチョン

1　いじめは人権侵害なのか。
2　多数決は常に正しいのか。
3　法律の内容の正しさを、裁判所に判断してもらうことはできないのか。

Ⅰ 憲法とは

（１）憲法の名宛人

　通常、法律は、国民が守るべきルールを定めている。たとえば、刑法は他人の物を盗んではいけない、民法は借りたお金は返しなさい、と定めている。

　では、同じように憲法も国民が守るべきルールを定めているのだろうか。憲法13条の前段は、「すべて国民は、個人として尊重される」と定め、また19条は、「思想及び良心の自由は、これを侵してはならない」と定めているが、国民同士がお互いに個人として尊重しあうべきである、また思想や良心の自由は国民がお互いに侵害しないようにしなければならない、と定めているわけではない。もちろん、人々はお互いを個人として尊重しあうべきであるし、他者の思想を踏みにじるべきではないことは言うまでもないが、そのことと憲法の定めるルールの話とは別である。

　憲法が定めるさまざまなルールは、我々国民ではなく、国家が守るべきものとして定められている。つまり、憲法は、国家権力に対し、さまざまな権限を与え（逆に言えば、与えられていない権限を使ってはならないと定めている）、侵してはならないものとして国民の権利や自由を定めている。このような、憲法によって国家権力を制限し、国民の権利や自由を確保しようとする考え方を、**立憲主義**と呼び、立憲主義に基づく内容を持った憲法を、立憲主義憲法（立憲的意味の憲法）と言う。

（２）社会契約思想と近代立憲主義

　先ほどの意味での立憲主義の起源は、18世紀の**社会契約**思想にまでさかのぼる。そこでこれを、近代立憲主義と呼ぶことが多い。社会契約思想の代表的な論者としては、Ｊ・ロックやＪ・Ｊ・ルソーが有名である。もちろん、社会契約思想は論者によって違うが、ここではロックのモデルを踏まえて、大まかにその内容を見てみよう。出発点となるのは、自然状態と呼ばれるものである。自然状態とは、国家が存在しない、人々がこの世に生まれ落ちてきたそのまま

の状態を指す。そのような状態であっても、人々は生まれながらに自由かつ平等であって、神から与えられた生命、自由、財産などの自然権を持っている。これらの自然権は、自然状態のままでは、各自が自力で守る他なく、安定して維持確保することが難しい。そこで人々は、自然権を安定的に確保するために、お互いに契約を結んで国家を創設し、その国家に人々を強制することのできる権力を与えて、自然権の確保の役割を持たせることにする。そしてもし国家がその任務を行わなかったり、あるいは自らが自然権を侵害するような事態に至ったりした場合には、人々は、国家に抵抗する権利や革命を起こして国家を倒す権利を持つ。

図表 14-1 ｜ 社会契約思想と近代立憲主義憲法

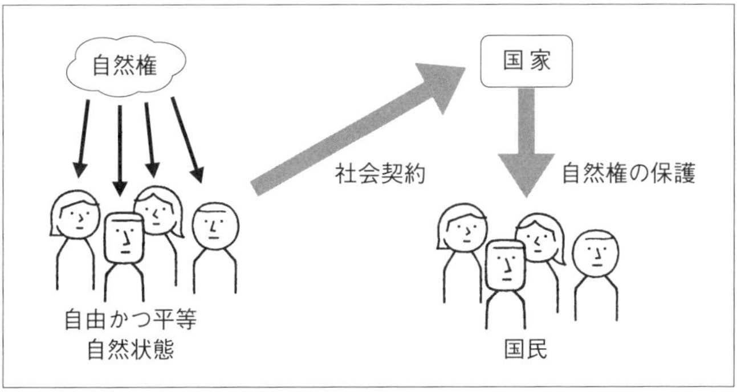

こうした内容を持つ社会契約思想は、専制的な政治体制を打破する思想的原動力となり、18世紀末のアメリカ独立革命やフランス革命に根拠を与えることになり、その後のアメリカ独立宣言（1776年）やアメリカ合衆国憲法（1787年）、フランス人権宣言（1789年）やフランス1791年憲法などの革命の成果を示した宣言や**憲法の制定**につながっていった。

（3）憲法の概念

憲法とは、最も広い意味では、その国の統治・政治の仕組みなどを定めているルールのことである。この意味での憲法は、おそらく、無政府状態でもない

限り、世界中どの国や地域にでも、あるいはどの時代の国や地域にも存在するであろう（星占いに従って国政を運営する旨のルールも、憲法ということになる）。したがって、この意味での憲法は、およそ国家であれば必ず有している（国家ごとに固有の）ものであるので、「固有の意味の憲法」と呼ばれる。しかし、我々が通常「憲法」と呼び、「憲法」の授業で学んでいる憲法は、立憲的意味の憲法のことである。では、その特質はどのようなものなのであろうか。

② 立憲的意味の憲法の特質

（1）基本的人権の保障と権力の分立

　先ほどのフランス人権宣言16条は、「権利の保障が確保されず、諸権力の分立が定められていない社会は、およそ憲法を持つものではない」としているが、これは立憲主義に基づく憲法の特質を端的にあらわしている。

　先に見たように、立憲主義の基礎にある社会契約思想の第一の目的は人々の自由や権利の保障であったが、そうすると、立憲主義に基づく憲法も、**基本的人権**の保障を主要な内容としていなければならない。そのことから、立憲主義に基づく憲法は、自由の基礎法と呼ばれる。

　また、立憲主義は、人々の自由や権利を守るために国家権力を制限するという考え方であるが、そのための仕組みが、権力の分立である。つまり、権力分立とは、権力をいくつかに区別し、それぞれ別の担い手に持たせることによって、権力相互の抑制と均衡を保たせる仕組みである。これは、国家権力が1人の人物や1つの機関に集中することで暴走したり濫用されたりすることを防止するものであり、まさに立憲主義の目的にかなっていると言える。

（2）最高法規性

　いくら憲法で人々の権利や自由を保障したとしても、その効力が法律より劣るなら、法律の内容次第によって権利や自由の保障される範囲はいくらでも小さくなる。したがって、立憲主義に基づく憲法が人々の権利や自由の保障を中

核としているならば、その法としての効力は、他の法律やその他の国内法規範よりも常に上位になければならない。憲法に国内法秩序において最も強い効力を持たせれば、そのときどきの国民の多数派によって支持された法律だとしても、憲法で保障された基本的人権を侵害するような法律や、憲法で与えられた以上の権限を国家に与えるような法律は制定してはならないことになる。そうすれば、憲法で保障された権利や自由を侵害するような法律は無効となり、国家権力による侵害から権利や自由を守ることができる。このように、憲法が国内法秩序のなかで最も強い効力を持ち、その内容に反する法律その他の国内法が無効とされることを、憲法の**最高法規性**と言う。

（3）違憲審査制

　立憲主義に基づく憲法は、通常、憲法の最高法規性それ自体を確保するための仕組みを備えていることが通例である。これは、「基本的人権の保障」のように、個々の国民に対して、それを脅かすような法律などから憲法が基本的人権を保障している場合と違って、憲法そのものを憲法の最高法規性を骨抜きにするようなものから保障するという意味で、「憲法（の）保障」と呼ばれる。その仕組みには多種多様なものが存在する（たとえば、Ⅰ（2）の**社会契約**思想にも含まれている抵抗権も、憲法外的な憲法保障の仕組みの1つである）が、憲法保障のための憲法上の仕組みとして代表的なものが、**違憲審査制**である。

　この違憲審査制の母国は、アメリカであるとされている。といっても、アメリカ合衆国憲法のなかに違憲審査制を定めた規定があるわけではない。連邦最高裁判所自身が、1803年の判決において、憲法上、**司法権**の範囲が憲法に基づいて発生する事件に及ぶこと、裁判官が憲法擁護の義務を負うこと、憲法が最高法規と定められていることを根拠に、自らに違憲審査権が備わっていると宣言したことに端を発している。こうして、アメリカの場合、一般の刑事事件や民事事件の裁判を行う通常裁判所が、法的紛争の解決のなかで必要があれば違憲審査権を行使するというシステムが確立していくことになる。これは、付随的違憲審査制と呼ばれる。

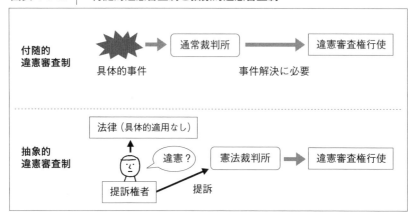

図表 14-2 付随的違憲審査制と抽象的違憲審査制

もちろん、違憲審査制はアメリカのようなシステムに限られるわけではない。たとえば、ドイツにおいては、連邦政府などの一定の提訴権者による申し立てにより、連邦憲法裁判所という違憲審査のみを行う裁判所が、法的紛争の解決とは無関係にその法律の違憲審査を行うシステムが取られている。これは、抽象的違憲審査制と呼ばれる。

（4）国民主権・民主主義と立憲主義

　社会契約思想によれば、国家は、人々が自らの自然権を守るために構築したものであるから、国家の権力の源泉は国民自身であり、したがって国民は主権者でなければならない。こうして、立憲主義憲法は、国民主権の原理を必要とする。また、国民主権を具体化するには、国民が政治に参加して、国政の重要事項について自ら決定をしていく民主制が必要となるが、その代表的なものとして、直接民主制と間接民主制が存在する。直接民主制とは、主権者である国民自らが統治に関わる決定を行っていく制度であり、間接民主制とは、国民は、議会の議員などの国民の代表者を選出し、代表者が法律制定などのさまざまな決定を行っていく制度である。多くの場合、間接民主制を原則としつつ、どれだけ直接民主制の要素の入った仕組みを取り入れているかという点で差異が見

られる。

　ところで、間接であれ、直接であれ、民主制における決定の方法としては、多数決が用いられることが通常である。選挙で多数票を得たものが代表者となり、議会においては多数決によって議決がなされている。このように、民主制は、国民のなかの多数者の意思を効率的に統治に反映させる制度といっても間違いではない。

　ところが、この民主制の特徴は、立憲主義と鋭く対立する可能性がある。というのも、立憲主義は、国家権力を抑制し、国民の基本的人権を保障することを目的としているが、典型的には、法律などによる国民の基本的人権の侵害が禁止される。このことは、国民の多数者によって支持された法律であっても、少数者の基本的人権を侵害してはならないことを意味しており、多数者による統治を目的とする民主制とは方向が異なっている。

　この点については、国民が国家権力から自由であるためには、国民の能動的な政治参加が前提となり、かつ民主制は国民が自由で平等であることが前提となるとして、立憲主義と民主主義にはお互いに密接な結びつきがあると言われることもあるが、潜在的には、このような対立の要素があることに注意が必要である。

（5）立憲主義の時代ごとの変化

　18世紀の市民革命期に成立した立憲主義憲法は、20世紀に入り、大きな転換期を迎える。つまり、国家権力を抑制し、個人の権利や自由を守ることを第一の目的とする立憲主義のもとでは、国家の役割は治安の維持などの最小限の任務に限られ（これを、自由国家・消極国家などと呼ぶ）、個人は国家の干渉から自由な経済活動を営むことが認められた。その結果、資本主義経済が大きく発展することとなったが、資本主義がさらに発展するに伴い、貧富の差や労働条件の劣悪化といった資本主義の矛盾が明らかになり、社会的不平等が構造化・固定化されるに至った。こうした状況のもとでは、国家の役割が依然として最小限のものに限られるとするならば、社会的弱者の自由や生存の確保は困難である。そこで、20世紀に入り、むしろ国家は人々の経済活動に積極的に関わ

って社会的不平等を改め、国民の自由や平等を実現していくべきであるという国家観が登場した（これを、社会国家、福祉国家、積極国家などと呼ぶ）。こうした20世紀の現代立憲主義の考え方に基づく憲法においては、財産権などの経済的自由が一定の制限を受けることや、国家の積極的な関わりを求める社会権の保障（→**第8章**）が明文化されるようになる。

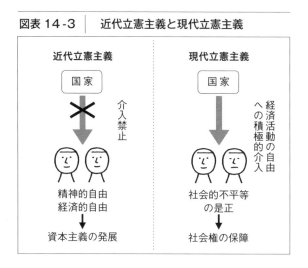

図表14-3　近代立憲主義と現代立憲主義

近代立憲主義
国家
介入禁止
精神的自由
経済的自由
↓
資本主義の発展

現代立憲主義
国家
経済活動の自由への積極的介入
社会的不平等の是正
社会権の保障

③ 日本憲法史と立憲主義

（１）明治憲法の制定

　日本においては、立憲主義的な憲法は、明治時代以前には全く存在していなかった。立憲主義的な憲法は、1889年の大日本帝国憲法（明治憲法）に始まる。

　もっとも、同じく立憲主義的であっても、アメリカやフランスの憲法と、明治憲法とでは、制定の背景なり動機が若干異なっている。１（２）のように、アメリカやフランスにおいては、専制的な政治を打破するという動機が市民革命と憲法制定を大きく後押ししていた。これに対し、明治憲法の制定は、江戸時代末期に欧米列強諸国との間で締結した不平等条約を撤廃ないし改正するた

めに、憲法を制定すれば欧米列強諸国と対等な関係に立つことができ、改正交渉に資すると明治政府によって考えられたことが大きな原動力となった。

　そのあと政府は、1882 年に伊藤博文ら憲法調査団をベルリンやウィーンなどのヨーロッパ各国に派遣し、帰国後に憲法の起草にあたらせた。こうして完成した憲法草案は、1889 年 2 月 11 日に「大日本帝国憲法」として発布された。

（2）明治憲法と立憲主義

　明治憲法（大日本帝国憲法）は、欧米列強と肩を並べるための手段という制定目的からすれば当然と言えば当然であるが、当時の世界の立憲主義憲法と比べても水準の高いさまざまな制度を備えていた。しかしながら、明治憲法の問題点は、それが不十分であったことにある。

　たとえば、立憲主義の第一の目的である、国民の権利や自由の保障という観点から見れば、明治憲法は、居住・移転の自由や信教の自由、表現の自由など、現代の目から見ても多くの権利や自由を保障していた。しかしながら、それらはいずれも、「法律ノ範囲内ニ於テ」保障されたにすぎず、法律を制定する帝国議会が憲法上の権利や自由の内容や限界についての決定権を保持（留保）すべきという、いわゆる「法律の留保」を伴ったものであった（信教の自由については、「法律ノ範囲内ニ於テ」保障されるとの言葉はなく、世のなかの安定を損なうことなく、「臣民タルノ義務」に反しない限りで保障されていたが、当時、神社神道の信仰が「臣民タルノ義務」であり、他の宗教を信仰することは事実上極めて困難であった）。

　他方で、権力分立の面でも、立法権を担う帝国議会、行政権を担う国務大臣、司法権を担う裁判所を設け、三権分立の体裁が一応取られていた。ただ、いずれの国家機関も、主権者であり「統治権の総攬者」である天皇を支える機関にすぎなかった（なお、内閣制度は憲法上の制度ではなく、天皇の勅令によって作られたものであり、憲法上は各国務大臣が天皇に助言する制度になっていた）。

　また天皇の権限（これを大権と呼ぶ）のなかには、皇室の事務や栄典に関する事務など、議会や内閣の関与なしに行使できる一定の権限が存在していた。とくに、軍の統帥に関する大権は、実際には政府から独立した軍令機関によっ

て支えられ、軍部大臣の現役武官制と並んで、軍部の独裁、そして日本の軍国主義化を招く大きな原因となった。

（３）日本国憲法の制定

日本国憲法制定の最大の要因は、第2次世界大戦における敗戦であった。もっとも、（２）の明治憲法における立憲主義の不十分さを考えれば、明治憲法体制の崩壊は時間の問題であったとも言える。しかしながら、とくに、降伏の条件を定めたポツダム宣言の受諾と、そのあとの連合国軍総司令部（GHQ）による占領と強い指導は、日本国憲法制定を大きく後押ししたことは明らかである。

ポツダム宣言の各条項のなかでも、10項と12項は新憲法の制定を必然的に要求するものであったと言える。というのも、ポツダム宣言10項は、日本の民主化と言論や宗教の自由などの基本的人権の尊重の確立を要求し、12項は占領終了のためには日本国民の自由に表明された意思による平和的で責任ある政府の確立が必要であるという内容を定めており、主権者を天皇とし、基本的人権の保障も十分ではない明治憲法の改正は不可避であった。

これに対し日本政府は、当初は明治憲法改正を不要としていたが、そのあとGHQの示唆もあり、松本烝治国務大臣を委員長として憲法問題調査委員会（いわゆる松本委員会）を組織し、改正作業に着手することになった。ところが、松本委員会による憲法草案は天皇を依然として統治権の総攬者として位置づけるなど保守的な内容であり、これを1946年2月1日の毎日新聞のスクープにより正式な公表前に知ったGHQは、独自の憲法草案作成に着手することになった。その際、GHQ総司令官マッカーサーは、①天皇を世襲の元首とし、その職務や権限は憲法のもと国民に責任を負うこと、②戦争の放棄と陸海空軍の交戦権の否認、③封建制的華族制の廃止、という3原則を草案に盛り込むよう指示し、これに基づいてGHQ草案が作成された。そのあと、GHQ草案に基づいて作成された日本政府による憲法草案が、明治憲法の改正案として帝国議会に提出され、明治憲法の改正手続きに従って、いくつかの重要な修正（そのなかには、現在の憲法25条の生存権の規定もあった）が加えられた上で、現行の

日本国憲法が成立した。

（４）日本国憲法と立憲主義

　こうして成立した日本国憲法の基本的な考え方は、前文によくあらわれている。前文は４段から構成されているが、とくにその１段目には、「国政は、国民の厳粛な信託によるものであつて、その権威は国民に由来し、その権力は国民の代表者がこれを行使し、その福利は国民がこれを享受する」ことは、「人類普遍の原理」であって、「この憲法は、かかる原理に基くものである」ことを述べている。これは、憲法13条の「生命、自由及び幸福追求に対する国民の権利」といったその他の条文とあわせて、社会契約思想及びそれに基づく近代立憲主義を踏まえた表現と言ってよいであろう。

　他にも、前文１段は、先ほどの文章の前に、「日本国民」が、「自由のもたらす恵沢を確保」することと「政府の行為によつて再び戦争の惨禍が起ることのないやうにすること」を「決意」して、「主権が国民に存することを宣言」し、「この憲法を確定する」と述べている。ここで、基本的人権の尊重、平和主義（→**第11章**）、国民主権という、いわゆる憲法の三大原理を述べているのも特徴的である。

　このうち、国民主権の原理について、前文は、「国民は……憲法を確定する」として、国民が憲法制定権力を有している旨を規定しているが、この権力は、憲法典が作られる際に国民主権の原理及び**憲法改正権**（憲法96条）として組み込まれたものと理解することができる。また、憲法は、前文のすぐあとに置かれた１条で、「天皇は、日本国の象徴であり日本国民統合の象徴であつて、この地位は、主権の存する日本国民の総意に基く」と規定し、天皇が主権者ではなく、国民の意思によって置かれた象徴であるとして、**象徴天皇制**を採用するとともに、国民主権の原理を改めて明らかにしている。これを受けて、憲法上、天皇は国政に関する権能を持たず、内閣の助言と承認に基づいて一定の国事行為のみを行うとされている（憲法３条と４条１項）。

　基本的人権については、憲法11条で、「この憲法が国民に保障する基本的人権は、侵すことのできない永久の権利」であるとして、さまざまな基本的人権

を法律の留保なしに保障している。とくに、憲法13条は、「生命、自由及び幸福追求に対する国民の権利」の保障に加えて、個人の尊重という憲法の根本的原理を規定している点で重要である。また、憲法は、生存権（25条）や労働基本権（28条）などの社会権を保障しており、現代立憲主義の特徴も有している。

　統治の仕組みに関しては、憲法は、国会を「国の唯一の立法機関」と定め（41条）、行政権を内閣に属するものと定め（65条）、すべての司法権が裁判所に属すると定めており（76条1項）、三権分立制を採用している。その上で、内閣の存立を国会の意思に基づかせる議院内閣制を採用している点が特徴的である（**→第12章**）。

　こうした内容を持つ憲法は、98条1項で最高法規性を宣言するとともに、その改正について通常の法律よりも厳格な要件を設け（96条。このような憲法を、硬性憲法と呼ぶ。一方、改正に必要な条件が法律と同じものを、軟性憲法と呼ぶ）、また違憲審査制を採用する（81条）ことで、最高法規性を保証している。

　ところで、違憲審査制にはさまざまな種類のものが存在することは2（3）のとおりだが、日本国憲法の違憲審査制は、81条が憲法の「司法」の章に規定されており、また特別裁判所の設置も明文で禁止されていること（76条2項）などから、通常裁判所が法律上の争いを解決するのに必要な限りで違憲審査権を行使する付随的違憲審査制であると理解されている。これについて、最高裁判所は、政府による警察予備隊の設置や維持それ自体が憲法に反することを理由に無効確認の訴えがなされた、1952年10月8日のいわゆる警察予備隊違憲訴訟判決において「わが現行の制度の下においては、特定の者の具体的な法律関係につき紛争の存する場合においてのみ裁判所にその判断を求めることができるのであり、裁判所がかような具体的事件を離れて抽象的に法律命令等の合憲性を判断する権限を有するとの見解には、憲法上及び法令上何等の根拠も存しない」として、少なくとも現行制度上、抽象的違憲審査制が採用されているものではないと判断している。

　日本の憲法と立憲主義の関係を図式化すれば、**図表14－4**のようになる。

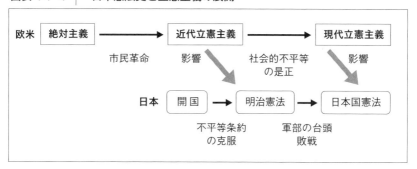

図表 14-4 ｜ 日本憲法史と立憲主義の展開

（5）憲法の改正

　（4）で見たとおり、憲法は国内の最高法規であり、その最高法規性を担保するために、憲法改正に必要な条件を通常の法律の制定よりも厳しくしている（硬性憲法）が、硬性憲法という性質は、憲法の改正を絶対的に禁止しているわけではなく、憲法の安定性の確保を大原則としながらも、社会の変化に適応する必要が生じれば、例外的に改正による適応も可能とするための1つの方法である点に注意が必要である。これについて憲法は、憲法改正に必要な条件を、各議院の総議員の3分の2以上の賛成により国会が憲法改正案を発議し、国民投票において過半数の賛成が得られなければならないとしている（96条）。ここに言う「過半数」の意味については、有権者総数の過半数、投票総数の過半数、有効投票の過半数など、さまざまな考え方があったが、2007年に制定された憲法改正手続法では、有効投票の過半数とされている。

　ところで、以上のような憲法改正の手続に基づいてさえいれば、どのような内容の改正も可能なのだろうか。たしかに、憲法自身が改正手続を定めており、かつ条文上は何も限定されていないことや、憲法改正とは主権者である国民による憲法改正権の行使であることからすれば、どのような内容の改正でも可能であると考えられるかもしれない（憲法改正無限界説）。しかしながら、国民の憲法改正権であろうと、それ自身がよって立つ基盤である国民主権の原理を変

更することは理論的に許されない。また同様に、憲法96条の定める国民投票による憲法改正手続も、国民の憲法改正権を具体化したものなので、これを改正することは許されない。また、人間が生まれながらに持つ自由や平等を国民の憲法制定権力により具体化したものであるという近代立憲主義憲法の特質からすれば、基本的人権の基本的な原則についても改正はできないと言える。このように、憲法の改正には一定の内容上の限界があるとするのが一般的である（憲法改正限界説）。

ケースのクエスチョンに対する解答作成のヒント

1について、憲法で保障された人権は、国家によって侵害されないように国民に保障されたさまざまな権利や自由のことである。したがって、たとえば、公立学校の教師などの公権力によって生徒への何らかのいじめがあった場合と、生徒同士のいじめの場合とは、憲法の問題として考えるならば、区別して考える必要がある。

2について、国民の多数派によって選ばれた国会議員の多数派によって作られた法律が絶対的に正しい法律だとは、憲法は考えていない。むしろ、民主主義的には多数派であってもなしえないことを規定するのが近代立憲主義に基づく憲法の主たる目的の1つである。

3について、憲法は、法律の客観的正しさを決定する規準ではない。あくまでも、違憲審査制は、そのような法律の正しさそのものではなくて、憲法と法律との適合性を判断するシステムである。また、抽象的にある法律が憲法に適合するかを審査するシステムとして活用できるものであるかは、確認する必要があろう。

おすすめの本・ウェブサイト

①長谷部恭男『憲法と平和を問いなおす』（筑摩書房、2004年）

　　比較不能な価値観を信じる人々が、公平に社会生活を送るための枠組みを定める理念としての立憲主義の成り立ちと内容、そして立憲主義と民主主義、平和主義との関係について示している。

②伊藤真『10代の憲法な毎日』（岩波書店、2014年）

　　高校生活の身の回りで起こる出来事について、憲法の視点から高校生が考えていく形式の入門書。立憲主義とは何かや、個人の権利・自由とは何かなどについて、

わかりやすく知ることができる。

③阿川尚之『憲法で読むアメリカ史（全)』（筑摩書房、2013 年）

　　社会契約思想をほぼ忠実に再現して一から国家を形成したアメリカの歴史を、立
憲主義と民主主義との対抗が最も先鋭にあらわれる連邦最高裁判所の判決を通じて
読み解いている。同書の続編として、阿川尚之『憲法で読むアメリカ現代史』（NTT
出版、2017 年）

参考文献

①芦部信喜『憲法学Ⅰ──憲法総論』（有斐閣、1992 年）
②渋谷秀樹・赤坂正浩『憲法２統治［第８版］』（有斐閣、2022 年）
③長谷部恭男『憲法とは何か』（岩波書店、2006 年）

エピローグ　憲法から学校を考える

(1) 試験対策とアクティブ・ラーニング

　こんな経験をしている憲法学者はいないと思うが、私は学部生時代に教職（一般教養）の日本国憲法の授業を3年連続で落としている。授業がつまらなかったので授業に出なかったことが一番の原因だが、もう1つの原因としては、試験で何を書けばよいのか、さっぱりわからなかったことがある。

　とくに1年生の春学期（前期）は、「大学のテストって何を勉強すればいいのか？」、「どの条文がポイントなのか？」、「自分の意見を書けばいいのか？」などと心配だと思う。

　2015年に実施された大学入試センター試験の政治・経済第3問のリード文は、このような学生の気持ちに答えている。

> 学生A：大学に入ってもう4か月ね。来週は憲法のテストか。長文の論
> 　　　　述問題らしいけど、どんな勉強をしたらいいのかしら。
> 学生B：憲法は条文が重要だから、全部暗記しなければならないのか
> 　　　　な？
> 学生A：100条程度の条文だけでは、社会で起こるいろいろな事件への
> 　　　　答えは出ないんじゃない。授業では、条文の解釈も重要だって
> 　　　　聞いたわよ。

　そう、高校までの勉強と違って、試験勉強といっても、憲法の条文暗記ではない。条文は数学で言えば公式であるが、憲法の世界は公式どおりに答えが出るわけではない。数学で公式を変形するように、条文の解釈が必要なのである。テストでは写経のように暗記してきた条文を答案に書き写す学生もいるが、センター試験の問題文でも言っているように、条文だけでは、問題に対する答え

は出ない。それに、試験を出題する教員がわざわざ条文からすぐに答えが出るような問題を出すことも多くはないだろう。

　出題する側になってから気がついたことだが、半期2単位の憲法の授業で出せそうな論点（法学で論争がある問題点をこう呼ぶ）は実は少ない。やはり最近の最高裁判所判決、世間で話題になっている分野が重要であり、これには日々、新聞などを読んでおく必要がある。また、学説が激しく対立している論点、先生が専門としている分野の論点も、試験前には必ず見直しておきたい。

　ところで、教員を目指しているあなたは、教員採用試験でどのような問題が出ているか気になるのではないだろうか。たとえば、2021年に実施された東京都教員採用試験の教職教養では、次のような問題が出題されている。

　　日本国憲法に関する記述として、最高裁判所の判例に照らして最も適切なものは、次の1〜5のうちではどれか。
　1「国及びその機関は、宗教教育その他いかなる宗教的活動もしてはならない。」との規定について、信仰上の真しな理由から剣道実技に参加することができない学生に対し、レポートの提出等を求め成果を評価するなどの代替措置をとることは、その目的において宗教的意義を有し、特定の宗教を援助、助長、促進する効果を有するものであることから違憲であるとした。
　2「学問の自由は、これを保障する。」との規定について、教科書は、普通教育の場において使用される児童、生徒用の図書であるとともに、学術研究の結果の発表を目的とするものであることから、検定は、申請図書に記述された研究結果が、執筆者が正当と信ずるものであるならば、教科書の形態における研究結果の発表を制限することはできないとした。
　3「学問の自由は、これを保障する。」との規定について、学問の自由は、単に学問研究の自由ばかりでなく、その結果を教授する自由をも含むと解されることから、学校において現実に子供の教育の任にあたる教師は、大学教育だけでなく普通教育においても教授の自由を有し、公

権力による支配、介入を受けないで自由に子供の教育内容を決定することができるとした。

4 「すべて国民は、法律の定めるところにより、その能力に応じて、ひとしく教育を受ける権利を有する。」との規定について、この規定の背後には、国民各自が、一個の人間として、また、一市民として、成長、発達し、自己の人格を完成、実現するために必要な学習をする固有の権利を有するとの観念が存在していると考えられるとした。

5 「すべて国民は、法律の定めるところにより、その保護する子女に普通教育を受けさせる義務を負ふ。義務教育は、これを無償とする。」との規定について、すべての国民に対して子女の保護者に対し子女をして最少限度の普通教育を受けさせることが目的であることから、授業料のほかに、教科書、学用品その他教育に必要な一切の費用まで無償にしなければならないことを定めたものと解することができるとした。

　答えは4であるが、本書を読み終えたあなたは、簡単に正解がわかったのではないか。正答率は公開されていないが、採用試験に合格しているほとんどの受験生が正解していると予想される。

　話をもとに戻そう。つまり、憲法学の勉強は、日本国憲法の条文の解釈となる。しかし、文学作品の解釈のように、憲法にもさまざまな解釈がある。最高裁判所の判例、多くの憲法学者がそう考えている、いわゆる通説。有力説、少数説、授業担当者の解釈、自分なりの解釈……学生としてはいろいろありすぎて困るのではないだろうか。先のセンター試験の問題を、もう一度見てみることにしよう。

　　学生Ｂ：人権が誰に保障されるかという問題も、解釈が必要だったかなあ。人権を規定する憲法第3章の中で、「国民は」と書いてあれば、その人権は日本人だけに保障され、「何人も」だと外国人にも保障されるってことだった？

学生Ａ：そのような解釈もあるけど、人権の性質によって、人権が保障
　　　　されるかどうかを具体的に考えていくのが、最高裁判決だった
　　　　でしょ。
学生Ｂ：憲法では、やっぱり最高裁判決が重要なのかな。日本の統治機
　　　　構の中でみると、最高裁が裁判所の中でも最上級で、その判断
　　　　だから。

　そう、学問は自由で、誰でも相互批判が可能な世界のはずなのだが、法学は
やはり権威主義的な世界なので（たとえば、ジーンズを履いている語学の先生と
比べて、法学の先生はスーツを着ていたりしないだろうか）、最高裁判所の判断は
やはり最重要となる。
　さらに、先のセンター試験の問題は続けている。

学生Ａ：でも、最高裁の判断も変わることがあるから、注意が必要ね。
　　　　たとえば、刑法の尊属殺人重罰規定について、最高裁は 1950
　　　　年の合憲判断を 23 年後に憲法第 14 条の平等に反するとして、
　　　　違憲と変えたのよ。
学生Ｂ：公務員の政治活動を制限する法律も最近になって違憲とされた
　　　　よね？
学生Ａ：違うわ。国家公務員法は合憲のままよ。嫡出でない子の相続分
　　　　を嫡出である子の２分の１とする民法の規定でしょ。1995 年
　　　　の合憲判断を 2013 年に違憲と変更したのよ。
学生Ｂ：最高裁の判断も解釈の一つで、変わることもあるんだ。最高裁
　　　　判決だけじゃなく、いろいろな解釈を学んでおかないとな。

　本書で学んだ最高裁判所の判断も絶対ではない。憲法学説との対話、８か所
の高等裁判所、全国 50 か所の地方裁判所・家庭裁判所、438 か所の簡易裁判
所での判決を通じて、変わるかもしれないのである。
　ところで、よく自分の意見だけを書いている答案を見かけるが、多くは独善

的な論に陥っており、かつ議論のレベルが必ずしも高いとは言えない。たとえば、「他人の名誉を傷つける表現は、他人に迷惑をかけているので、公共の福祉から制限される」としか書いていない答案がある。**第1章**であったように、迷惑レベルの感情論で自由は制限できないし、自由は例外的に制限されるのであり、その制限をめぐって憲法学ではさまざまな議論をしている。水戸黄門の印籠のように、公共の福祉の一言で片づけるような答案は、評価できない。

　繰り返しになるが、最高裁判所判決も、皆さんが教壇に立ち、10年、20年、そして定年を迎える頃とで、変わる可能性は十分ある。その意味では、憲法の学習はテストが終わったらおしまいではない。

　　　学生Ａ：そうね。図書館で一緒に調べてみましょうよ。

　センター試験の問題文の最後は、このように非常に説教くさいが、これも出題者が受験生に送るメッセージの1つであろう。本書の執筆者も、読者の皆さんには是非授業を通じて、さらに発展的な学習をしてほしいと願っている。

　図書館では、憲法に関する本があるし、判例のデータベースで、さまざまな判例を読むことができる。最新の話題が掲載されているのは雑誌だが、「法学セミナー」（日本評論社）、「法学教室」（有斐閣）がおすすめである。

　さらに、裁判傍聴にも挑戦してほしい。裁判は公開されているので（憲法82条）、月曜日から金曜日であれば、いつでも予約なしで傍聴できる。地方裁判所や高等裁判所であれば、裁判所の入口に1日の裁判リストがあり、それを見て、傍聴する裁判を選べる。なお、民事裁判は書類のやり取りが中心ということもあり、刑事裁判の方が裁判全体の流れがわかりやすい。

② 学校という場での憲法

（1）憲法で学校を見る

　本書で触れたとおり、公立学校には憲法が自動的に適用される（私立学校の場合は**第2章**）。しかし、知らないうちに自由が侵害されていることはないだろうか。たとえば、大学構内でのチラシ配布を事前の許可制にしている大学も多い。「公序良俗に反するものは禁止」など、許可の条件が示されているのであればよいが、全く示されていないこともある。これは憲法21条の表現の自由からすると、大きな問題である。

　おそらく、あなたがチラシを配るのは、サークルの新入生歓迎期間だろう。新歓のチラシは内容的にも問題がないので、学生課などの窓口で許可をもらうことは当然と思っているかもしれない。

　しかし、もしあなたの所属するサークルが、突然、大学によってカルト教団と関係があるとして、解散命令を受けたらどうだろうか。それもあなたのサークルに対抗するサークルが嘘の噂を流し、それを大学側が信じてしまい、あなたとしては大学の事実誤認だと主張したい……。

　X（かつての Twitter）で情報を拡散させる方法もあるかもしれないが、やはり他の学生に知らせるには、構内で「大学側の判断はおかしい」という内容のチラシを配布するのが手っ取り早い。もっとも、学生の手引き（便覧）に「印刷物は大学の事前の許可が必要です」と書いてあったら、あなたはこんな内容のチラシは大学側が認めることはないと思い、あきらめてしまうのではないだろうか。これが**第5章**の萎縮効果である。

　このように学校では、自由が制限されていることを気がつかないことがある。とくに校則などをはじめとして、パターナリスティックな（学校が親の代わりに保護の観点から行う）自由の制限がよくあるので、もう一度、本書で学んだ憲法の観点から、大学生活や高校までの学校生活を見直してみよう。

（2）自由の行使を抑制する学校の空気

　学校では、憲法に定められている自由や人権を主張するとき、どうも自分勝手な主張だと見なされる傾向がある。これにはさまざまな理由があるが、やはり道徳との関係が大きく影響しているのではないだろうか。

　学校では道徳の時間だけではなく、道徳的な振る舞いが常に求められる。憲法上の人権の行使は、本来、道徳的には正しい姿だと思われるが、非常識と見なされることもある。たとえば、憲法38条の黙秘権は、犯罪を行っていたとしても、一切黙秘できる権利を与えている。これは道徳的に見ると、非常識とも言える。道徳では正直さが大切とされ、罪を犯した場合は、正直にその罪を認めて謝ることが道徳的だが、黙秘権はそうではない。

　このような道徳と人権とのバランスは、表現の自由の場合でも見られる。道徳では、他人の悪口を言わないようにしようと教育されるが、これは場合によっては、表現の自由の行使として、他者に対する正当な批判を行うことを萎縮させる可能性がある。他者が不快に思う、傷つく場合であっても、正当な批判をしなければならないことは多いのではないだろうか。

（3）クラスのなかの少数派

　学校には少数派の生徒がいることを常に忘れないでほしい。障害者、セクシュアル・マイノリティといった生徒、また宗教上・思想上の理由から、国旗に敬礼できない、国歌を歌えない、剣道実技に参加できない、修学旅行で神社などへ参拝できないという生徒もいるのである。

　最高裁判所の判決のなかで、宮川光治裁判官は次のような少数意見を述べている。「国旗に対する敬礼や国歌を斉唱する行為は、私もその一員であるところの多くの人々にとっては心情から自然に、自発的に行う行為であり、式典における起立斉唱は儀式におけるマナーでもあろう。しかし、そうではない人々が我が国には相当数存在している。それらの人々は『日の丸』や『君が代』を軍国主義や戦前の天皇制絶対主義のシンボルであるとみなし、平和主義や国民主権とは相容れないと考えている。そうした思いはそれらの人々の心に深く在

り、人格的アイデンティティをも形成し、思想及び良心として昇華されている。少数ではあっても、そうした人々はともすれば忘れがちな歴史的・根源的問いを社会に投げかけているとみることができる」。

あなたが教師になったら、クラスの多数派のご機嫌を取るために、少数派の生徒をないがしろにしたりしないようにしてほしい。少数派の生徒は、多数派にとって迷惑に映るかもしれないが、実は根源的な問いを投げかけているのである。

（4）憲法を語り継ぐ皆さんへ

皆さんの多くは、教員免許を取得予定で、そのために憲法の授業を取っているだろう。ところで、小中高校、特別支援学校だけでなく、幼稚園の免許を取るためにも、日本国憲法の2単位が必修だが、これはなぜなのだろうか。

公立学校の教師は公務員であるため、憲法99条の憲法尊重擁護義務がある。したがって、尊重する前にその内容を知っていなければならないのは言うまでもない。もちろん教師は公立学校だけではない。高校の3割、幼稚園の8割は私立学校である。

1947年教育基本法の前文には、「われらは、さきに、日本国憲法を確定し、民主的で文化的な国家を建設して、世界の平和と人類の福祉に貢献しようとする決意を示した。この理想の実現は、根本において教育の力にまつべきものである」とあった。戦後、日本は憲法の実現を教育に託したのだ。もちろんその担い手こそが教員である以上、教員は憲法を学んでおかなければならないのだ。

ただ、90分の授業を15回受講したぐらいで、憲法を担えと言われても迷惑な話かもしれない。また、これでは憲法伝道師または宣教師のように、憲法を「不磨の大典」と思い込み、「憲法改悪絶対反対」と教えるしか道は残されていないようにも思えてしまうだろう。

憲法は、いろいろな人々がともに暮らしていくための基本的ルールでもある。そのため、憲法に関する知識は、子どもたちが市民として日本、そして世界で生きていく上での、まさに「生きる力」の1つであり、同時にリテラシー（最近ではキー・コンピテンシーとも呼ばれる）でもある。それを支えるコーディネー

ターとして、皆さんは憲法を学んでおかなければならないのだ。

　憲法を学び、学校で憲法を教える皆さんは、最高裁判所と並ぶ「憲法の番人」かもしれない。それぞれの学校現場で是非憲法を語り継いでほしいと願っている。

③ 出会い

　Ⅰで憲法の授業がつまらなくて出席しなかったため、単位を３年連続落としたと書いたが、今回の執筆者のなかには、私と同じ先生の授業を受けて、憲法に魅了され、憲法学者になった人がいる。世のなか、なかなかおもしろいものだ。本書が読者の皆さんにとって、よい出会いであったらと願ってやまない。もし本書がつまらなかったと思った方は、お金は返せないが、なぜそうなのか、是非もう一度、考えてみてほしい。そういう人には、おすすめの本や参考文献で、憲法をめぐるさまざまな本が紹介されているので、それらにもチャレンジして、出会いを探してほしい。

　今回、皆さんとは、読者と執筆者という出会いだったが、今度は私の息子たちの先生として、私の学生の教育実習の受け入れ先の先生として、または私が先生として講演会などで、そして別の憲法や教育の本で、また出会いたいと思っている。

④ 多くの人たちの支えを忘れずに──謝辞に代えて

　教員を目指す人たちのなかで、民間企業への「就活」をする人はあまり多くないだろう。しかし、この本を読んで弘文堂に就職したいという人もいるかもしれない。同社編集部には、この本を担当してくれた優れた編集者さんがいる。プロとしてときには厳しく、ときには優しく我々を励ましてくれた。とくに校正段階ではかなり侃々諤々の議論をしたが、彼の導きがなければ、月並みな憲法入門書にしかならなかっただろう。また、憲法学という堅そうな世界に「教育」、「学校」、「学び」といった柔らかなイメージをインテグレートする素敵な

装幀を作成してくださったデザイナーさん、そして営業部の方々の努力がなければ、書店であなたの目にもとまらなかったのではないだろうか。

大学4年生の就職活動では、CM で宣伝されているような B to C（Business to Customer）企業だけでなく、B to B（Business to Business）企業にも目を向けるようにとよく言われる。本書も、我々執筆者と弘文堂だけでできたわけではない。どこか遠い国で木を育て、伐り出してくれた人。製紙工場で紙を作ってくれた人。インクを作ってくれた人。印刷所で印刷機を回してくれた人。製本をしてくれた人。本書を運んでくれた人。弘文堂に融資している銀行や信用金庫。本書を取り次いでくれた人。生協や書店で店頭に並べてくれた（売れ残りの返品作業もしていただいている）店員さん。そして、読者であるあなた――。

多くの人たちの働きに本書が支えられていることに忘れずに、関わったすべての人たちに深く感謝申し上げたい。

ありがとうございました。

2023 年 11 月

編著者　斎藤　一久

第 3 版の刊行にあたって

本書の初版を刊行し、7 年が過ぎた。この間、さまざまな出会いと別れがあった。

出会いは、読者の皆さんである。私たちの予想以上にたくさんの方々に本書を手に取っていただいた。この場を借りて、心より感謝申し上げたい。

別れは、編著者の西原博史先生である。2018 年 1 月に不慮の事故で亡くなられた（経緯については福田恭子『あなたと虹を作るために』〔幻冬舎、2021 年〕をお読みいただきたい）。私たちは、西原先生とともに研究した仲間である。これからも西原先生のご遺志を引き継ぎ、本書を通じて、憲法学をわかりやすく読者の皆さんに伝え、先生の学恩に報いたいと考えている。

今回の改訂にあたり、新しく生じた憲法及び教育上の諸問題、たとえば ICT

教育、デジタル教科書、こども家庭庁、敵基地攻撃能力、ロシアによるウクライナ侵攻などの点を追加し、よりアクチュアルで学校現場に即した内容となった。これらの改訂箇所は、私たち1人ひとりの研究の成果であるとともに、西原憲法理論のさらなる発展としても位置づけられる。

　なお今回の改訂作業にあたり、元西原ゼミ生で、現在、日本学術振興会海外特別研究員の齋藤暁氏にご協力いただいた。記して感謝申し上げる。

　　2023年11月

編著者　斎藤　一久

あ 行

旭川学力テスト事件　文部省（現在の文部科学省）の全国一斉学力テストを妨害した教師が公務執行妨害罪などで起訴された事件で、1976年5月21日に最高裁判所の大法廷で判決が下された。判決では、学力テストの実施が旧教育基本法10条の「不当な支配」に反しないかなどについて争われるとともに、国民の教育権も国家の教育権も極端かつ一方的であるとし、教育をめぐるさまざまな主体の権利・権限の観点から判断された。〔斎藤一久〕

→23、86、88、89ページ

新しい人権　憲法に書かれていない権利で、時代とともに新たに認められうる人権。憲法は歴史的に権力による侵害を受けた権利の例を示したにすぎない。新しい人権として、環境権、知る権利、アクセス権などがあるが、判例で認められたものに、肖像権、プライバシー権、名誉権などがある。新しい人権を導入しようという改憲論もあるが、すでに法律で権利の内容が認めら

れていたり、憲法の解釈から導き出すことができたりするとされているものが多い。〔藤井康博〕　→11ページ

家永教科書訴訟　高校の日本史の教科書の執筆者である学者の家永三郎が、文部省（現在の文部科学省）の教科書検定にあたって検定不合格処分及び条件つき合格処分を受けたことから、これらの処分について争った事件。1965年に第1次訴訟が提起されて以来、第2次訴訟、第3次訴訟を経て、30年以上にわたり争われた。1997年8月29日に出された第3次訴訟の最高裁判所判決では、「またハルビン郊外に731部隊と称する細菌戦部隊を設け、数千人の中国人を主とする外国人を捕らえて生体実験を加えて殺すような残虐な作業をソ連の開戦に至るまで数年にわたってつづけた。」という記述に対して、時期尚早として全部削除せよとの検定意見は、違法であるとされた。〔斎藤一久〕

→70、87ページ

違憲審査基準　裁判所が違憲審査制において、法律などを憲法違反かどうか審査するときに使う基準。さまざま

な権利の種類などによって、どの基準を使うかは異なる。たとえば、表現の自由の優越的地位に基づく二重の基準を踏まえるならば、精神的自由権の制限のうち表現の内容を理由とする規制は、厳格な基準によって違憲となりやすい（合憲の論証責任は被告側）。逆に、多くの経済的自由権の制限は、緩やかな基準によって合憲となりやすい（違憲の論証責任は原告側）。また、中間の基準の考え方もある。権利の制限の目的と手段の審査も関わる。〔藤井康博〕

──▶18ページ

違憲審査制　　国家権力の行為が憲法に違反するかしないかを決定するための制度で、違憲立法審査権とも言われるが、審査の対象となるのは立法だけでなく行政権の行為も含まれる。憲法の最高法規性それ自体や、国民の権利や自由を保護するために設けられ、裁判所にその権限が与えられることが多い。通常裁判所によって法律上の紛争を解決するのに必要な限りで行使される付随的違憲審査制と、法律上の紛争の存在を前提とせずに法律と憲法との関係を審査する抽象的違憲審査制がある。〔平地秀哉〕　　──▶199ページ

親の教育権　　子どもが生まれた直後から子どもと一緒に生活し、成長発達にとって最も重要な働きかけを行う両親あるいは親権者には、子どもが受ける教育の内容などに関する一定の決定権がある。教育基本法は2006年の改正で親の「第一義的な責任」を語ることにより、他者に優先して親が働きかけることのできる場面をはじめて認めた。〔西原博史〕　　──▶98ページ

 行

学習権　　憲法26条の教育を受ける権利を、教える人の目線でなく、子どもの目線で言い換えたもの。最高裁判所は1976年の旭川学力テスト事件判決で、「国民各自が、一個の人間として、また、一市民として、成長、発達し、自己の人格を完成、実現するために必要な学習をする固有の権利を有する」ことをはっきりと認め、これを学校制度のなかにおける権限配分を考える出発点だとした。〔西原博史〕　　──▶95ページ

学習指導要領　　学校教育法に基づき、教育課程について定める告示である。幼稚園、小学校、中学校、高等学校、特別支援学校の学校種別ごとに作成されている。総則、各教科、道徳（小中学校

のみ)、総合的な学習の時間、特別活動、外国語活動(小学校のみ)から構成されているが、教科書の記述と対比すれば、学習指導要領は教育内容の大枠を定めているといえる。〔斎藤一久〕

→32、55、89、172、186ページ

議院内閣制　日本の議院内閣制の特徴としては、次の3点が挙げられる。第1に、国会が内閣総理大臣を指名する権限を持つこと。第2に、衆議院が内閣に対する不信任決議権を持つこと。第3に、内閣が衆議院に対する解散権を持つこと。この3点から、内閣は国会の支持を獲得し続けなければならないことがわかる。その一方、内閣の不信任決議も、衆議院の解散権も、ともにその機関のメンバーを退職させることを意味するが、それが成功して、新たに選ばれる際には、国民の支持率に支えられていなければならず、究極的には、国民の支持を獲得し続けることが求められる仕組みになっている。〔高橋雅人〕　　　　　→174、182ページ

基本権
→　人権(基本的人権)、基本権(憲法上の権利)

基本権保護義務論　ドイツの学説・

判例に由来する、私人による他の私人への人権侵害に国家が対応するという考え方。国家、私人A、私人Bという三者構造を前提とするのが特徴的で、私人Aによる私人Bの人権侵害に対して、国家が私人Bを保護すること。その際、私人Aに対しては過剰な侵害とならないように、私人Bに対しては過小な保護とならないように、国家はバランスを取って対応すべきとされる。〔安原陽平〕　　　　　　　　　→35ページ

基本的人権
→　人権(基本的人権)、基本権(憲法上の権利)

義務教育　子どもが教育を受ける権利の保障をきちんと受けられるよう、憲法26条2項で親に普通教育を受けさせる義務が課され、それに対応して国と地方公共団体の側で小中学校を作り、すべての子どもが無償でそこに通えるようになっている。もっとも、学校システムが合わない子どももいるのであって、憲法で求められる義務教育と、就学義務とが同じものでよいかには議論がある。〔西原博史〕

→31、93、168ページ

義務教育の無償　憲法26条2項は義

務教育の無償を定める。義務教育が親の経済状態に関わりなく子どもに教育を受ける権利を確保するためのものであるため、経済的な負担が義務教育を確保するための障害にならないよう、無料であることが保障された。ただし、これは公立学校での授業料が無料であることまでしか及ばないものとされ、学用品費などの負担はなお重い。学用品費などもすべて無料にすべきか、貧しい家庭に限った援助で十分かには議論がある。〔西原博史〕 ——→98ページ

教育委員会　　地方教育行政法によって、一般行政組織とは別に、教育行政を専門に担うために地方公共団体に設けられている行政機関。地方の教育行政事務に関して、首長との間での役割分担がなされている。首長は、大学、私立学校、教育予算などの一部のものを管理・執行するのに対して、教育委員会は、その他の公立学校の管理や教員人事など教育行政事務を広く一般的に管理・執行する。この仕組みは、戦後教育改革の目玉の1つとして、教育が「不当な支配」に服することなく、自主性を確保するために設けられたものであり、教育行政の一般行政からの独立と呼ばれている。2014年の法改正で、首長と教育委員会の関係を大きく変化さ

せる制度改革が行われた。〔中川律〕

——→29、55、186、187ページ

教育基本法(1947年)　　第2次世界大戦が終わるまでの学校のあり方を反省して、1947年に、教育の目標は「人格の完成」(1条)だと定めた法律。10条で教育は「不当な支配に服することなく、国民全体に対し直接に責任を負つて行われるべきもの」(10条)とされ、これが教育行政の教育内容に関する介入を許さないという意味だと解釈されたため、議論が巻き起こり、2006年に改正された。〔西原博史〕 ——→11、95、169ページ

教育基本法(2006年)　　1947年教育基本法を改正して作られた、教育のあり方についての基本を定める法律。1999年の国旗国歌法制定後に「君が代」斉唱などを明確化するために2条で教育目標を定め、「国を愛する態度」などを盛り込むとともに、16条で教育が「法律に基づく」ものとして、教育内容への国家関与が当然に許されるものとした。ただし、16条に「不当な支配」の禁止は残り、権力を手にした勢力が意のままに子どもの心を支配することを許さない法律としても機能している。〔西原博史〕

——→11、60、95、169、186ページ

教育行政　教育基本法16条1項は、教育と教育行政を分けて定めており、教育行政に関して国と地方公共団体の役割分担と協力が求められている。1947年教育基本法のもとでは、教育行政は教育内容の決定に関わる事務を含まないとする解釈が一般的だったが、現在は厳密な領域区分でなく、教育行政がどこまで学校の自律性や教師の教育上の裁量を尊重できるのかという観点で問題になる。〔西原博史〕

——→93、186、187ページ

教育勅語　1890年10月に発布された教育の理念を記したもの。「教育ニ関スル勅語」が正式名称。日本人として身につけるべき12の徳目からなり、絶対的な真理であると教えられた。各教科及び学校儀式において大きな影響力を持ち、戦前の教育の柱となるものであった。戦後、1948年6月19日に衆議院で「教育勅語等排除に関する決議」、参議院で「教育勅語等の失効確認に関する決議」が決議されている。〔安原陽平〕

——→52ページ

教科書　学校の授業にあたっては、学校教育法の規定により、文部科学省の検定を受けて合格した教科書を使う

ことになっている。教科書検定の制度や教科書使用義務が憲法違反ではないかという議論は昔からある。最高裁判所は、これらの教科書制度は憲法違反ではないが、検定にあたって厳しすぎる検定は違法だと判断している。小中学校の教科書は無償とされているが、その分、採択区を作って一括購入される形になり、教科書使用の自由度は下げられている。〔西原博史〕

——→32、96ページ

教科書検定　学校教育法に基づいて行われる小中高校で使用される教科書に対して行われる検定。学習指導要領に従って、内容などが過不足なく取り上げられているか、子どもの発達段階に適応しているかどうかなどがチェックされる。教科書検定をめぐる裁判では、行政権の行う事前抑制だとして、これが検閲に該当するのではないかということが問題になった。〔淡路智典〕

——→70ページ

教師の教育権　教師は、子どもたちの身近で人格的な接触を通じて成長発達を支援する専門職であり、子どもの教育内容と方法を形づくる一定の裁量権を持つ。伝統的な国民教育権論では、親から付託を受けた教師が学校単

位の集団として教育内容を決定する権限を独占すると考えられてきたが、現在、その立場は現実的ではない。しかし、教師による創意工夫の余地が保障されていなければならないことは、学習指導要領による教育活動の均一化において大切な要素とされている。〔西原博史〕

——▶87ページ

教師の教育の自由　小中高校の教師には、大学の教員のように教える自由があり、それを教育の自由と呼んでいる。大学の教員の場合の教授の自由と対比されるが、完全な自由は認められないとされる。憲法上、23条の学問の自由とする学説もあるが、26条の教育を受ける権利を根拠とする学説、自由ではなく単なる裁量にすぎないとする学説もある。〔斎藤一久〕

——▶31、57、86ページ

教授の自由　憲法23条の学問の自由から、大学の教員は、自らの研究に基づき、どのような内容の授業を行ってもよい自由があるということ。また授業の際の教材の選択や教授方法においても自由である。〔斎藤一久〕

——▶80ページ

勤労の義務　憲法27条１項が勤労の権利と並んで定めている義務。もっとも、国民に働くことを法的に義務づけるものではないと考えられている。働く意思と能力のある人に対して就業の機会を与える勤労権が保障されていることから、国民が働く意思を持つということを前提とするために義務として盛り込まれたもの。働きたくない人を国家が無理矢理働かせるのは、憲法22条が保障する職業選択の自由に反するであろう。〔小池洋平〕　——▶116ページ

形式的平等　すべての人は、顔や性格、能力、育った環境などが異なる。しかし、これらの現実的な違いは考慮しないで、単純に、すべての人を同じように取り扱うことを意味する。〔杉山有沙〕

——▶41ページ

検閲　憲法21条２項は「検閲は、これをしてはならない」と定めている。検閲の概念について、最高裁判所は、「行政権が主体となって、思想内容等の表現物を対象とし、その全部又は一部の発表の禁止を目的として、対象とされる一定の表現物につき網羅的一般的に、発表前にその内容を審査した上、不適当と認めるものの発表を禁止すること」としている。〔淡路智典〕

——▶67、69ページ

研究の自由　憲法23条の学問の自由から、大学及び研究機関において、教員・研究者は、自由に研究のテーマを決めることができるだけでなく、国家の介入なく、自由に遂行することができるということ。〔斎藤一久〕
　　　　　　　　　　→81ページ

健全育成　少年法の基本理念である。刑事訴訟法が、基本的人権を尊重しつつも、事案の真相解明と刑罰の適正な適用を掲げるのに対して、少年法は、少年の保護と教育を第一に考えている。〔河合正雄〕　　　　**→134ページ**

憲法改正権　憲法典の改正を最終的に決定する権力。近代立憲主義に基づく憲法においては、憲法制定権力が国民に属していることから、憲法改正権は、憲法典に制度化された憲法制定権力としてやはり国民に属することになる。〔平地秀哉〕　　**→205ページ**

憲法上の権利
　→　人権（基本的人権）、基本権（憲法上の権利）

憲法の概念　憲法の概念にはさまざまな理解の仕方がある。国家の統治に関する基本的な事柄を定めた法としての憲法（固有の意味の憲法）は、いかなる国家にも存在するものである。通常、憲法学で憲法と言う場合は、国家権力を制限して国民の権利自由を保障する近代立憲主義の考え方に基づく憲法（立憲的意味の憲法）を指している。〔平地秀哉〕　　　　　　**→197ページ**

憲法の制定　近代立憲主義に基づく憲法は、イギリスのように、必ずしも法典化する必要はないが、多くは憲法典の形を取る。近代立憲主義の基礎となる社会契約思想によれば、国家は人々の契約によって作られたものであるから、国家のあり方を定める憲法典も、国民が憲法制定権を持つことを前提に、国民によって制定された民定憲法という形を取ることが多い。〔平地秀哉〕　　　　　　**→197ページ**

権力分立　国の仕事内容を立法・行政・司法の３つに分け、それぞれ担当する機関を独立させて、相互に牽制させ、そのことにより人々の自由を確保しようとする統治のあり方。憲法では、立法権を国会に、行政権を内閣に、司法権を裁判所に与えている。アメリカの大統領制は、完全な権力分立とされるが、日本やイギリスの議院内閣制の

ように、立法権と行政権が融合することもある。〔高橋雅人〕　━━▶169ページ

公共の福祉　憲法12条と13条と22条と29条にあるように、国家が個人の権利を制限する理由。ある人の権利と他の人の権利の対立を調整する実質的公平の原理という説が支持されてきたが（内在的制約説）、個人の権利にとどまらない公益でも、ある程度の制限を認める説も支持されてきている。たとえば、景観保護のためのビラ貼り表現の自由の制限や、自然保護のための財産権の制限。権利制限にはさらなる説明を要する。〔藤井康博〕　━━▶17ページ

公権力

　→　国家権力

校則　児童・生徒が守るよう求められるルール。誰がどのような根拠でどこまで定めることができるかについては争いがある。裁判所は、校長が社会的な常識に反しないかぎり広範に決められるとしている。〔安原陽平〕
━━▶ 9、18ページ

公法　公的機関と私人の関係について定める法。憲法や行政法は公法に属する。〔安原陽平〕　━━▶34、60ページ

公務員の労働基本権　私企業で働く労働者と比べると、公務員の地位や職務は公共性が高い。そのため、公務員の労働基本権については、職務の性質に応じて、私企業で働く労働者よりも強く制約されている。たとえば、国家公務員法108条の２第５項は、勤務条件の改善のために当局と交渉する団体を結成することや、そのような団体に加入することを禁じ、憲法28条の保障する団結権が制約されている。〔小池洋平〕
━━▶118ページ

国際貢献論　憲法前文では国際協調主義がとられているので、国際社会の平和への貢献のために自衛隊を派遣して一定の任務を行わせるべき、という主張のこと。湾岸戦争後の掃海艇派遣、国連平和維持活動（PKO）派遣、テロ特別措置法、イラク特別措置法、海賊対処法に基づいて自衛隊が派遣された際には、こうした国際貢献論が理論的な根拠とされた。〔飯島滋明〕
━━▶161ページ

告知と聴聞　適正手続の保障のうち、一般に、手続が適正であると言えるかどうかの重要な条件とされる。刑罰などの不利益を課す場合は、その内容を

本人にあらかじめ知らせた上で、弁明する機会を与えることを言う。とくに刑罰は重い制裁のため、自分の言い分をきちんと話せるような場と機会を適切に保障する必要がある。〔河合正雄〕

　　　　　　　　　→122ページ

国連憲章　　国際社会の憲法というべき、国際社会の基本的ルール。1945年6月26日に署名、10月24日に発効した。国連憲章に基づき、国連が設立されている（前文）。さらに、「国際の平和及び安全を維持すること」（1条1項）などを目的とし、「武力不行使の原則」（2条4項）が原則とされている。〔飯島滋明〕

　　　　　　　　　→153ページ

個人の尊厳　　1人ひとりの尊さ・大切さ・かけがえのなさ。個人の尊厳は、立憲主義の核心であり、多数決の民主主義よりも優先されなければならない原理・原則であるとされる。〔藤井康博〕

　　　　　　　　　→10ページ

国家　　日本語で国と言う場合、縄文時代から続くものとして人々が意識する歴史的・文化的な地域的・人的集団を意味することが多い。それに対して、憲法が国という用語を使う場合、憲法によって作り出された、一定の地理的

領域（領土）内にいる人々（国民）に対して妥当する一定の権力（国家権力）を持つ権力体を指す。領土の外には、別の国が支配秩序を及ぼしている。国という言葉のこのニュアンスを強調する場合、国家という表現も用いられる。〔西原博史〕

　　　　　→ 2、10、13、27、52、116ページ

国家権力（公権力）　　国家権力は、国家機関が憲法とそれに基づく法律による授権（権限の付与）によって有する、一定の支配力を指す。これは、刑罰を与える権限のように、その地域に住む人々に対して物理的な暴力を加える力をも含んでいる。この国家権力は、厳密にいうと、国の行政権の一部を果たす地方公共団体の機関が行使する権力を含むのであるが、国家機関と地方公共団体の機関の両方が含まれることをとくに意識するときには、公権力と呼ぶこともある。〔西原博史〕

　　　　　　　→ 2、5、13、176ページ

国家神道　　明治時代に国家によって作られた宗教。伊勢神宮を頂点として階層的に神社が組織された。公金で運営されるなど国家と特別なつながりを持った。また、政府は国家神道を非宗教的なものとして見なし、他の宗教は

これと両立する範囲で保障されるにとどまった。〔安原陽平〕　　→58ページ

国旗・国歌　　国をあらわす旗と歌。日本では、国旗が日の丸で、国歌が君が代とされている。日の丸と君が代は、1999年の国旗国歌法の成立前は、慣習上、国旗・国歌とされていたが、国旗国歌法により法的に追認された。第2次世界大戦中に日の丸・君が代が軍国主義の象徴であったことなどから、否定的な考えを持つ人や学校で取り扱う際には歴史的経緯を説明すべきという考えを持つ人もいる。学校での国旗掲揚と国歌斉唱については、扱い方をめぐってさまざまな評価や争いがある。〔安原陽平〕　　→55ページ

子どもの権利　　子どもは、大人と異なり、人権や法律上の権利がさまざまな場面で子どもであることを理由に制限されている。制限する際に、子どもを保護するためという発想が強くなると、子どもの主体性を損ないかねない。この問題に関して、将来的に自分のことを自分で決められなくなってしまうような場合には、例外的に子どもの権利制約が可能という「限定されたパターナリズム」という考え方が示されている。〔安原陽平〕　　→22、74ページ

個別的自衛権

→　　自衛権（個別的、集団的）

 行

罪刑法定主義　　やってはならない事柄と、やってしまった場合に科されるかもしれない刑罰の重さを、あらかじめ法律で決めておくこと。ここから、慣習を理由として罰すること、犯行時は処罰対象ではなかったことをあとで罰すること（憲法39条でも禁じている）、刑の長さ自体を決めないで判決を下すこと、なども禁止される。〔河合正雄〕

→122、184ページ

最高法規性　　国内法規範の段階構造のなかで、最高位に存在することを意味し、それに反する下位の法規範は効力を持たないとされる。通常、近代立憲主義に基づく憲法は、最高法規である。その形式的な根拠は硬性憲法であることであり、また実質的には、国民の権利や自由の保障という近代立憲主義において最も重要な事項を規定している点に、最高法規性の根拠が求められる。〔平地秀哉〕　　→199ページ

裁判員制度　事件ごとにくじで選ばれた6人の裁判員が、3人の裁判官と一緒に事件を審理し、有罪か無罪かを判断し、刑の重さを決める制度。故意で人を死なせた罪など、重い犯罪が対象となる。裁判員裁判がきちんと機能していくためには、被告人が、無罪推定の原則のもとで、憲法や刑事訴訟法上の権利がしっかりと保障されることと、裁判員が、「疑わしきは被告人の利益に」などの刑事司法の基本を身につけていることが必要である。〔河合正雄〕
　　　　　　　　　→129ページ

差別　等しい能力などを持つ人たちの間で、性別や障害などの特徴を理由に、不合理に異なって扱うこと。憲法14条の対象となる。〔杉山有沙〕
　　　　　→12、24、39、43、46ページ

三権分立
　→　権力分立

三段階審査　とくに自由権の制限が合憲か違憲かを三段階で審査する方法。第1段階として、ある者の行為が憲法上の権利の「保障する範囲（領域）」に含まれるか。含まれるならば、第2段階として、その権利が国家の行為によって「制限（介入）」されているか。制限さ

れているならば、第3段階として、その制限が「正当化」されるか（許されるか）。正当化されるならば合憲となり、されないならば違憲となる。もともとドイツで用いられているものであるが、日本でも参考にされるようになった。〔藤井康博〕　　　　　　→20ページ

自衛権（個別的、集団的）　自国が攻撃された場合に必要最小限度の反撃をするのが個別的自衛権、「自国と密接な関係にある外国に対する武力攻撃を、自国が直接攻撃されていないにもかかわらず、実力をもって阻止する権利」（1981年5月29日政府答弁書）が集団的自衛権とされる。国連憲章51条が根拠となっている。国連憲章では、個別的自衛権や集団的自衛権は、「安全保障理事会が国際の平和及び安全の維持に必要な措置を取るまでの間」（国連憲章51条）、限定的に認められるにすぎない。〔飯島滋明〕　　　　　→156、161ページ

自衛隊　1950年に警察予備隊が創設、1952年に保安隊と警備隊になり、1954年にさらに増強されて組織された。世界有数の装備を保有している。〔飯島滋明〕　　　　　　→156、176ページ

自衛のための必要最小限度の実力

憲法9条2項は「陸海空軍その他の戦力は、これを保持しない」としている。ただ、日本には自衛隊が存在する。そこで歴代の日本政府は、自衛隊は「自衛のための必要最小限度の実力」にすぎないから、「戦力」ではなく、憲法違反ではないと説明してきた。〔飯島滋明〕

→157、163、165、166ページ

私学の自由　私立学校には、それぞれの建学の精神や教育理念に基づいて学校を設置し、独特の校風を確立するような学校運営を行う自由がある。たとえば、私立学校のなかには宗教団体が運営しているものも少なくない。政教分離の観点から、国公立学校は宗教教育を禁止されているが、私立学校は道徳の代わりに宗教の授業を行うことなどが認められている。ただし、「私立なら何をしてもよい」わけではない。私立学校も公教育の一翼を担う存在であり、私立学校にも「公共性」（私立学校法1条）が求められていることに注意が必要である。〔根田恵多〕

→34、60ページ

死刑　日本の刑法では、首つりによって行われると定められており、実際、年に数人のペースで執行されている。これに対して、世界的には廃止される傾向にあり、ヨーロッパでは死刑は全廃されている。昔からさまざまな存続論や廃止論が唱えられており、いずれもそれなりの理由があるが、日本では存続論が根強い。しかし、死刑によって無実の人を誤って殺してしまう可能性もあり、その場合は取り返しが一切つかない。死刑を廃止することを前提として、仮釈放を認めない無期刑に替えることも議論されているが、受刑者が生きる希望を失いかねないことや、刑務所の一番の目的である社会復帰の理念に反するため、問題がある。〔河合正雄〕

→130ページ

私人間効力（第三者効）　国家と個人の間で使われる憲法の規定が、私人である個人間にどう及ぶかという問題。あくまで個人と国家の間にしか適用できないとする無適用説、私人による自由や権利侵害に対して憲法を使えるとする直接適用説、民法にある抽象的な規定に憲法の考えを読み込んで私人同士の問題に対応する間接適用説などがある。最高裁判所及び通説は、間接適用説の立場に立つ。近年では、基本権保護義務論という考え方が提唱されるなどしている。〔安原陽平〕

→34ページ

思想・良心の自由　憲法19条によって保障される自由。他の精神的自由の前提となる自由であると同時に固有の意味も持つ。通説は、思想と良心を一体的に捉える。定義については、広く心一般を対象とする内心説と人生観や主義などに限定する信条説が対立している。特定の思想の強制や禁止、思想調査、内心に反する行為の強制などが、制約として問題となる。〔安原陽平〕

　　　　　　　　　➡9、52ページ

実質的平等　人々の間にある現実的な違いから生じる不平等を考慮して、この不平等を是正するために、必要に応じて異なって取り扱うことを意味する。具体例として、奨学金制度などがある。〔杉山有沙〕　　➡41ページ

私的自治　個人が自由かつ平等な存在とされた近代社会において生まれた、各個人の権利義務関係についてはその人の意思を尊重すべきだとする原則。たとえば、あなたが服を買いたいと思ってレジに差し出し、「これください」という。そして、4000円を払ってそれを受け取る。こういった売買契約について、国家が「そんな服を買っちゃいけません」と介入するのではなく、あなたの欲しいという意思を尊重し任せる

というものである。〔小池洋平〕

　　　　　　　　➡34、106ページ

私法　私人同士の関係について定める法。民法や商法は私法に属する。〔安原陽平〕　　　　　➡34ページ

司法権　具体的な事件について法令を適用することで事件を解決する作用を言う。また、司法権は裁判所が持つことになっているが、例外的に、議員の資格争訟の裁判は各議院で行われるし、裁判官の弾劾裁判は、両議院の議員で組織されて国会に設置された弾劾裁判所で裁判が行われる。〔高橋雅人〕

　　　　　　　　➡175、199ページ

司法権の独立　司法権が立法権・行政権から独立しているという意味（たとえば、大津事件）と、裁判官は、裁判を行うときに、誰からの圧力も影響も受けずに、自分の良心に従って、憲法と法律だけに拘束されて判断するという意味がある。〔高橋雅人〕

　　　　　　　　➡177ページ

社会契約　国家は国民の契約により構築されるとする考え方で、近代国家成立の基礎となった。そこでは、すべての人は生まれながらに自由かつ平等

で、自然権を持っているが、国家のない状態では自然権を実効的に保護できないので、人々が互いに契約を結んで国家を作り上げ、自然権保護の任にあたらせるとされる。〔平地秀哉〕

→196、199ページ

社会復帰　どんなに悪いことをした受刑者であっても、やがては社会に戻るため、少なくとも犯罪を行わないで社会で暮らしていけるような手助けをすること。憲法には明記されていないものの、国際人権B規約10条3項と刑事収容施設法30条ではっきり書かれている。現実は、繰り返し刑務所と社会を行き来する人も少なくなく、実際の社会で暮らしていくことにつながる意味のある支援は不足している。〔河合正雄〕

→131ページ

社会保障制度　個人が生きていると、失業・病気・老齢などによって個人の生活が脅かされるときがある。このような場合、雇用保険・健康保険・年金といった、金銭給付やサービスの提供によって、個人の生活保障を行う制度のこと。〔小池洋平〕

→113ページ

就学援助　経済的な理由から学校に行くことができない子どもを放置すれば、教育を受ける権利や生存権の観点から問題がある。そこで、子どもが就学できるように、経済的にバックアップする制度が必要となる。具体的には、生活保護法の教育扶助や、自治体レベルで実施される就学援助制度などがある。〔小池洋平〕

→119ページ

集団安全保障　「国際の平和及び安全を維持すること」を目的とする国連憲章では、武力行使が禁止されている。しかし、違法な武力行使をする国に対しては、国連の安全保障理事会が一定の措置を取ることになっている。こうした措置が集団安全保障措置といわれ、「非軍事的措置」(国連憲章41条)と「軍事的措置」(国連憲章42条)がある。〔飯島滋明〕

→153ページ

集団的自衛権

→　**自衛権(個別的、集団的)**

住民自治　憲法が地方自治を保障する目的の1つであり、地方公共団体の事務がその住民の意思により行われることをいう。地域ごとの特性に応じて問題解決の方法は多様であることを前提に、民主主義の充実を図るものである。〔中川律〕

→181ページ

主権　主権の意味は、①国家の統治権、②国家内部における最高性と対外的な独立性、③国政における最終的な意思決定権、の3つに分けられる。国民主権という形で使われるときは、もっぱら③の意味であり、君主主権などと対比して使われる。〔淡路智典〕
→12、136、137、152ページ

主権者教育　子どもたちが主権者として必要な知識と能力を身につけるために行われるべき教育。民主的な制度の理解や政治的な批判的能力の養成の必要性のために重要なものだが、特定の価値観を共有する国民としての教育に置き換えられる危険性もある。〔中川律〕
→192ページ

首長公選制　地方公共団体の首長（都道府県知事や市町村長）の選出は、住民による直接選挙によらなければならないという憲法が採用する制度（93条2項）。地方議会の議員に関しても住民による直接選挙が採用されていることから、地方公共団体の統治構造はアメリカの大統領制に近い。もっとも、地方自治法は、議院内閣制のような仕組みも取り入れていることから、現在の制度は日本に独特の二元的代表制である。〔中川律〕
→182ページ

象徴天皇制　明治憲法においては天皇が主権者とされていたが、日本国憲法は、天皇を日本国及び日本国民統合の象徴としている。憲法4条で天皇の国政に関する権能が否定されていることからも明らかなように、天皇が象徴たる役割以外の役割を持たないことに意味があるとされる。〔平地秀哉〕
→205ページ

条例　憲法94条に記載されている、地方公共団体が自主立法権に基づき、「法律の範囲内で」制定することができる制定法の一種。憲法上の条例には、地方公共団体の議会が制定する条例の他に、地方公共団体の長が制定する規則や教育委員会などの各種委員会が制定する規則も含まれる。〔中川律〕
→25、72、184、189ページ

職業選択の自由　憲法22条1項が保障する権利で、経済的自由権の1つ。文字どおりの職業を「選択」する自由と、職業を「遂行」する自由（営業の自由）も保障されていると考えられている。職業とは生計を維持するためだけでなく、人格の発展とも密接な結びつきがある。そのため、個人が自由に人格を発展させながら生きるためには大切な権利で

ある。〔小池洋平〕 ——→27、108ページ

職務命令 公務員も、上司が部下に発する命令には従わなければならないとされており、この命令を職務命令と言う。違反すれば懲戒の対象となる。もっとも、重大で明らかに違法である職務命令は当然無効なので、部下はそれに従う必要はない。〔高橋雅人〕
——→56、177ページ

所有権 自分が所有するものを自由に使ったり、それを利用して利益を得たり、捨てたりすることができるとする権利。民法206条が具体的に定めている。所有権は、封建社会から脱却しようとした近代において、「神聖かつ不可侵」(1789年のフランス人権宣言)の権利であるとされていた。しかし、現代においては、「所有権は義務を伴う」(1919年のワイマール憲法)とされ、不可侵なものであるとは考えられていない。〔小池洋平〕 ——→106ページ

知る権利 憲法21条の表現の自由を、表現をする側ではなく、表現の受け手の側から考えられたもの。インターネット普及以前に、マス・メディアが情報の独占的な送り手の立場を確立し、その一方で国民は情報の受け手の立場に

固定化されたことから、主張されるようになった。〔淡路智典〕
——→27、67、76ページ

人格権 生命権、身体権、名誉権、プライバシー権、自己決定権など、人格の自由な展開のために害されてはならない権利をまとめた呼び名。とくにドイツや日本などの民法に関する判例や学説で発展し、憲法13条の解釈に影響を与えた。〔藤井康博〕 ——→16ページ

信教の自由 世界史のなかで考えると、中世において宗教戦争を克服し、自由主義のもととなる役割を果たした。日本史のなかで考えると、戦前の国家神道に基づく統治への反省から憲法20条で保障されている。具体的には、信仰の自由、宗教的活動の自由、宗教的結社の自由を指している。〔安原陽平〕
——→9、58、59ページ

人権（基本的人権）、基本権（憲法上の権利） 権利とは、自らの意思または利益の主張により、ある行為をする（しない）ように求めることのできる法的な力を言う。人権（基本的人権）とは、生まれながらに人が人であるということにより認められる権利である。基本権（憲法上の権利）とは、公権力に対し、憲法

で保障された権利を言う。〔藤井康博〕

　　→8、11、13、23、30、152、198ページ

人権享有主体性　人が人権を享受できるということ。人権が享受できるかどうかが問題となる主体として、天皇・皇族、法人、外国人、子どもなどを挙げることができる。そもそも人権を使うことができるのかという問題と、人権を使えることを前提に特別な制限はかかるのかという問題を含んでいる。〔安原陽平〕　　→12、23ページ

人権の国際的保障　国家を超えて人権を保障しようとする考え。人権問題は長らく国内の問題とされていたが、とくに第2次世界大戦後は、世界人権宣言などに見られるように、国際規模で人権保障に取り組んでいる。代表的な人権条約としては、社会的及び文化的権利に関する国際規約（社会権規約）、市民的及び政治的権利に関する国際規約（自由権規約）などがある。〔安原陽平〕

　　→12ページ

政教分離原則　国家と宗教が関わり合いを持ってはいけないという原則。日本は、アメリカなどに見られる、国家と宗教の厳格な分離をモデルとして採用している。代表的な裁判例として、内閣総理大臣の靖国神社参拝の違憲性が争われた訴訟などがある。〔安原陽平〕

　　→34、59ページ

生存権の法的性格　これまで生存権が国家に対してどの程度具体的なことを求めることができるのか、とくに、裁判所の救済を求めることができる権利なのか、といったことが議論されてきた。大きく分けると、裁判所の救済を求めることができないとするプログラム規定説、生存権を具体化する法律が存在する場合は裁判所の救済を求めることができるとする抽象的権利説、そのような法律がなくとも裁判所の救済を求めることができるとする具体的権利説、といった考え方に分けることができる。〔小池洋平〕　　→113ページ

制度的保障　憲法の第3章には、権利や自由だけでなく、憲法41条以下の統治制度のような制度も定められている（また、解釈上、導くことができるとされている）。信教の自由に対する政教分離原則、学問の自由に対する大学の自治、財産権に対する私有財産制などがあり、人権の保障を強化するものとされる。最近では、とくに政教分離原則について制度的保障とするのは誤りであると主張されている。〔斎藤一久〕

→82、181ページ

積極的差別是正措置　人種や性別、障害などの特徴を持つ人が、社会において不利益を被るような構造がある場合に、その構造を解消して実質的平等を確保することを目的として行う積極的な措置。具体的には、障害者のための割当雇用制度などがある。積極的格差是正措置、アファーマティブ・アクション、ポジティブ・アクションとも言う。〔杉山有沙〕　→42ページ

選挙運動の制限　日本では自由な選挙を原則としているが、実際は公職選挙法によってさまざまな制約が課されている。選挙告示前の選挙運動を禁止する「事前運動の禁止」、家を1軒ずつまわる行為を禁止する「戸別訪問の禁止」、指定された大きさや枚数のポスターしか掲示できない「文書図画規制」などである。あまりにも「〜すべからず」という規定が多いので「べからず選挙」とも呼ばれることもあるが、最高裁判所は選挙の公正などを理由として、これらの規制を一貫して合憲であるとしている。〔淡路智典〕　→148ページ

選挙権　選挙に参加して、代表者を選ぶ投票をする権利。性別や納税額などを選挙権付与の条件とする制限選挙と、そのような条件を付さず一定の年齢以上の国民全員に選挙権を与える普通選挙がある。代表民主制を採用する国では、選挙で一票を投ずることが、政治参加の主要なルートとなる。〔淡路智典〕　→140ページ

選挙権の法的性格　選挙権の法的性格は、公務かつ権利であるとする二元説と、権利のみであるとする一元説が対立している。2つの違いは、たとえば、受刑者の選挙権制限を認めるか否かという問題においてあらわれる。二元説は、公務という側面を重視するので受刑者の選挙権制限をやむなしとする傾向が強いが、一元説は、権利の面を強調するので公職選挙法違反以外の受刑者の選挙権の制限はおかしいとする。〔淡路智典〕　→141ページ

 行

大学の自治　憲法23条の学問の自由から、大学の内部の事柄について、文部科学省を含め国家権力の介入を受けないということであり、伝統的には教授会の自治と解釈されている。また、学問の自由を保障するための制度的保

障といわれる。〔斎藤一久〕

——➤82ページ

第三者効

→　**私人間効力（第三者効）**

体罰　学校教育法で、校長と教師に禁止されている行為。子どもの体に強い力を加える有形力の行使だけではなく、一定の場所に長くいさせたり、トイレに行かせなかったりする行為なども含まれる。〔安原陽平〕

——➤13、29ページ

滝川事件　1933年、京都帝国大学（現在の京都大学）の刑法学者であった滝川幸辰の刑法に関する著書が共産主義的であるとして発禁処分を受け、文部大臣（現在の文部科学大臣）が大学に彼の罷免を要求した。これに抗議して、教授団が辞職したという事件。〔斎藤一久〕

——➤80ページ

団体自治　憲法が地方自治を保障する目的の１つで、地方公共団体がその一定の範囲内で国から独立して自らの責任において事務を行うこと。強大な国家権力を、国と地方という縦の軸で分立させることで抑制する仕組みである。〔中川律〕　——➤181、185、188ページ

治安維持法　ロシア革命後の共産主義運動の高まりに対応するために制定された法律。もとは、「国体ヲ変革シ又ハ私有財産制度ヲ否認スルコトヲ目的」とする結社への参加などを処罰する法律であったが、宗教、自由主義、政府批判などにも対象が拡大されて、特別高等警察による大規模な思想弾圧が戦後まで続くこととなった。〔安原陽平〕

——➤52ページ

地方自治の本旨　憲法92条は「地方公共団体の組織及び運営に関する事項は、地方自治の本旨に基いて、法律でこれを定める」としている。地方自治の本旨として重要なものは、住民自治と団体自治とされている。〔中川律〕

——➤181ページ

地方分権改革　国と地方の役割分担の見直しを掲げて、1990年代後半以降に本格化した地方公共団体の権限や財政に関わるさまざまな改革の総称。1999年の地方分権一括法によって機関委任事務を廃止し、あらたな事務配分のあり方を規定した第１期、地方財政に関する「三位一体改革」（2004～2006年）が行われた第２期、地方に対する「義務付け・枠付けの見直し」や地方への

権限委譲(2011〜2023年現在進行中)が図られた第3期に、おおよそ分けられる。〔中川律〕 →188、190ページ

聴聞

→ **告知と聴聞**

直接請求制度 地方自治法で採用されている住民の一定数の署名をもって、住民自らが地方公共団体の機関に対して請求することを認める制度。条例の制定・改廃請求、事務監査請求、議会の解散請求、議員・長・役員の解職請求が含まれる。議会の解散請求と議員・長の解職請求があった場合には、解散／解職の是非を問う住民投票に付され、解散／解職に有権者の過半数が同意する場合には、議会は解散され、議員・長は失職する。〔中川律〕 →183ページ

通達 上級行政機関は下級行政機関に対して、命令を発することができ、文書による場合は通達とされる。その法的拘束力は、原則的に行政機関の内部だけにとどまり、国民に影響を及ぼさない。なお、文書で行われない場合は、訓令と呼ばれる。〔高橋雅人〕

→55ページ

適正手続 刑事手続を進める上で踏むべき手続であり、デュープロセスとも言う。手続だけではなく刑罰の内容についても法律で決めておき、しかもこれらが適正なものであることが求められる。適正手続の保障は、行政手続にも、同じ水準ではないにせよ及ぶとされる。〔河合正雄〕 →122ページ

伝習館高校事件 福岡県柳川市の県立高校の社会科教師が教科書を使用せず、学習指導要領を逸脱して授業を行っただけでなく、試験をせずに一律の成績評価を行った。そのため、社会科教師が懲戒免職処分を受け、その取消を訴えた事件。〔斎藤一久〕

→89ページ

天皇機関説事件 1935年、東京帝国大学(現在の東京大学)の憲法学者であった美濃部達吉が唱えた天皇機関説が国体に背く学説であるとされ、著書が発禁処分となった事件。当時、天皇機関説を教えることも各大学で禁止された。〔斎藤一久〕 →80ページ

統治行為 本来は司法権による法的判断が可能だが、高度に政治的な性格を持つことを理由に、司法審査の範囲外とされる行為。1960年6月8日、最高裁判所は、苫米地事件において、衆

議院の解散を「統治行為」とした。砂川事件で最高裁判所は、純粋な統治行為論に依拠したわけではないが、日米安保条約が「高度の政治性を有するもの」として、憲法に違反するかどうかの判断を回避した。ただし、この判決では、「一見極めて明白に違憲無効」の場合には、司法審査ができるとも示している。〔飯島滋明〕 ——→160ページ

特別権力関係　戦前に通用していた国家と個人の特別な関係。公務員、受刑者、国公立学校の児童・生徒などが該当する。この関係では、法律がなくても広く人権を制約することができ、またそのことに裁判で異議を訴えることもできなかった。戦後は、法の支配、基本的人権の尊重から、この考えは通用しないとされている。〔安原陽平〕

——→30ページ

 行

内閣総理大臣　内閣を代表し、各省庁を指揮監督する権限を持つ。また各国務大臣を任命し罷免する権限があり、閣議を主宰し、内閣の基本的な方針を発議することができる。国会議員のなかから国会で指名され、天皇によって任命される。〔高橋雅人〕

——→13、172ページ

ナシオン主権／プープル主権　ナシオン主権とプープル主権を区別する点として、ナシオン（国民）は観念的抽象的存在にすぎないが、プープル（人民）は具体的な市民によって構成されている。そのため、ナシオン主権からは代表民主制が、プープル主権からは直接民主制が導かれるとされる。〔淡路智典〕

——→136、138ページ

日米安保条約（日米安全保障条約）
1951年、サンフランシスコ平和条約締結と同時に締結され、1960年に改定された。安保条約と略される。日本にアメリカ軍が駐留しているのは、日米安全保障条約が根拠となっている。実際、日本が攻撃された場合、アメリカは日本を防衛することになっているが、日米安全保障条約には「憲法の規定及び手続に従って」とあるように、アメリカが自動的に参戦することにはなっていない。〔飯島滋明〕 ——→159ページ

日米ガイドライン　日本とアメリカの軍事的な役割分担を定めた指針であり、1978年にはじめて策定された。1997年に改定され、「周辺事態の際の

後方地域支援」など、日本の役割が拡大された。さらに2015年４月に再改定され、日本は世界中でアメリカの軍事活動に協力することになった。〔飯島滋明〕　　　　　　→161ページ

日本国憲法の制定　　第２次世界大戦の降伏条件を示したポツダム宣言の受諾によって、事実上、明治憲法の改正は不可避となり、日本政府も原案作成に努めた。ただ、保守的な内容であったために、GHQが草案を作成して政府に提示し、政府による手直しはほとんどなされないまま帝国議会の審議にかけられた。修正の上可決され、1946年11月３日に公布、1947年５月３日に施行された。〔平地秀哉〕　→204ページ

 は　行

表現内容規制／表現内容中立規制
表現の自由の規制には、内容に基づく規制と内容に関係のない時・場所・方法に関する規制にの２つに分けることができる。前者には厳格な基準で、後者には相対的に緩やかな基準で、合憲性を審査するべきだとされる。〔淡路智典〕
　　　　　　→71、73ページ

表現の自由の優越的地位　　民主政が正常に機能している場合、経済的自由に対して不当な規制がなされたとしても、選挙によって選んだ議員などを通じて、法律を改廃することで是正が可能である。しかし、表現の自由に対する不当な規制は、自由な意見交換をはじめとする民主政の前提を崩すものであり、選挙などを通じた議会による是正が期待できない。そのため裁判所は、表現の自由の規制の合憲性に関する審査を、経済的自由の規制と比較して、より厳格な基準で行うべきだとする。〔淡路智典〕　　　　　　→69ページ

比例原則　　人権の制限の目的に手段が、役に立ち、必要最小限であり、制限で得られる利益が失われる利益を上回ってバランスを取らなければ、違憲となる原則。違憲審査、とくに三段階審査の第３段階で使われる。〔藤井康博〕
　　　　　　→20ページ

プープル主権
　→　ナシオン主権／プープル主権

プライバシー権　　プライバシー権は、憲法上、明文では規定されておらず、主に憲法13条の包括的基本権から導き出される。日本では、自己に関する情

報を他者に勝手に収集されたり利用されたりしないという自己情報コントロール権を含むとされている。〔淡路智典〕 →16、76ページ

不利益供述強制の禁止 自分が罪に問われる可能性のある事柄については話さなくてよい権利。これを受けて、刑事訴訟法が黙秘権を保障している。〔河合正雄〕 →127ページ

ヘイトスピーチ 人種や国籍、宗教、性別など、一定の集団に属している人々を、差別したり、侮辱したりするような言動を行う攻撃的な言論、あるいは、人種などの差別や偏見を助長し、人々の間での憎悪をあおるような言論を指す。憎悪的表現、または差別的表現ともいう。日本では、とくに、中国や朝鮮半島に起源をもつ人々を威圧的な態度で侮辱し、排斥するような団体の言動が問題になっている。〔今井健太郎〕 →72ページ

弁護人依頼権 被疑者・被告人となった場合、弁護士に弁護を頼むことができる権利が憲法で保障されている。違法・不当な扱いをされないためにも、非常に重要な権利である。被告人と勾留されている被疑者については、国選弁護人を頼むことができる。〔河合正雄〕 →125ページ

法律 国会で制定され、国民一般に等しく適用される決まり。内容は憲法に従わねばならず、憲法に反する場合は、違憲審査制によって、裁判所から違憲無効の宣言が出される。〔高橋雅人〕 →19、23、55、168、171ページ

法律による行政の原理 行政は法律に基づき、法律に従って行動しなければならないということ。個人の権利を制限し、義務を課すような行政活動については、必ず法律の根拠が必要であり、そのような法律は必ず国会で定められなければならない。ただ、いかなる性質の行政について、法律の根拠を必要とするかには、学説上争いがある。近年では、民主主義を重視して、行政活動のすべてに法律の根拠が必要であるとする説と、権力的な行政活動について法律の根拠を必要とする説と、本質的な事柄について法律の根拠を必要とする説などが主張されている。〔高橋雅人〕 →169ページ

(ま) 行

マス・メディアの自由　報道の自由、取材の自由などのことである。これらの自由は、マス・メディアが国民の知る権利に奉仕することもあり、マス・メディアだけに特権的に認めている。〔淡路智典〕　　　──▶77ページ

目的効果基準　国家と宗教の関わり合いが憲法の禁止するラインを超えていないかどうかを判断するための基準。目的が宗教的意義を持つかどうか、効果が特定の宗教に対する援助・助長・促進、あるいは圧迫・干渉となるかという視点から審査する。特定の行為や団体への公金支出が主として問題とされている。この基準は過去の判例で用いられてきたが、2010年1月20日の空知太神社事件最高裁判所判決では用いられずに総合的な考慮から政教分離原則違反かどうかが判断された。新たな展開も見逃すことができない。〔安原陽平〕　　　──▶61ページ

 (や) (ら) 行

立憲主義　最も広い意味では国家権力を制限する考え方がすべて含まれるが、通常、社会契約思想を背景に、国家権力を制限し、国民の権利や自由を保護しようとする考え方を指し、近代立憲主義とも呼ばれる。〔平地秀哉〕　　　──▶14、196ページ

令状主義　捜索・押収、逮捕などの強制捜査は、令状がなければできない。たとえば、逮捕状は、疑いがかけられている罪名や事実の要旨などを、捜索差押許可状は、捜索する場所や差押さえる物を明示して、有効期間（原則として7日間）を決めて出される。具体的なやり方は、刑事訴訟法や刑事訴訟規則で決められている。〔河合正雄〕　　　──▶123ページ

労働基本権　労働者というのは、使用者と比べると、社会的にも経済的にも弱い立場にある。そのため、労働者が使用者と対等の立場から、労働条件の維持・改善を求めることができるように、憲法28条は労働基本権（団結権・団体交渉権・争議権）を保障している。〔小

池洋平〕　　　　→31、117ページ

労働条件の法定　　憲法27条 2 項は
「賃金、就業時間、休息その他の勤労条
件に関する基準は、法律でこれを定め
る」と定め、労働者が適切な労働条件
のもとで働くことができるように、労
働条件の法定を要請している。これ
をうけて、労働基準法や最低賃金法と
いった法律が制定されている。このよ
うに、労働条件を法定することは、契
約の自由を修正するものである。〔小池
洋平〕　　　　　→117ページ

附録 2	日本国憲法全文

　朕は、日本国民の総意に基いて、新日本建設の礎が、定まるに至つたことを、深くよろこび、枢密顧問の諮詢及び帝国憲法第七十三条による帝国議会の議決を経た帝国憲法の改正を裁可し、ここにこれを公布せしめる。

　　御名御璽

　　昭和二十一年十一月三日

内閣総理大臣兼 外　務　大　臣	吉田　　茂
国務大臣　男爵	幣原喜重郎
司　法　大　臣	木村篤太郎
内　務　大　臣	大村　清一
文　部　大　臣	田中耕太郎
農　林　大　臣	和田　博雄
国　務　大　臣	斎藤　隆夫
逓　信　大　臣	一松　定吉
商　工　大　臣	星島　二郎
厚　生　大　臣	河合　良成
国　務　大　臣	植原悦二郎
運　輸　大　臣	平塚常次郎
大　蔵　大　臣	石橋　湛山
国　務　大　臣	金森徳次郎
国　務　大　臣	膳　桂之助

日本国憲法

（1946年11月3日公布、1947年5月3日施行）

　日本国民は、正当に選挙された国会における代表者を通じて行動し、われらとわれらの子孫のために、諸国民との協和による成果と、わが国全土にわたつて自由のもたらす恵沢を確保し、政府の行為によつて再び戦争の惨禍が起ることのないやうにすることを決意し、ここに主権が国民に存することを宣言し、この憲法を確定する。そもそも国政は、国民の厳粛な信託によるものであつて、その権威は国民に由来し、その権力は国民の代表者がこれを行使し、その福利は国民がこれを享受する。これは人類普遍の原理であり、この憲法は、かかる原理に基くものである。われらは、これに反する一切の憲法、法令及び詔勅を排除する。

　日本国民は、恒久の平和を念願し、人間相互の関係を支配する崇高な理想を深く自覚するのであつて、平和を愛する諸国民の公正と信義に信頼して、われらの安全と生存を保持しようと決意した。われらは、平和を維持し、専制と隷従、圧迫と偏狭を地上から永遠に除去しようと努めてゐる国際社会において、名誉ある地位を占めたいと思ふ。われらは、全世界の国民が、ひとしく恐怖と欠乏から免かれ、平和のうちに生存する権利を有することを確認する。

　われらは、いづれの国家も、自国のことのみに専念して他国を無視してはならないのであつて、政治道徳の法則は、普遍的なものであり、この法則に従ふことは、自国の主権を維持し、他国と対等関係に立たうとする各国の責務であると信ずる。

　日本国民は、国家の名誉にかけ、全力をあげてこの崇高な理想と目的を達成することを誓ふ。

第1章　天皇

第1条　天皇は、日本国の象徴であり日本国民統合の象徴であつて、この地位は、主権の存する日本国民の総意に基く。

第2条 皇位は、世襲のものであつて、国会の議決した皇室典範の定めるところにより、これを継承する。

第3条 天皇の国事に関するすべての行為には、内閣の助言と承認を必要とし、内閣が、その責任を負ふ。

第4条 天皇は、この憲法の定める国事に関する行為のみを行ひ、国政に関する権能を有しない。

② 天皇は、法律の定めるところにより、その国事に関する行為を委任することができる。

第5条 皇室典範の定めるところにより摂政を置くときは、摂政は、天皇の名でその国事に関する行為を行ふ。この場合には、前条第一項の規定を準用する。

第6条 天皇は、国会の指名に基いて、内閣総理大臣を任命する。

② 天皇は、内閣の指名に基いて、最高裁判所の長たる裁判官を任命する。

第7条 天皇は、内閣の助言と承認により、国民のために、左の国事に関する行為を行ふ。

一　憲法改正、法律、政令及び条約を公布すること。

二　国会を召集すること。

三　衆議院を解散すること。

四　国会議員の総選挙の施行を公示すること。

五　国務大臣及び法律の定めるその他の官吏の任免並びに全権委任状及び大使及び公使の信任状を認証すること。

六　大赦、特赦、減刑、刑の執行の免除及び復権を認証すること。

七　栄典を授与すること。

八　批准書及び法律の定めるその他の外交文書を認証すること。

九　外国の大使及び公使を接受すること。

十　儀式を行ふこと。

第8条 皇室に財産を譲り渡し、又は皇室が、財産を譲り受け、若しくは賜与することは、国会の議決に基かなければならない。

第2章 戦争の放棄

第9条 日本国民は、正義と秩序を基調とする国際平和を誠実に希求し、国権の発動たる戦争と、武力による威嚇又は武力の行使は、国際紛争を解決する手段としては、永久にこれを放棄する。

② 前項の目的を達するため、陸海空軍その他の戦力は、これを保持しない。国の交戦権は、これを認めない。

第3章 国民の権利及び義務

第10条 日本国民たる要件は、法律でこれを定める。

第11条 国民は、すべての基本的人権の享有を妨げられない。この憲法が国民に保障する基本的人権は、侵すことのできない永久の権利として、現在及び将来の国民に与へられる。

第12条 この憲法が国民に保障する自由及び権利は、国民の不断の努力によつて、これを保持しなければならない。又、国民は、これを濫用してはならないのであつて、常に公共の福祉のためにこれを利用する責任を負ふ。

第13条 すべて国民は、個人として尊重される。生命、自由及び幸福追求に対する国民の権利については、公共の福祉に反しない限り、立法その他の国政の上で、最大の尊重を必要とする。

第14条 すべて国民は、法の下に平等であつて、人種、信条、性別、社会的身分又は門地により、政治的、経済的又は社会的関係において、差別されない。

② 華族その他の貴族の制度は、これを認めない。

③ 栄誉、勲章その他の栄典の授与は、いかなる特権も伴はない。栄典の授与は、現にこれを有し、又は将来これを受ける者の一代に限り、その効力を有する。

第15条 公務員を選定し、及びこれを罷免することは、国民固有の権利である。

② すべて公務員は、全体の奉仕者であつて、一部の奉仕者ではない。

③ 公務員の選挙については、成年者による普通選挙を保障する。

④ すべて選挙における投票の秘密は、これを侵してはならない。選挙人は、そ

の選択に関し公的にも私的にも責任を問はれない。

第16条　何人も、損害の救済、公務員の罷免、法律、命令又は規則の制定、廃止又は改正その他の事項に関し、平穏に請願する権利を有し、何人も、かかる請願をしたためにいかなる差別待遇も受けない。

第17条　何人も、公務員の不法行為により、損害を受けたときは、法律の定めるところにより、国又は公共団体に、その賠償を求めることができる。

第18条　何人も、いかなる奴隷的拘束も受けない。又、犯罪に因る処罰の場合を除いては、その意に反する苦役に服させられない。

第19条　思想及び良心の自由は、これを侵してはならない。

第20条　信教の自由は、何人に対してもこれを保障する。いかなる宗教団体も、国から特権を受け、又は政治上の権力を行使してはならない。

②　何人も、宗教上の行為、祝典、儀式又は行事に参加することを強制されない。

③　国及びその機関は、宗教教育その他いかなる宗教的活動もしてはならない。

第21条　集会、結社及び言論、出版その他一切の表現の自由は、これを保障する。

②　検閲は、これをしてはならない。通信の秘密は、これを侵してはならない。

第22条　何人も、公共の福祉に反しない限り、居住、移転及び職業選択の自由を有する。

②　何人も、外国に移住し、又は国籍を離脱する自由を侵されない。

第23条　学問の自由は、これを保障する。

第24条　婚姻は、両性の合意のみに基いて成立し、夫婦が同等の権利を有することを基本として、相互の協力により、維持されなければならない。

②　配偶者の選択、財産権、相続、住居の選定、離婚並びに婚姻及び家族に関するその他の事項に関しては、法律は、個人の尊厳と両性の本質的平等に立脚して、制定されなければならない。

第25条　すべて国民は、健康で文化的な最低限度の生活を営む権利を有する。

②　国は、すべての生活部面について、社会福祉、社会保障及び公衆衛生の向上及び増進に努めなければならない。

第26条　すべて国民は、法律の定めるところにより、その能力に応じて、ひとしく教育を受ける権利を有する。

②　すべて国民は、法律の定めるところにより、その保護する子女に普通教育を

受けさせる義務を負ふ。義務教育は、これを無償とする。

第27条　すべて国民は、勤労の権利を有し、義務を負ふ。

②　賃金、就業時間、休息その他の勤労条件に関する基準は、法律でこれを定める。

③　児童は、これを酷使してはならない。

第28条　勤労者の団結する権利及び団体交渉その他の団体行動をする権利は、これを保障する。

第29条　財産権は、これを侵してはならない。

②　財産権の内容は、公共の福祉に適合するやうに、法律でこれを定める。

③　私有財産は、正当な補償の下に、これを公共のために用ひることができる。

第30条　国民は、法律の定めるところにより、納税の義務を負ふ。

第31条　何人も、法律の定める手続によらなければ、その生命若しくは自由を奪はれ、又はその他の刑罰を科せられない。

第32条　何人も、裁判所において裁判を受ける権利を奪はれない。

第33条　何人も、現行犯として逮捕される場合を除いては、権限を有する司法官憲が発し、且つ理由となつてゐる犯罪を明示する令状によらなければ、逮捕されない。

第34条　何人も、理由を直ちに告げられ、且つ、直ちに弁護人に依頼する権利を与へられなければ、抑留又は拘禁されない。又、何人も、正当な理由がなければ、拘禁されず、要求があれば、その理由は、直ちに本人及びその弁護人の出席する公開の法廷で示されなければならない。

第35条　何人も、その住居、書類及び所持品について、侵入、捜索及び押収を受けることのない権利は、第三十三条の場合を除いては、正当な理由に基いて発せられ、且つ捜索する場所及び押収する物を明示する令状がなければ、侵されない。

②　捜索又は押収は、権限を有する司法官憲が発する各別の令状により、これを行ふ。

第36条　公務員による拷問及び残虐な刑罰は、絶対にこれを禁ずる。

第37条　すべて刑事事件においては、被告人は、公平な裁判所の迅速な公開裁判を受ける権利を有する。

②　刑事被告人は、すべての証人に対して審問する機会を充分に与へられ、又、

公費で自己のために強制的手続により証人を求める権利を有する。

③　刑事被告人は、いかなる場合にも、資格を有する弁護人を依頼することができる。被告人が自らこれを依頼することができないときは、国でこれを附する。

第38条　何人も、自己に不利益な供述を強要されない。

②　強制、拷問若しくは脅迫による自白又は不当に長く抑留若しくは拘禁された後の自白は、これを証拠とすることができない。

③　何人も、自己に不利益な唯一の証拠が本人の自白である場合には、有罪とされ、又は刑罰を科せられない。

第39条　何人も、実行の時に適法であつた行為又は既に無罪とされた行為については、刑事上の責任を問はれない。又、同一の犯罪について、重ねて刑事上の責任を問はれない。

第40条　何人も、抑留又は拘禁された後、無罪の裁判を受けたときは、法律の定めるところにより、国にその補償を求めることができる。

第4章　国会

第41条　国会は、国権の最高機関であつて、国の唯一の立法機関である。

第42条　国会は、衆議院及び参議院の両議院でこれを構成する。

第43条　両議院は、全国民を代表する選挙された議員でこれを組織する。

②　両議院の議員の定数は、法律でこれを定める。

第44条　両議院の議員及びその選挙人の資格は、法律でこれを定める。但し、人種、信条、性別、社会的身分、門地、教育、財産又は収入によつて差別してはならない。

第45条　衆議院議員の任期は、四年とする。但し、衆議院解散の場合には、その期間満了前に終了する。

第46条　参議院議員の任期は、六年とし、三年ごとに議員の半数を改選する。

第47条　選挙区、投票の方法その他両議院の議員の選挙に関する事項は、法律でこれを定める。

第48条　何人も、同時に両議院の議員たることはできない。

第49条　両議院の議員は、法律の定めるところにより、国庫から相当額の歳費を

受ける。

第50条　両議院の議員は、法律の定める場合を除いては、国会の会期中逮捕され
ず、会期前に逮捕された議員は、その議院の要求があれば、会期中これを釈放
しなければならない。

第51条　両議院の議員は、議院で行つた演説、討論又は表決について、院外で責
任を問はれない。

第52条　国会の常会は、毎年一回これを召集する。

第53条　内閣は、国会の臨時会の召集を決定することができる。いづれかの議院
の総議員の四分の一以上の要求があれば、内閣は、その召集を決定しなければ
ならない。

第54条　衆議院が解散されたときは、解散の日から四十日以内に、衆議院議員の
総選挙を行ひ、その選挙の日から三十日以内に、国会を召集しなければならな
い。

②　衆議院が解散されたときは、参議院は、同時に閉会となる。但し、内閣は、
国に緊急の必要があるときは、参議院の緊急集会を求めることができる。

③　前項但書の緊急集会において採られた措置は、臨時のものであつて、次の国
会開会の後十日以内に、衆議院の同意がない場合には、その効力を失ふ。

第55条　両議院は、各々その議員の資格に関する争訟を裁判する。但し、議員の
議席を失はせるには、出席議員の三分の二以上の多数による議決を必要とする。

第56条　両議院は、各々その総議員の三分の一以上の出席がなければ、議事を開
き議決することができない。

②　両議院の議事は、この憲法に特別の定のある場合を除いては、出席議員の過
半数でこれを決し、可否同数のときは、議長の決するところによる。

第57条　両議院の会議は、公開とする。但し、出席議員の三分の二以上の多数で
議決したときは、秘密会を開くことができる。

②　両議院は、各々その会議の記録を保存し、秘密会の記録の中で特に秘密を要
すると認められるもの以外は、これを公表し、且つ一般に頒布しなければなら
ない。

③　出席議員の五分の一以上の要求があれば、各議員の表決は、これを会議録に
記載しなければならない。

第58条　両議院は、各々その議長その他の役員を選任する。

② 　両議院は、各々その会議その他の手続及び内部の規律に関する規則を定め、又、院内の秩序をみだした議員を懲罰することができる。但し、議員を除名するには、出席議員の三分の二以上の多数による議決を必要とする。

第59条　法律案は、この憲法に特別の定のある場合を除いては、両議院で可決したとき法律となる。

② 　衆議院で可決し、参議院でこれと異なつた議決をした法律案は、衆議院で出席議員の三分の二以上の多数で再び可決したときは、法律となる。

③ 　前項の規定は、法律の定めるところにより、衆議院が、両議院の協議会を開くことを求めることを妨げない。

④ 　参議院が、衆議院の可決した法律案を受け取つた後、国会休会中の期間を除いて六十日以内に、議決しないときは、衆議院は、参議院がその法律案を否決したものとみなすことができる。

第60条　予算は、さきに衆議院に提出しなければならない。

② 　予算について、参議院で衆議院と異なつた議決をした場合に、法律の定めるところにより、両議院の協議会を開いても意見が一致しないとき、又は参議院が、衆議院の可決した予算を受け取つた後、国会休会中の期間を除いて三十日以内に、議決しないときは、衆議院の議決を国会の議決とする。

第61条　条約の締結に必要な国会の承認については、前条第二項の規定を準用する。

第62条　両議院は、各々国政に関する調査を行ひ、これに関して、証人の出頭及び証言並びに記録の提出を要求することができる。

第63条　内閣総理大臣その他の国務大臣は、両議院の一に議席を有すると有しないとにかかはらず、何時でも議案について発言するため議院に出席することができる。又、答弁又は説明のため出席を求められたときは、出席しなければならない。

第64条　国会は、罷免の訴追を受けた裁判官を裁判するため、両議院の議員で組織する弾劾裁判所を設ける。

② 　弾劾に関する事項は、法律でこれを定める。

第5章　内閣

第65条　行政権は、内閣に属する。

第66条　内閣は、法律の定めるところにより、その首長たる内閣総理大臣及びその他の国務大臣でこれを組織する。

②　内閣総理大臣その他の国務大臣は、文民でなければならない。

③　内閣は、行政権の行使について、国会に対し連帯して責任を負ふ。

第67条　内閣総理大臣は、国会議員の中から国会の議決で、これを指名する。この指名は、他のすべての案件に先だつて、これを行ふ。

②　衆議院と参議院とが異なつた指名の議決をした場合に、法律の定めるところにより、両議院の協議会を開いても意見が一致しないとき、又は衆議院が指名の議決をした後、国会休会中の期間を除いて十日以内に、参議院が、指名の議決をしないときは、衆議院の議決を国会の議決とする。

第68条　内閣総理大臣は、国務大臣を任命する。但し、その過半数は、国会議員の中から選ばれなければならない。

②　内閣総理大臣は、任意に国務大臣を罷免することができる。

第69条　内閣は、衆議院で不信任の決議案を可決し、又は信任の決議案を否決したときは、十日以内に衆議院が解散されない限り、総辞職をしなければならない。

第70条　内閣総理大臣が欠けたとき、又は衆議院議員総選挙の後に初めて国会の召集があつたときは、内閣は、総辞職をしなければならない。

第71条　前二条の場合には、内閣は、あらたに内閣総理大臣が任命されるまで引き続きその職務を行ふ。

第72条　内閣総理大臣は、内閣を代表して議案を国会に提出し、一般国務及び外交関係について国会に報告し、並びに行政各部を指揮監督する。

第73条　内閣は、他の一般行政事務の外、左の事務を行ふ。

一　法律を誠実に執行し、国務を総理すること。

二　外交関係を処理すること。

三　条約を締結すること。但し、事前に、時宜によつては事後に、国会の承認

を経ることを必要とする。

四　法律の定める基準に従ひ、官吏に関する事務を掌理すること。

五　予算を作成して国会に提出すること。

六　この憲法及び法律の規定を実施するために、政令を制定すること。但し、政令には、特にその法律の委任がある場合を除いては、罰則を設けることができない。

七　大赦、特赦、減刑、刑の執行の免除及び復権を決定すること。

第74条　法律及び政令には、すべて主任の国務大臣が署名し、内閣総理大臣が連署することを必要とする。

第75条　国務大臣は、その在任中、内閣総理大臣の同意がなければ、訴追されない。但し、これがため、訴追の権利は、害されない。

第6章　司法

第76条　すべて司法権は、最高裁判所及び法律の定めるところにより設置する下級裁判所に属する。

②　特別裁判所は、これを設置することができない。行政機関は、終審として裁判を行ふことができない。

③　すべて裁判官は、その良心に従ひ独立してその職権を行ひ、この憲法及び法律にのみ拘束される。

第77条　最高裁判所は、訴訟に関する手続、弁護士、裁判所の内部規律及び司法事務処理に関する事項について、規則を定める権限を有する。

②　検察官は、最高裁判所の定める規則に従はなければならない。

③　最高裁判所は、下級裁判所に関する規則を定める権限を、下級裁判所に委任することができる。

第78条　裁判官は、裁判により、心身の故障のために職務を執ることができないと決定された場合を除いては、公の弾劾によらなければ罷免されない。裁判官の懲戒処分は、行政機関がこれを行ふことはできない。

第79条　最高裁判所は、その長たる裁判官及び法律の定める員数のその他の裁判官でこれを構成し、その長たる裁判官以外の裁判官は、内閣でこれを任命する。

② 最高裁判所の裁判官の任命は、その任命後初めて行はれる衆議院議員総選挙の際国民の審査に付し、その後十年を経過した後初めて行はれる衆議院議員総選挙の際更に審査に付し、その後も同様とする。

③ 前項の場合において、投票者の多数が裁判官の罷免を可とするときは、その裁判官は、罷免される。

④ 審査に関する事項は、法律でこれを定める。

⑤ 最高裁判所の裁判官は、法律の定める年齢に達した時に退官する。

⑥ 最高裁判所の裁判官は、すべて定期に相当額の報酬を受ける。この報酬は、在任中、これを減額することができない。

第80条 下級裁判所の裁判官は、最高裁判所の指名した者の名簿によつて、内閣でこれを任命する。その裁判官は、任期を十年とし、再任されることができる。但し、法律の定める年齢に達した時には退官する。

② 下級裁判所の裁判官は、すべて定期に相当額の報酬を受ける。この報酬は、在任中、これを減額することができない。

第81条 最高裁判所は、一切の法律、命令、規則又は処分が憲法に適合するかしないかを決定する権限を有する終審裁判所である。

第82条 裁判の対審及び判決は、公開法廷でこれを行ふ。

② 裁判所が、裁判官の全員一致で、公の秩序又は善良の風俗を害する虞があると決した場合には、対審は、公開しないでこれを行ふことができる。但し、政治犯罪、出版に関する犯罪又はこの憲法第三章で保障する国民の権利が問題となつてゐる事件の対審は、常にこれを公開しなければならない。

第7章　財政

第83条 国の財政を処理する権限は、国会の議決に基いて、これを行使しなければならない。

第84条 あらたに租税を課し、又は現行の租税を変更するには、法律又は法律の定める条件によることを必要とする。

第85条 国費を支出し、又は国が債務を負担するには、国会の議決に基くことを必要とする。

第86条 内閣は、毎会計年度の予算を作成し、国会に提出して、その審議を受け議決を経なければならない。

第87条 予見し難い予算の不足に充てるため、国会の議決に基いて予備費を設け、内閣の責任でこれを支出することができる。

② すべて予備費の支出については、内閣は、事後に国会の承諾を得なければならない。

第88条 すべて皇室財産は、国に属する。すべて皇室の費用は、予算に計上して国会の議決を経なければならない。

第89条 公金その他の公の財産は、宗教上の組織若しくは団体の使用、便益若しくは維持のため、又は公の支配に属しない慈善、教育若しくは博愛の事業に対し、これを支出し、又はその利用に供してはならない。

第90条 国の収入支出の決算は、すべて毎年会計検査院がこれを検査し、内閣は、次の年度に、その検査報告とともに、これを国会に提出しなければならない。

② 会計検査院の組織及び権限は、法律でこれを定める。

第91条 内閣は、国会及び国民に対し、定期に、少くとも毎年一回、国の財政状況について報告しなければならない。

第8章 地方自治

第92条 地方公共団体の組織及び運営に関する事項は、地方自治の本旨に基いて、法律でこれを定める。

第93条 地方公共団体には、法律の定めるところにより、その議事機関として議会を設置する。

② 地方公共団体の長、その議会の議員及び法律の定めるその他の吏員は、その地方公共団体の住民が、直接これを選挙する。

第94条 地方公共団体は、その財産を管理し、事務を処理し、及び行政を執行する権能を有し、法律の範囲内で条例を制定することができる。

第95条 一の地方公共団体のみに適用される特別法は、法律の定めるところにより、その地方公共団体の住民の投票においてその過半数の同意を得なければ、国会は、これを制定することができない。

第9章　改正

第96条　この憲法の改正は、各議院の総議員の三分の二以上の賛成で、国会が、これを発議し、国民に提案してその承認を経なければならない。この承認には、特別の国民投票又は国会の定める選挙の際行はれる投票において、その過半数の賛成を必要とする。

②　憲法改正について前項の承認を経たときは、天皇は、国民の名で、この憲法と一体を成すものとして、直ちにこれを公布する。

第10章　最高法規

第97条　この憲法が日本国民に保障する基本的人権は、人類の多年にわたる自由獲得の努力の成果であつて、これらの権利は、過去幾多の試錬に堪へ、現在及び将来の国民に対し、侵すことのできない永久の権利として信託されたものである。

第98条　この憲法は、国の最高法規であつて、その条規に反する法律、命令、詔勅及び国務に関するその他の行為の全部又は一部は、その効力を有しない。

②　日本国が締結した条約及び確立された国際法規は、これを誠実に遵守することを必要とする。

第99条　天皇又は摂政及び国務大臣、国会議員、裁判官その他の公務員は、この憲法を尊重し擁護する義務を負ふ。

第11章　補則

第100条　この憲法は、公布の日から起算して六箇月を経過した日から、これを施行する。

②　この憲法を施行するために必要な法律の制定、参議院議員の選挙及び国会召集の手続並びにこの憲法を施行するために必要な準備手続は、前項の期日よりも前に、これを行ふことができる。

第101条 この憲法施行の際、参議院がまだ成立してゐないときは、その成立するまでの間、衆議院は、国会としての権限を行ふ。

第102条 この憲法による第一期の参議院議員のうち、その半数の者の任期は、これを三年とする。その議員は、法律の定めるところにより、これを定める。

第103条 この憲法施行の際現に在職する国務大臣、衆議院議員及び裁判官並びにその他の公務員で、その地位に相応する地位がこの憲法で認められてゐる者は、法律で特別の定をした場合を除いては、この憲法施行のため、当然にはその地位を失ふことはない。但し、この憲法によつて、後任者が選挙又は任命されたときは、当然その地位を失ふ。

[執筆者紹介]（執筆順）

西原 博史（にしはら・ひろし）　編著者　プロローグ、第7章、用語集執筆　（編著者紹介参照）

藤井 康博（ふじい・やすひろ）　第1章、用語集執筆

現　在
大東文化大学法学部教授

略　歴
私立金光学園高等学校（岡山県）出身。同志社大学法学部法律学科、早稲田大学法学部国内留学を経て、2011年早稲田大学大学院法学研究科公法学専攻博士後期課程研究指導終了・退学。学部生時代は、大学を越えて映画上映や講演会（シネマカフェ）などのプロジェクトの企画・運営を務めた。2010年早稲田大学法学部助手、2011年静岡大学教育学部講師、2013年静岡大学教育学部准教授、2015年大東文化大学法学部准教授を経て、2018年より現職。映像・映画やディスカッションを使った授業のスタイルをとっている。2012年には教員免許状更新講習を担当。2013年より中学生・高校生への模擬授業も行っている。

読者へのメッセージ
4年間勤めた教育学部では、教育について多くを、同僚の先生方から学び、また教え子たちとともに学ぶことができました。とくに大事だと思うのは次のことです。権利の尊重は、「あなた」や子ども1人ひとりの一声から、あるいは、その声に気づき耳を傾けることから、始まるのではないでしょうか。

安原 陽平（やすはら・ようへい）　第2章、第4章（1）、用語集執筆

現　在
獨協大学法学部准教授

略　歴
福山市立福山高等学校（広島県）出身。早稲田大学教育学部教育学科を経て、2014年早稲田大学大学院社会科学研究科政策科学論専攻博士後期課程満期退学。学部生時代は、日本画家の作品を全国各地の美術館で観賞。幸運なことに、早稲田大学の図書館には平山郁夫氏の作品「熊野路・古道」があり、毎日のように観賞していた。2013年東京学芸大学教育学部特任講師、2016年沖縄国際大学総合文化学部講師、2019年沖縄国際大学総合文化学部准教授を経て、2020年より現職。講義や演習では、学生が自由に意見を述べることができるよう努めている。

読者へのメッセージ
教師にとって知識が大切なのはもちろんですが、それ以上に大切なのは子どもに「寄り添う」ことだと、私は考えています。憲法はもしかすると、そのヒントを与えてくれるかもしれません。この本が、読者の皆さんにとって、個々の子どもに「寄り添う」ことはどういうことなのかを考えるきっかけになるのなら、これ以上の喜びはありません。

杉山 有沙 （すぎやま・ありさ）　第3章、用語集執筆

現　在
帝京大学法学部政治学科講師

略　歴
名古屋市立名東高等学校（愛知県）出身。岩手県立大学社会福祉学部福祉経営学科を経て、
2014年早稲田大学大学院社会科学研究科政策科学論専攻博士後期課程修了。2014年博士（学術）
（早稲田大学）。学部生時代は、起業系の学生団体の運営と参議院議員の政策担当秘書のインター
ンを行う。東京と岩手を月に2回程度、深夜バスで往復して卒業論文を書き上げた。2013年早稲
田大学社会科学総合学術院助手、2015年帝京大学法学部助教、2020年より現職。一方通行の授
業にならないように、できるだけ学生に問いかける授業を行っている。とくに、少人数の授業では、
「どう思うか？」などを、実際に学生に聞くことを実践している。

読者へのメッセージ
たとえ99人に迷惑をかけても、守らなくてはいけないたった1人の価値観があるという確信が、
憲法を支える「権利論」にはあります。皆さんが、教育現場に立ったとき、生徒1人ひとりの価値
観を大切にできるよう、是非憲法を楽しんで学んでください。

根田 恵多 （こんだ・けいた）　第4章（2）、第11章（5）、用語集執筆

現　在
福井県立大学学術教養センター准教授

略　歴
東京都立武蔵高等学校出身。早稲田大学社会科学部社会科学科を経て、2019年早稲田大学大学
院社会科学研究科政策科学論専攻博士後期課程単位取得退学。学部生時代は、ジャズを愛好し、
ジャズのCDやレコードの収集に明け暮れる日々を送った。ライブハウスやジャズ喫茶にも足
しげく通い、それなりの時間とお金をジャズに費やした。2019年早稲田大学社会科学総合学術
院助手、2020年福井県立大学学術教養センター助教を経て、2023年より現職。授業では、学生
が自分の頭で考え、論理的に自分の主張を展開する力を身につけられるように、コメントシー
トに自分の意見を書き込む時間を多く確保している。

読者へのメッセージ
「正解」が1つではない問題と格闘し、ときには悩みながら自分の意見を確立していくことが、
大学で憲法を学ぶ醍醐味だと思います。楽しみながら、存分に格闘していきましょう。

斎藤 一久（さいとう・かずひさ）編著者　第5章（1）、第6章、エピローグ、用語集執筆
（編著者紹介参照）

今井 健太郎（いまい・けんたろう）第5章（2、3）、用語集執筆

現　在
志學館大学法学部講師

略　歴
私立暁星国際高等学校（千葉県）出身。國學院大學法学部法律学科を経て、2016年早稲田大学
大学院社会科学研究科政策科学論専攻博士後期課程単位取得退学。学部生時代は、ビッグバン
ドジャズのサークルに所属して、ギターを担当。全国大会にも出場した。2015年都留文化大学
非常勤講師、大東文化大学非常勤講師、2017年國學院大学非常勤講師を経て、2020年より現職。
憲法の授業では、ニュースや新聞記事など、さまざまな素材や具体例を提示することで、憲法
をめぐる問題は決して他人事ではなく、身近な問題であるということを意識してもらえるよう
な授業展開を心がけている。

読者へのメッセージ
すべての人は「個人」として尊重されなければならない。それが憲法の精神です。これから皆
さんが教室で出会う子どもたちも、1人ひとりが異なる「個人」です。彼ら1人ひとりを尊重
することが、教師には要求されます。具体的にはどうすればいいのか。そのヒントはこの本の
なかに書かれています。憲法をしっかり学んだ皆さんの教師としての未来が素晴らしいもので
あることを、心から願っています。

小池 洋平（こいけ・ようへい）第8章、用語集執筆

現　在
信州大学全学教育センター准教授

略　歴
私立暁星学園高等学校（東京都）出身。早稲田大学人間科学部人間環境科学科を経て、2018年
早稲田大学大学院社会科学研究科政策科学論専攻博士後期課程修了。2018年博士（社会科学）（早
稲田大学）。学部生時代は、合気道サークル（富木流）で汗を流し、体幹と力の使い方には定評があっ
た。また、科学史・科学論のゼミに所属し、憲法学のゼミではなかった。2016年早稲田大学社
会科学総合学術院助手を経て、2021年より現職。憲法の授業には抽象的な話がたくさん登場す
るので、その都度、できるだけわかりやすいたとえ話をするように心がけている。また、とても
よい意見が聞けるので、学生の話に極力耳を傾けながら授業を進めている。

読者へのメッセージ
この本を手に取った人の多くは、「教職で必修だからしょうがない……」、こんな気持ちで憲法を
履修していると思います。ところが、憲法には勉強し出すと止まらなくなる、不思議なおもしろ
さがあります。この本は、そんなおもしろさに取りつかれた人たちによって書かれています。皆
さんとこのおもしろさを共有できれば、とてもうれしく思います。

河合 正雄 （かわい・まさお） 第9章、用語集執筆

現　在
南山大学法学部准教授

略　歴
私立成蹊高等学校（東京都）出身。早稲田大学法学部を経て、2013年早稲田大学大学院法学研究科公法学専攻博士後期課程退学。学部生時代は、スキューバダイビングサークルに所属し、伊江島、西表島、式根島などの海に潜っていた。2010年東京学芸大学教育学部特任講師を経て、2013年弘前大学人文学部講師、2020年より現職。授業では、少しでも社会や政治に関心を持ってもらえるように、できるだけ身近な話題もするように心がけている。

読者へのメッセージ
特に気にしなければ、我々の日常生活と憲法とはあまり関係がないように思うかもしれません。ですが、この本を通じて、少しでも憲法に興味・関心を持っていただければ幸いです。

淡路 智典 （あわじ・とものり） 第10章、用語集執筆

現　在
東北文化学園大学経営法学部准教授

略　歴
埼玉県立所沢高等学校出身。早稲田大学社会科学部社会科学科を経て、2013年早稲田大学大学院社会科学研究科政策科学論専攻博士後期課程単位取得退学。学部生時代は、編集・出版サークルに所属してミニコミ紙を作り、大学内外で売ったり配ったりする活動をしていた。2013年東北文化学園大学総合政策学部専任講師、2019年東北文化学園大学総合政策学部准教授を経て、2021年より現職。憲法の授業では、わかりにくい抽象的な概念をできるだけ平易で具体的な言葉で説明するように心がけている。またゼミには、裁判傍聴や刑務所見学など、現場を自分の目で見る体験を盛り込んでいる。

読者へのメッセージ
教育現場は単に知識を学ぶだけの場所ではありません。たとえば、生徒会役員選挙は、単に役員を選んでいるのではなく、選挙運動や投票を通じて民主主義を学び実践しているのです。子どもたちにその価値や重要性を伝えられるかどうかは、皆さんが憲法の内容・価値を理解しているかにかかっているので、しっかり学びましょう。

飯島 滋明（いいじま・しげあき）　第 11 章、用語集執筆

現　在
名古屋学院大学経済学部教授

略　歴
東京都立本所高等学校出身。獨協大学法学部法律学科を経て、2007 年早稲田大学大学院法学研究科公法学専攻博士後期課程満期退学。学部生時代は、生花店、コンビニエンスストア、朝のラッシュ時の電車への乗客の押し込み、工事現場でのパネルの取りつけ、引越作業などのさまざまなアルバイトを経験した。2007 年名古屋学院大学経済学部専任講師を経て、2010 年より現職。現実を見ない議論は「机上の空論」になるという信条のもと、ゼミでは、裁判所、グアム、韓国、沖縄、滋賀、金沢などでの「実体験」に基づく学習を重視している。また、集団的自衛権や安全保障法制などのテーマでの講演も多数行っている。

読者へのメッセージ
憲法の基本原理である「平和主義」、自分には関係ないと思っている人も多いかもしれません。しかし、実際に教師になれば、親御さんが自衛隊員だったり、生徒が自衛隊に入ることを考えていたり、という場面に遭遇するかもしれません。そのときのためにも、憲法の「平和主義」の問題にも関心を持ってください。

高橋 雅人（たかはし・まさと）　第 12 章、用語集執筆

現　在
九州大学大学院法学研究院准教授

略　歴
私立高槻高等学校（大阪府）出身。早稲田大学法学部を経て、2012 年早稲田大学大学院法学研究科公法学専攻博士後期課程修了。2012 年博士（法学）（早稲田大学）。学部生時代は、自転車に乗ることが好きで、街中はもとより上州の山々や三浦半島など、いろいろな場所を自転車で走っていた。2011 年早稲田大学法学部助手を経て、2019 年より現職。初学者向けの憲法の授業では、憲法の意味内容をわかりやすく伝えるように努めている。

読者へのメッセージ
「憲法」といえば、条文や国会議員の数を暗記しなければならない、だとか、9 条と 25 条を知っていれば憲法を知っている、と誤解している人がいます。憲法の理念は、歴史の成果として獲得されました。その憲法の条文は、解釈によって、適用や運用が広がっていきます。そのことを知ると、憲法は必ずしも「硬い」だけでなく、しなやかな柔軟性を併せ持つことに気づくのではないでしょうか。

中川 律（なかがわ・りつ） 第13章（1〜3）、用語集執筆

現　在
埼玉大学教育学部准教授

略　歴
東京都立南平高等学校出身。明治大学法学部法律学科を経て、2010年明治大学大学院法学研究科公法学専攻博士後期課程退学。学部生時代は、小説を読んでいたか、友人とお酒を飲んでいたか、街や公園をブラブラしていたか、寝ていたか、という学生生活を送る。2008年明治大学法学部専任助手（研究者養成型）、2010年宮崎大学教育文化学部講師を経て、2014年より現職。ゼミでは、憲法学の論文を読むトレーニングを学生に課している。多くの学生が大学ではじめて、日本語で書かれているのに一読しただけではわからない論文というものに出会う。読みこなすのは一苦労だが、学問の楽しさに触れるには不可欠だと考えている。

読者へのメッセージ
教師は、子どもたちに「○○をしなさい」とか「○○をするな」とかを言わなければいけません。そうした1つひとつの言動についてきちんと説明できることが、教師として子どもたちの信頼を得る重要な要素だと思います。憲法を学ぶことは、教師としての振る舞いを、子どもたちにきちんと説明することに役立つのではないかと思います。

石堂 敬介（いしどう・けいすけ） 第13章（4）執筆

現　在
普連土学園中学校・高等学校教諭

略　歴
千葉県立東葛飾高等学校出身。早稲田大学社会科学部社会科学科を経て、2017年早稲田大学大学院社会科学研究科政策科学論専攻博士後期課程満期退学。学部生時代は、アイヌ語など興味のある講義をとにかく受講し、4年間で220単位を取得。混声合唱団に所属し、バッハに魅了され毎日朝から晩まで歌って過ごしていた。田園調布学園中等部・高等部、鷗友学園女子中学高等学校非常勤講師、湘南白百合学園中学校・高等学校教諭を経て、2022年より現職。旧教育基本法前文の「この理想の実現は、根本において教育の力に待つべきものである」を心に、普段の授業では、社会を多角的な視点から自分事として捉えられるよう新聞記事を多用。哲学にも触れ、生徒の価値観を大切にしながら、答えのない問いに触れる楽しさを味わってもらえるよう心がけている。

読者へのメッセージ
皆さんの想像以上に、教師の言動は生徒に影響を与えます。皆さんの頭のなかの「普通」や「当たり前」が、生徒を傷つけるかもしれません。生徒1人ひとりの多様な価値観を尊重するためには、自分のなかの当たり前を疑うことも必要になるでしょう。教師としての理想を常に抱きながらも、教師の権力性を自覚し、生徒に寄り添い、育ちを支援できる教師になれるようがんばってください。

平地 秀哉 （ひらち・しゅうや） 第14章、用語集執筆

現　在
國學院大學法学部教授

略　歴
宮城県古川高等学校出身。早稲田大学法学部を経て、2005年早稲田大学大学院法学研究科公法学専攻博士後期課程単位取得満期退学。学部生時代は、趣味のプロ野球観戦のために、東京ドームや神宮球場などによく通っていた。2005年國學院大學法学部専任講師、2008年國學院大學法学部准教授を経て、2015年より現職。1・2年生向けの憲法の授業では、法学入門としての内容も含めて、時々他の法分野にも触れる解説を行っている。また、ゼミなどの少人数授業では、学生の自主性を尊重して、多少議論が脱線しても口を出さないことにしている。

読者へのメッセージ
教職課程において憲法の学習がなぜ必修化されているのか、この本を読んでその理由を少しでも理解していただければ幸いです。教師という将来の目標に向けて、がんばってください。

[編著者紹介]

西原 博史 （にしはら・ひろし）

元早稲田大学社会科学総合学術院教授

略　歴

私立早稲田大学高等学院（東京都）出身。早稲田大学法学部を経て、1992年早稲田大学大学院法学研究科公法学専攻博士後期課程単位取得退学。1996年博士（法学）（早稲田大学）。学部生時代は、ドイツに留学し、そこでの学生たちの楽しそうに論争する姿を見て、学問に目覚めた。1989年早稲田大学社会科学部助手、1992年早稲田大学社会科学部専任講師、1995年早稲田大学社会科学部助教授を経て、1999年より早稲田大学社会科学部教授。以後、早稲田大学社会科学総合学術院長、東京大学大学院教育学研究科客員教授、ヴェニス国際大学教授、司法試験考査委員などを歴任。2018年逝去。ゼミでは、ディベートを積極的に取り入れて、説得の技術を意識するとともに、個人報告では誠実に対象と向き合う方法を学生に学んでもらっていた。また、小学生向けの法学ゼミを実施したり、憲法の基本的な考え方を学んでもらうために、『うさぎのヤスヒコ、憲法と出会う』を出版したりした。

主な著作

『うさぎのヤスヒコ、憲法と出会う』（単著）（太郎次郎社エディタス、2014年）
『自律と保護──憲法上の人権保障が意味するものをめぐって』（単著）（成文堂、2009年）
『良心の自由と子どもたち』（単著）（岩波書店、2006年）

読者へのメッセージ

教育現場と憲法は、あまり関わりがなさそうに感じるかもしれません。ですが、実は大きな関わりがあります。とくに、公立学校の教師を目指す皆さんの場合、あなたが権力そのものになるのです。就職する前のこの必修の授業の場を活用して、憲法というものを勉強してもらえればうれしいいです。

斎藤 一久 （さいとう・かずひさ）

現　在
明治大学法学部教授

略　歴
新潟県立村上高等学校出身。東京外国語大学外国語学部、新潟大学法学部、ボン大学法学部を経て、2004年早稲田大学大学院法学研究科公法学専攻博士後期課程満期退学。学部生時代は、やりたいことを求めて彷徨い続けた結果、大学教員という仕事を、革命家、作家の次の3番目の選択肢として選ぶ。2002年早稲田大学助手、2004年日本学術振興会特別研究員、2004年東京学芸大学教育学部専任講師・准教授、2020年名古屋大学法科大学院准教授・教授を経て、2023年より現職。教育法を教えているものの、教員免許は持っていない。息子2人を育てるイクメンでもある。憲法の授業では、学生の身近な視点から語り、学生と対話することを心がけている。

主な著作
『高校生のための憲法入門』（編著）（三省堂、2017年）
『高校生のための選挙入門』（編著）（三省堂、2016年）
『図録 日本国憲法［第2版］』（共編著）（弘文堂、2021年）
『憲法パトリオティズムと現代の教育』（単著）（日本評論社、2023年）
『図録 法学入門』（共編著）（弘文堂、2024年）

読者へのメッセージ
教師を目指す人は、よい友達、よい先生に出会い、学校が好きだったのではないでしょうか。しかし、皆さんが接する生徒のなかには、友達にいじめられ、先生に叱られ、学校が嫌いな生徒もいます。私も、昼休みが苦痛なタイプでした。憲法は、99対1になっても、1人ぼっちの生徒の味方です。教師を目指す皆さんは、そんな生徒の気持ちも考えてほしいと思います。

教職課程のための憲法入門〔第3版〕

2016（平成28）年2月29日　初　版1刷発行
2019（平成31）年2月28日　第2版1刷発行
2024（令和6）年1月15日　第3版1刷発行

編著者　西原博史・斎藤一久

発行者　鯉渕友南

発行所　株式 弘文堂　101-0062 東京都千代田区神田駿河台1-7
　　　　会社　　　　　TEL 03(3294)4801　振替 00120-6-53909
　　　　　　　　　　　https://www.koubundou.co.jp

ブックデザイン　江口修平

印　刷　三報社印刷

製　本　牧製本印刷

ISBN 978-4-335-35979-8